AF542888

Clásicos *de* la Fe

Agustín de Hipona

Clásicos de la fe: Agustín de Hipona

B&H Publishing Group
Brentwood, TN 37027

Diseño de portada: B&H Español

Director editorial: Giancarlo Montemayor
Editor de proyectos: Joel Rosario
Coordinadora de proyectos: Cristina O'Shee

Clasificación Decimal Dewey: B

Clasifíquese: AGUSTÍN, SANTO \ FE \ CRISTIANDAD-DOCTRINAS

ISBN: 978-1-0877-0324-4

Impreso en EE. UU.
1 2 3 4 5 * 26 25 24 23

ESTE VOLUMEN CONTIENE:

Confesiones (Libros IV–XI)
Ciudad de Dios (Libros XI–XIII)

Confesiones (Libros IV–XI)

Contenido

Libro IV

Vida de Agustín desde los 19 hasta los 28 años; él mismo es un maniqueo y seduce a otros a esa herejía; obediencia parcial en medio de la vanidad y el pecado; consulta a los astrólogos, solo parcialmente conmocionado al respecto; pierde un primer amigo, quien se convierte al ser bautizado durante un estado de inconsciencia; reflexiones respecto al dolor, la amistad verdadera y falsa y el amor a la fama; escribe sobre «lo bello y lo adecuado», pero no puede hacerlo correctamente, pues tenía nociones equivocadas de Dios; y por eso incluso su conocimiento lo aplicó mal.

Durante un periodo de 9 años (desde mis 19 hasta mis 28) fuimos seducidos y seductores, engañados y engañadores, en diversas apetencias; públicamente, mediante ciencias que llaman liberales; y en secreto, con una mal llamada religión; soberbios aquí, supersticiosos allá y vanidosos en todas partes. Aquí, en busca del vacío de la alabanza popular, hasta dar con los aplausos del teatro, y los certámenes de poesía, y las contiendas en pos de coronas de hierba, y las sandeces de los espectáculos, y la intemperancia de los deseos. Allí, con el ansia de limpiarnos de estas inmundicias, dábamos de comer a los llamados «elegidos» y «santos», para que en la fragua de sus estómagos nos forjaran ángeles y dioses que pudieran purificarnos. Estas cosas seguí, y practiqué con mis amigos, engañados por mí, y conmigo. Deja que los arrogantes se burlen de mí, y quienes no han sido golpeados y abatidos salvíficamente por Ti, oh Dios mío; pero aún así quiero confesarte mi propia vergüenza en Tu alabanza. Permítemelo, te lo ruego, y dame la gracia de repasar en mi presente remembranza las correrías de mi pasado, y de ofrecerte el sacrificio de la acción de gracias. Porque ¿qué soy yo sin Ti, sino un guía para mi propia perdición? ¿O qué soy, incluso en el mejor de los casos, sino un niño que mama Tu leche y se alimenta de Ti, el alimento que no se corrompe? Sin embargo, ¿qué clase de hombre es aquel que es simplemente un hombre? Ríanse de nosotros los fuertes y los poderosos, que nosotros los pobres y los necesitados confesaremos ante Ti.

En aquellos años enseñaba retórica, y, dominado por la codicia, vendía una locuacidad para vencer. Sin embargo, prefería (Señor, Tú lo sabes) a los discípulos honrados (o que por tales son tenidos), y a estos les enseñaba con honradez el arte de engañar, no para practicarlo contra la vida de los inocentes, aunque a veces sí en pro de la vida de los culpables. Y Tú, oh Dios, desde lejos me veías tropezar en ese resbaladizo camino, y entre mucho humo emitir algunos destellos de fidelidad, que mostré en mi guía de los que amaban la vanidad y buscaban la mentira, siendo yo mismo su compañero. En aquellos años tuve una mujer; no en lo que llamamos un matrimonio legítimo, sino que la conocí en una pasión caprichosa, vacía de entendimiento; pero no tenía otra fuera de ella, y le era fiel; con ella experimenté la diferencia entre el refrenamiento del pacto matrimonial, para la procreación, y el acuerdo de un amor lujurioso, donde los hijos nacen contra la voluntad de sus padres, aunque, una vez nacidos, obligan el amor.

Recuerdo también que cuando me dispuse a participar en un certamen de teatro un mago me preguntó qué le daría para ganar; pero yo, que aborrecía esos repugnantes ritos, le contesté que aunque la corona fuera de oro imperecedero no permitiría que se matara ni una mosca para ganarla. Porque debía utilizar seres vivos en sus sacrificios, y con esos honores invitar a los demonios a favorecerme. Pero este mal también lo rechacé, no por puro amor a Ti, oh Dios de mi corazón; porque no sabía cómo amarte, no sabía concebir nada más allá del resplandor de la materia. Y ¿acaso un alma, que suspira por tales ficciones, no comete fornicación contra Ti, confía en cosas irreales y da pasto a los vientos? De todas formas no quería que se ofrecieran sacrificios a los demonios por mí, a quienes yo mismo me sacrificaba con esa superstición. Porque ¿qué cosa es dar pasto al viento, sino alimentarlos, es decir, resultarles motivo de deleite y burla con nuestro extravío?

Así, pues, no cesaba de consultar a aquellos impostores llamados matemáticos, los consulté sin escrúpulos, porque parecía que no usaban ningún sacrificio, ni oraban a ningún espíritu para sus adivinaciones, las cuales, no obstante, la piedad cristiana y verdadera rechaza y condena sistemáticamente. Porque es bueno confesarse contigo, y decir: ten piedad de mí, sana mi alma, porque he pecado contra Ti; y no abusar de Tu misericordia para tener licencia para pecar, sino recordar las palabras del Señor: «Mira, has sido sanado; no peques más, para que no te venga alguna cosa peor» (Juan 5:14). Se esfuerzan por destruir este saludable consejo y dicen: «Tu pecado se determina inevitablemente en el cielo»; y «Esto lo hizo Venus, o Saturno, o Marte»: para que el ser humano, en verdad carne y sangre y orgullosa corrupción, pueda ser irreprochable; y el Creador y Ordenador del cielo y de las estrellas cargue con la culpa. ¿Y quién es Él sino nuestro Dios? La dulzura y la fuente de la justicia, quien da a cada uno según sus obras; y Tú no despreciarás al corazón contrito y humillado.

Hubo en aquellos días un sabio, muy hábil en la medicina, y renombrado en ella, que con su propia mano proconsular puso la corona del certamen sobre mi cabeza enferma, pero no como médico; porque esta enfermedad solo la curas Tú, que resistes a los soberbios y das gracia a los humildes. Sin embargo, ¿acaso me fallaste incluso con ese anciano, o te abstuviste de sanar mi alma? Pues al hacerme amigo suyo, y prestar atención asiduamente a su conversación (que aunque en términos sencillos, era vivaz y seria), y cuando se dio cuenta por mis palabras de que era aficionado a los libros de los astrólogos, me aconsejó amable y paternalmente que los desechara, y que no dedicara infructuosamente a esas vanidades una atención y una diligencia necesarias para las cosas útiles; y comentó que en sus primeros años estudió ese arte, para ganarse el sustento con él, pues al haber comprendido a Hipócrates, pronto habría podido entender un estudio como ese; sin embargo, lo abandonó y se dedicó a la medicina, sin otra razón que la de encontrarlo completamente falso; y que él, un hombre serio, no se ganaría la vida engañando a la gente. «Pero tú —me dijo—, cuentas para tu sustento con la retórica, de modo que sigues la astrología por libre elección, no por necesidad. Razón más para darme crédito en esto, que trabajé para adquirirla tan perfectamente como para ganarme el sustento con ella sola». Y cuando le pregunté cómo se podían predecir muchas cosas verdaderas a través de ella, me contestó (como pudo) «que es debido a la fuerza del azar, diseminada por doquier en la naturaleza de las cosas. Porque si cuando un hombre abre por azar las páginas de algún poeta, que cantó y pensó respecto a algo totalmente diferente, a menudo encuentra un verso que concuerda asombrosamente con un propósito actual, no es de extrañar que desde el alma humana, inconsciente de lo que ocurre en ella, por algún instinto superior se dé una respuesta que por azar, y no por arte, concuerde con el asunto y los hechos del que pregunta».

Y de esta manera, ya sea de él o a través de él, me transmitiste, y grabaste en mi memoria, lo que después podría examinar por mí mismo. Pero en aquel momento ni él, ni mi queridísimo Nebridio, un joven excepcionalmente bueno y de un santo temor, quien se burlaba de todo el arte de la adivinación, pudieron persuadirme de que lo desechara, pues todavía me convencía más la autoridad de los autores y no había encontrado aún un testimonio seguro (como el que buscaba) que demostrara sin duda alguna que cuanto decían de verdad aquellos consultados lo decían por azar, y no mediante el arte de los astrólogos.

En aquellos años en que empecé a enseñar retórica en mi ciudad natal, hice un amigo, muy querido, por compartir los mismos intereses, de mi misma edad y, como yo, en la primera flor de la juventud. Había crecido de niño conmigo, y habíamos sido compañeros de escuela y de juego. Pero aún no era mi amigo como lo fue después, aunque ni siquiera lo fue entonces tanto como requiere la verdadera amistad; porque esta no puede ser verdadera si no es entre aquellos que Tú aglutinas, al unirse a Ti, por ese amor que se derrama en nuestros corazones mediante el Espíritu Santo, que nos fue dado. Sin embargo, aquella amistad era muy grata, madurada al calor de los estudios afines: porque, de la verdadera fe (que él, de joven, no había asimilado sana y completamente), lo había desviado también hacia esas fábulas supersticiosas y perniciosas, que hacían que mi madre llorara por mí. Conmigo andaba extraviado en espíritu aquel joven, y mi alma no era capaz de nada sin él. Pero he aquí que Tú seguías los pasos de tus fugitivos, a la vez Dios de las venganzas y fuente de misericordias, y nos volvías a Ti por medios maravillosos; sacaste de este mundo a ese hombre, cuando apenas se había cumplido un año de nuestra amistad, placentera para mí por encima de todos los placeres de aquella vida mía.

¿Quién puede contar todas Tus alabanzas, las que ha experimentado en su ser? ¿Qué hiciste entonces, Dios mío, y cuán inescrutable es el abismo de tus juicios? Enfermó de fiebre, y durante mucho tiempo permaneció sin sentido en un sudor de muerte; y, al perderse la esperanza, se le bautizó sin él saberlo; lo que no me preocupó, pues supuse que su alma retendría más bien lo que había recibido de mí, y no lo que se había hecho en su cuerpo inconsciente. Pero se demostró lo contrario, pues se refrescó y se recuperó. Inmediatamente, en cuanto pude hablar con él (y pude, tan pronto como fue capaz, porque nunca lo dejé, y dependíamos mucho el uno del otro), intenté bromear con él, como si también quisiera bromear conmigo sobre ese bautismo que había recibido, cuando estaba completamente ausente en mente y sentimiento, pero que ya sabía que había recibido. Sin embargo, se apartó de mí como de un enemigo, y con una asombrosa y repentina libertad me pidió que, como quería seguir siendo su amigo, me abstuviera de hablarle así. Yo, atónito, reprimí todas mis emociones hasta que se recuperara y su salud fuera lo suficientemente fuerte como para poder hablar con él como yo quería. Mas Tú lo apartaste de mi locura y lo resguardaste en Ti para mi consuelo; pues pocos días después, en mi ausencia, le repitieron las fiebres y así partió.

Esta pena ensombreció por completo mi corazón; y en todas partes veía la muerte. Mi tierra natal me era un suplicio, y la casa paterna una extraña infelicidad; y todo lo que con él había compartido, sin él era un cruel tormento. Mis ojos lo buscaban por todas partes, y no lo veían; y odiaba todos los lugares, porque en ellos no estaba él; ni podían ya decirme: «Aquí viene», como cuando estaba vivo y ausente. Me convertí en un gran enigma para mí mismo, y le pregunté a mi alma por qué estaba tan triste, y por qué me inquietaba tanto; pero no sabía qué responderme. Y si le decía que confiara en Dios, con razón no me obedecía; porque aquel queridísimo amigo, a quien había perdido, era, siendo hombre, más verdadero y mejor que aquel fantasma en que se le pedía confiar. Solo el llanto me resultaba grato, pues tomó el lugar de mi amigo en lo más querido de mis afectos.

Y ahora, Señor, ya ha pasado todo aquello, y el tiempo ha aliviado mi herida. ¿Puedo aprender de Ti, que eres la verdad, y acercar el oído de mi corazón a Tu boca, para que me digas por qué a los que sufren les es agradable el llanto? ¿Acaso Tú, aunque presente en todas partes, has alejado de Ti nuestra desdicha? Y permaneces en Ti, mientras que las diversas pruebas de nuestra vida nos zarandean. Y sin embargo, si no nos lamentáramos en Tus oídos, no nos quedaría ninguna esperanza. Entonces, ¿a qué se debe que los gemidos, las lágrimas, los suspiros y las quejas se recojan de la amargura de la vida como un dulce fruto? ¿Acaso es dulce esto porque esperamos que Tú nos escuches? Así es con la oración, pues en ella hay un anhelo de acercarse a Ti. No obstante, ¿sucede lo mismo con el dolor por algo perdido, y con la pena que me abrumaba en ese momento? Porque no esperaba que él volviera a la vida ni lo deseaba con mis lágrimas; tan solo lloraba y me afligía, pues estaba abatido y había perdido mi alegría. ¿O acaso el llanto en sí mismo es amargo, y al aborrecer las cosas que antes disfrutábamos, nos agrada entonces, cuando nos alejamos de ellas?

Ahora bien, ¿para qué cuento esto? Porque ahora no es momento de hacer preguntas, sino de confesarte. Desdichado era yo; y desdichada es toda alma ligada a la amistad de las cosas perecederas; se desgarra cuando las pierde, y entonces siente la desdicha que tuviera aun antes de perderlas. Así me ocurrió entonces; lloré amargamente, y encontré mi reposo en la amargura. Así era yo de desdichado, y apreciaba más esa vida desdichada que a mi amigo. Porque, aunque hubiera querido cambiarla de buena gana, no estaba más dispuesto a separarme de ella que de él; sí, no sé si la hubiera dejado incluso por él, como se cuenta (si no es ficción) de Pílades y Orestes, que de buena gana hubieran muerto el uno por el otro o juntos, al ser para ellos peor que la muerte el no vivir juntos.

Pero había surgido en mí un sentimiento inexplicable, muy contrario a este, pues aborrecía en extremo vivir y al mismo tiempo temía morir. Supongo que cuanto más lo amaba, más odiaba y temía a la muerte, como un enemigo muy cruel que me lo había arrebatado, e imaginaba que acabaría rápidamente con toda la humanidad, ya que había acabado con él. Así me sucedió, según recuerdo. He aquí mi corazón, Dios mío, mira y ve dentro de mí; porque bien lo recuerdo, oh esperanza mía, que me purificas de las impurezas de tales sentimientos, diriges mis ojos hacia Ti y liberas mis pies de la trampa. Porque me sorprendía que otros mortales vivieran, ya que aquel a quien yo amaba, como si nunca hubiera de morir, estaba muerto; y me sorprendía aún más que muerto él siguiera viviendo yo, que era su otro yo. Bien dijo alguien de sus amigos: «Ustedes son la mitad de mi alma»; porque yo sentía que mi alma y la suya eran «una sola alma en dos cuerpos», y por eso mi vida era un horror para mí, porque no quería vivir a medias. Y quizá por ello temía morir, para que no muriera del todo aquel a quien tanto había amado.

¡Oh locura, que no sabe querer humanamente a los seres humanos! ¡Oh, insensato que fui entonces, al sufrir con impaciencia la suerte humana! Entonces me inquietaba, suspiraba, lloraba, me turbaba, y no hallaba reposo ni consejo. Porque llevaba un alma desgarrada y sangrante, que no se sentía a gusto conmigo, y no encontraba dónde darle descanso. Ni en las arboledas tranquilas, ni en los juegos y la música, ni en los lugares de grata fragancia, ni en los banquetes fastuosos, ni en los placeres del lecho y el sofá, ni (finalmente) en los libros y la poesía; no, no encontraba reposo. Todo me era aborrecible, hasta la misma luz; y todo cuanto no era él, me era repugnante y odioso, excepto los gemidos y las lágrimas. Pues solo en ellos encontré algo de sosiego. Pero cuando mi alma se apartaba de esto, me agobiaba la pesada carga de mi desdicha. Hacia Ti, Señor, debía elevarla, para que Tú la aligeraras; yo lo sabía, pero ni podía ni quería; tanto más porque cuando pensaba en Ti no te veía como algo sólido y real. Porque Tú no eras Tú mismo, sino un mero fantasma, y mi error era mi Dios. Si intentaba colocarla allí para que descansara, se deslizaba por el vacío y se precipitaba de nuevo sobre mí; era yo para mí mismo un lugar de desdicha en el cual no podía estar y del cual no me podía evadir. Pues ¿adónde podría huir mi corazón de mi corazón? ¿A qué lugar podría huir yo de mí mismo? ¿Acaso no me seguiría a mí mismo? Y sin embargo, hui de mi tierra, pues mis ojos debían buscarlo menos donde no estaban acostumbrados a verlo. Y entonces de Tagaste me vine a Cartago.

El tiempo no se detiene ni discurre ocioso; a través de nuestros sentidos obra extrañas operaciones en la mente. He aquí que en su transcurso, día tras día, introducía en mi mente otras ideas y otros recuerdos; y poco a poco me reconciliaba con mis deleites de siempre, a los que cedía mi pena. Y sin embargo vinieron, no ya otras penas, sino las causas de otras penas. Porque, ¿de dónde había llegado tan fácilmente aquella pena anterior a lo más profundo de mí, sino porque había derramado mi alma en el polvo al amar a un ser mortal como si nunca hubiera de morir? Porque lo que principalmente me restablecía y aliviaba era el consuelo de otros amigos, con los que sí amaba lo que amaba en Tu lugar; y esto era una gran falsedad, una mentira duradera, por cuya influencia adúltera se contaminaba nuestra alma, que estaba deseosa de oírla. Pero esa falsedad no moría para mí, por más que muriera alguno de mis amigos. Había otras cosas que me cautivaban más con ellos: hablar y bromear juntos, servirnos mutuamente con agrado; leer juntos buenos libros; hacer el tonto y ser serios; disentir a veces sin descontento, como alguien puede hacerlo consigo mismo; e incluso con tales disensiones, muy raras, sazonar nuestros acuerdos más frecuentes; a veces enseñar, y a veces aprender; añorar al ausente con impaciencia; y recibirlo con alegría a su regreso. Estas y otras expresiones semejantes, que salían del corazón de los que amaban y eran amados, y se manifestaban con el semblante, las palabras, los ojos y mil gestos agradables, eran el combustible para fundir nuestras almas, y hacer de muchas una sola.

Esto es lo que se ama en los amigos; y se ama tanto, que la conciencia humana se siente culpable si no ama a quien le da amor o si no da amor a quien le ama, sin buscar en esa persona más que indicios de su amor. Por eso el luto, si muere, y la oscuridad de las penas, el corazón empapado en lágrimas, la dulzura convertida en amargura; y la muerte de los vivos, a consecuencia de la vida perdida de los muertos. Dichoso el que te ama, y ama a su amigo en Ti, y a su enemigo debido a Ti. Porque el único que no pierde a sus seres queridos es quien los quiere y los tiene en Aquel que no se pierde. ¿Y quién es este sino nuestro Dios, el Dios que hizo los cielos y la tierra, y los llena, porque al llenarlos los creó? A Ti nadie te pierde, sino quien te deja. ¿Y aquel que te deja, adónde va o adónde huye? Simplemente va de Ti contento a Ti disgustado. Porque ¿dónde no encontrará Tu ley en su propio castigo? Pues Tu ley es la verdad y la verdad eres Tú.

Oh Dios de los ejércitos, restáuranos; haz resplandecer tu rostro y seremos salvos. Porque dondequiera que el alma humana vaya, a menos que sea hacia Ti, queda sujeta a dolores, aunque se aferre a cosas hermosas. Y sin embargo, esas cosas no existieran fuera de Ti y fuera del alma si no procedieran de Ti. Surgen y decaen; y al surgir comienzan como a existir; crecen y se perfeccionan; y cuando se perfeccionan envejecen y mueren; y no todas envejecen, pero todas perecen. Así pues, cuando surgen y tienden a existir, cuanto más rápido crecen para ser, tanta más prisa se dan para dejar de existir. Esta es su ley. Así lo has determinado, porque son partes de las cosas, que no existen todas a la vez, sino que al desaparecer y sucederse completan juntas ese universo del que son partes. Y así también se completa nuestro discurso por medio de signos sonoros, pues tampoco se completaría si una palabra no dejara sitio a las siguientes una vez pronunciadas sus sílabas. Que mi alma te alabe por todas estas cosas, oh Dios, Creador de todo; pero que no se apegue a ellas con el pegamento del amor, a través de los sentidos del cuerpo. Pues van donde deben ir, camino a desaparecer; y desgarran el alma con anhelos mortales, porque anhela existir, pero ama reposar en lo que ama. Sin embargo, en estas cosas no hay lugar para el reposo; no permanecen, escapan; y ¿quién puede seguirlas con los sentidos de la carne? Sí, ¿quién puede atraparlas incluso cuando están cerca? Porque el sentido de la carne es lento, porque es el sentido de la carne; así está limitado. Sirve para lo que fue creado; pero no basta para detener el curso de las cosas desde su debido principio hasta su fin señalado. Pues es en Tu Palabra, mediante la cual han sido creadas, que escuchan su sentencia: «Desde aquí y hasta aquí».

No seas necia, oh alma mía, ni ensordezcas el oído de tu corazón con el alboroto de tu insensatez. Escucha tú también. La palabra misma te llama a volver, y allí está el lugar de reposo imperturbable, donde el amor no es abandonado, si él mismo no abandona. He aquí que estas cosas llegan a su fin para que otras las reemplacen, y así este universo inferior se completa con todas sus partes. Sin embargo, «¿me marcho Yo de algún lugar?», dice la palabra de Dios. Establece allí tu morada, confía allí todo lo que de allí posees, oh alma mía, al menos ahora estás cansada de vanidades. Confía a la verdad, todo lo que de ella tengas, y no perderás nada; y florecerán de nuevo tus partes marchitas, y todas tus enfermedades sanarán, y tus partes perecederas serán reformadas, renovadas y afianzadas en torno a ti; y no te arrastrarán hacia donde ellas descienden, sino que se mantendrán firmes contigo, y permanecerán para siempre ante Dios, que permanece firme por siempre.

¿Por qué te perviertes y sigues a tu carne? Es ella la que una vez convertida debe seguirte a ti. Todo cuanto sientes a través de ella es una parte, e ignoras el todo del que se derivan esas partes, no obstante, te deleitan. Pero si el sentido de tu carne tuviera la capacidad de comprender el todo, y no se limitara, por tu castigo justo, a una parte del todo, querrías que todo lo que existe en este momento desapareciera, para que el todo te complaciera mejor. También lo que hablamos lo escuchas por medio de ese sentido de la carne, y no quieres que las sílabas se detengan, sino que pasen volando, para que vengan otras y escuchar la totalidad. Y así, cuando una cosa se compone de muchas, que no existen todas juntas, todas en su conjunto agradarían más que por separado, si todas se percibieran en su conjunto. No obstante, mucho mejor que eso es Aquel que lo hizo todo; y Él es nuestro Dios, que permanece, pues nada lo sucede.

Si te agradan los seres corpóreos, alaba a Dios por ellos, y redirige tu amor hacia su hacedor; no sea que en las cosas que a ti te agradan a Él le desagrades. Si te agradan las almas, ámalas en Dios, pues también ellas son mutables, pero en Él están firmemente establecidas; de lo contrario, pasarían y desaparecerían. En Él, pues, sean amadas; y lleva hacia Él las almas que puedas, y diles: «Amémoslo; Él hizo estas cosas y no está lejos. Pues Él no las hizo y se alejó, sino que proceden de Él y en Él están. Allí está Él, donde se ama la verdad. Está dentro del mismo corazón, pero el corazón se ha alejado de Él. Regresen al corazón, transgresores, y aférrense a Aquel que los hizo. Permanezcan con Él, y se mantendrán firmes. Descansen en Él, y estarán tranquilos. ¿Adónde van por escabrosos caminos? ¿Adónde van? El bien que aman procede de Él; pero es bueno y agradable a través de Él, y justamente se amargará, porque si se abandona a Dios, se ama injustamente todo lo que de Él procede. ¿Con qué fin entonces seguirían recorriendo esos difíciles y penosos caminos? No hay descanso donde lo buscan. Busquen lo que buscan; pero no está allí donde buscan. Buscan una vida bienaventurada en el país de la muerte; no está allí. Porque, ¿cómo podría haber una vida bienaventurada donde la vida misma no existe?

«Pero nuestra verdadera vida descendió hasta aquí, y padeció nuestra muerte, y murió, de la abundancia de Su propia vida; y con voz atronadora nos llamó para que volviéramos a Él, a ese lugar secreto de donde vino a nosotros, primero en el vientre de la Virgen, donde desposó la creación humana, nuestra carne mortal, para que no fuera para siempre mortal, y desde ese lugar, como esposo que sale de su tálamo, se alegra cual gigante para correr el camino (Sal. 19:5). Porque no se demoró, sino que corrió, y llamó en voz alta con palabras, hechos, muerte, vida, descenso, ascensión; clamó para que volviéramos a Él.

Y se apartó de nuestros ojos, para que volviéramos a nuestro corazón y lo encontráramos allí. Porque Él partió pero está aquí. No quiso estar mucho tiempo con nosotros, pero no nos dejó; pues se marchó al lugar de donde nunca se fue, porque Él creó el mundo. Y en este mundo estaba, y a este mundo vino para salvar a los pecadores, a Él se confiesa mi alma, y Él la sana, porque ha pecado contra Él. Oh, hijos de los hombres, ¿por cuánto tiempo serán tan tardos de corazón? (Luc. 24:25). Incluso ahora, después de que la vida descendiera a ustedes, ¿no ascenderán y vivirán? Pero, ¿a qué lugar ascenderán, cuando están en las alturas, y ponen su boca contra los cielos? Desciendan, para que asciendan, y lleguen a Dios. Porque han caído, al ascender contra Él». Comunícales esto, para que lloren en el valle de lágrimas, y así los lleves contigo hacia Dios; porque si al decirles esto ardes en el fuego de la caridad, se lo estás diciendo desde Su Espíritu.

No conocía esto entonces. Amaba las bellezas inferiores, me hundía hasta lo más profundo y decía a mis amigos: ¿Acaso amamos algo que no sea lo bello? ¿Qué es entonces lo bello? y ¿qué es la belleza? ¿Qué es lo que nos atrae y nos ata a las cosas que amamos? Porque si no hubiera en ellas gracia y belleza, no podrían de ningún modo atraernos». Y noté y percibí que en los mismos cuerpos había una belleza, al formar una especie de todo, y había otra por la correspondencia armoniosa y mutua, como la de una parte del cuerpo con el todo, o la de un zapato con un pie, y cosas similares. Y esta reflexión surgió en mi mente, desde lo más íntimo de mi corazón, y escribí sobre «lo bello y lo adecuado», creo que dos o tres libros. Tú lo sabes, oh Señor, porque lo he olvidado; no los conservo, sino que se me han extraviado, no sé cómo.

No obstante ¿qué me movió, Señor Dios mío, a dedicar estos libros a Hierio, un orador de Roma, al que no conocía de cara, pero que amaba por la fama de su saber, que era grande, y por algunas palabras suyas que había oído y me agradaban? Pero más me agradó porque agradó a otros que lo ensalzaron mucho, asombrados de que un sirio, instruido primero en la elocuencia griega, se convirtiera después en un maravilloso orador latino, y en uno de los más doctos en cuestiones de la filosofía. Se ama y se alaba a la persona sin verla. ¿Entra este amor en el corazón del oyente por la boca del elogiador? En absoluto, sino que por el que ama se enciende el amor de otros. De ahí que se ame al que es alabado, pero solo cuando se entiende que es alabado con sinceridad o, lo que es lo mismo, cuando se alaba con amor.

Así amaba yo entonces a los seres humanos, según el juicio de los humanos, no según el Tuyo, oh Dios mío, en quien nadie se engaña. Sin embargo, ¿por qué no por las cualidades como las de un famoso auriga, o las de aquellos que luchan con las fieras en el teatro, conocidas en todas partes por una vulgar popularidad, sino de otro modo más serio, como yo mismo quisiera que me alabaran? Porque no quisiera que me alabaran y amaran como a los actores (aunque yo mismo los alabara y amara), sino que preferiría ser desconocido, antes que conocido; e incluso odiado, antes que amado. ¿Dónde radican los impulsos para tan variadas y diversas clases de amores en una misma alma? ¿Por qué, ya que somos igualmente humanos, amo en otra persona lo que no debería despreciar y desechar de mí mismo si no lo odiara? Ciertamente, del mismo modo que aquel que no querría ser caballo, aunque pudiera, ama un buen caballo, también hay que decir esto del actor, que comparte nuestra naturaleza. ¿Amo pues en el ser humano lo que detesto ser, siendo yo humano? El ser humano es un gran abismo, cuyos cabellos Tú tienes contados (Mat. 10:30), oh Señor, sin que caiga uno al suelo sin Tú saberlo. Y, sin embargo, los cabellos de su cabeza son más fáciles de contar que sus sentimientos y los impulsos de su corazón.

Sin embargo, aquel orador era el tipo de persona que yo amaba y hubiera querido ser; y lleno de vanidad vagué, y me zarandearon todos los vientos, pero Tú me guiaste, aunque muy secretamente. ¿Y cómo sé, y cómo te confieso con certeza, que lo había amado más por el amor de sus elogiadores que por las mismas cosas por las cuales lo alababan? Porque, si no lo hubieran alabado, y estos mismos hombres lo hubieran desprestigiado, y con desprecio y descalificación hubieran expresado las mismas cosas de él, nunca me hubiera sentido tan motivado a amarlo. Y no por ello habrían sido diferentes las cosas, ni él sería otro del que era; solo cambiaría el sentimiento de quienes de él hablaban. ¡En este punto se encuentra el alma impotente, que aún no se sostiene con la solidez de la verdad! Así como los vendavales de las palabras soplan desde el pecho de los opinantes, así es llevada el alma de un lado a otro, hacia adelante y hacia atrás, y se le nubla la vista y no ve la verdad, aunque esté ante nosotros. Y para mí era muy importante que aquel hombre conociera mi retórica y mis trabajos: si los aprobaba, me habría motivado más; si los desaprobaba, mi corazón vacío, carente de Tu solidez, se habría sentido herido. Y, a pesar de todo, lo que escribí sobre «lo bello y lo adecuado», dedicado a Hierio, lo contemplé con placer y lo admiré, aunque nadie lo alabara.

Sin embargo, aún no veía la clave de este importante asunto en Tu sabiduría, oh Tú omnipotente, que solo haces maravillas;

y mi mente recorrió las formas corpóreas; y definí y distinguí lo «bello» como lo que es bello en sí mismo, y lo «adecuado» como aquello cuya belleza está en correspondencia con alguna otra cosa, y esto lo argumenté con ejemplos corpóreos. Y volví mi atención a la naturaleza del espíritu, pero la falsa noción que tenía de las cosas espirituales, no me permitió ver la verdad. Sin embargo, la fuerza de la verdad se reflejó por sí misma en mis ojos, pero aparté mi alma jadeante de la sustancia incorpórea hacia los contornos, los colores y las magnitudes físicas. Y al no poder verlos en el espíritu, pensé que no podía ver mi espíritu. Y mientras que en la virtud amaba la paz, y en el vicio aborrecía la discordia; en lo primero observaba una unidad, pero en lo segundo, una especie de división. Y en aquella unidad me parecía que estaba el alma racional, y la naturaleza de la verdad y del bien supremo; pero en la división, imaginaba lamentablemente que había alguna sustancia desconocida de vida irracional, y la naturaleza del mal principal, que no debía ser solo una sustancia, sino también una vida real, que sin embargo no procedía de Ti, oh mi Dios, de quien proceden todas las cosas. Sin embargo, a la primera la llamé mónada, por ser un alma sin sexo; pero a la segunda la llamé díada: la ira, en los actos de violencia, y el deseo en los vicios; sin saber lo que decía. Y es que no sabía ni había aprendido que el mal no es sustancia alguna y que nuestra alma no es el bien supremo e inmutable.

Porque así como surgen los actos de violencia, si se corrompe esa emoción del alma, de donde brota la acción vehemente que se agita con insolencia y desorden; y la lujuria, cuando no se controla esa inclinación del alma, por la cual se cae en los placeres carnales, así también los errores y las falsas creencias contaminan la conversación, si se corrompe el alma racional; como me sucedía entonces a mí, que no sabía que otra luz debía iluminarla para ser partícipe de la verdad, al no ser el alma racional la esencia de la verdad. Porque Tú encenderás mi lámpara, Señor Dios mío, Tú alumbrarás mis tinieblas; y de Tu plenitud hemos recibido todos, porque Tú eres la luz verdadera que alumbra a todo hombre que viene al mundo (Juan 1:9); porque en Ti no hay variabilidad, ni asomo de cambio.

Entonces yo me esforzaba por llegar a Ti, pero me repelías para que probara la muerte; porque Tú resistes a los soberbios. Y, ¿qué mayor soberbia, que afirmar con sorprendente locura que yo era por ley natural lo que Tú eres? Pues aunque yo estaba sujeto al cambio (al ser tan manifiesto en mí el deseo de llegar a ser sabio, para llegar a ser mejor), preferí imaginar que Tú estabas sujeto al cambio a reconocer que yo no era lo que Tú eres. Por eso me repeliste y te resististe a mi fatua vanidad, e imaginé formas corpóreas, y, al ser yo carne, acusé a la carne; y como viento que pasa, no volví a Ti, sino que pasé y pasé a cosas que no existen, ni en Ti, ni en mí, ni en el cuerpo. Y que tampoco fueron creadas para mí por Tu verdad, sino que mi vanidad las ideó a partir de las cosas corpóreas. Y acostumbraba a preguntar a Tus fieles pequeños, mis conciudadanos (de los que, sin saberlo, permanecía desterrado), acostumbraba a preguntarles con necedad: «¿Por qué entonces se equivoca el alma que Dios creó?». Pero no quería que me preguntaran: «¿Entonces por qué se equivoca Dios?». Y sostuve que Tu sustancia inmutable erraba obligada a ello, antes que confesar que mi sustancia cambiante se había extraviado voluntariamente, y ahora, como castigo, permanecía en el error.

Tenía yo unos 26 o 27 años cuando escribí aquellos volúmenes; y revolvía en mi mente ficciones corpóreas, que zumbaban en los oídos de mi corazón, los cuales procuraba tener atentos, oh dulce verdad, a Ti, melodía interior; y meditaba sobre «lo bello y lo adecuado», y anhelaba ponerme en pie y escucharte, y alegrarme grandemente ante la voz del esposo, pero no podía; porque por las voces de mis propios errores caía, y por el peso de mi propio orgullo me hundía más en el pozo. Porque no proporcionabas gozo ni alegría a mis oídos, ni se regocijaban mis huesos, que aún no estaban humillados. ¿Y de qué me sirvió que, con apenas 20 años, llegara a mis manos un libro de Aristóteles, titulado *Categorías*, o predicamentos, (a cuyo nombre me aferraba, como de algo grande y divino, pues tantas veces mi maestro de retórica de Cartago, y otros, tenidos por doctos, lo citaron con el rostro lleno de orgullo), y lo leyera y entendiera sin ayuda de nadie? Y al consultar con otros, que decían que apenas lo habían entendido con la ayuda de tutores muy capaces, que no solo les explicaron oralmente, sino que dibujaron muchas cosas en la arena, vi que no podían decirme más de lo que yo había aprendido al leerlo por mí mismo. Y me pareció que el libro hablaba muy claramente de las sustancias, como el «ser humano», y de sus cualidades, como la figura humana, su tipo; su estatura, cuántos pies tiene; y sus relaciones, de quién es hermano, o en qué lugar vive, o cuándo nació; o si está de pie o sentado, o si está calzado o armado; o si hace algo o lo padece, y todo lo que en número infinito se encuentra en estos nueve predicamentos, de los que he dado algunos ejemplos, o en el predicamento principal de sustancia.

¿De qué me servía todo esto cuando incluso me estorbaba? Al imaginar que todo cuanto existe está comprendido en esos predicamentos, traté de entender, oh Dios mío, tu maravillosa e inmutable unidad como si Tú también hubieras estado sujeto a Tu propia grandeza o belleza, de modo que (como en los cuerpos) existieran en Ti como su sujeto, mientras que Tú mismo eres Tu propia grandeza y belleza; pero un cuerpo no es grande o bello por ser un cuerpo, pues aunque fuera menos grande o bello, no obstante sería un cuerpo. Sin embargo, lo que yo pensaba de Ti era una falsedad, no la verdad. Eran las ficciones de mi desdicha, no las realidades de Tu bienaventuranza. Porque Tú habías ordenado, y así se hizo en mí, que la tierra me diera espinos y cardos, y que con el sudor de mi rostro comiera el pan.

¿Y de qué me sirvió, a mí, vil esclavo de viles apetencias, leer por mi cuenta y entender todos los libros que pude conseguir de las artes llamadas liberales? Y me deleitaba con ellos, pero no sabía de dónde procedía todo lo que en ellos era cierto y verdadero. Porque tenía mis espaldas vueltas a la luz y mi rostro a las cosas iluminadas, por lo que mi rostro, que veía las cosas iluminadas, no recibía la luz. Todo lo que leí sobre retórica, lógica, geometría, música y aritmética, lo entendí por mí mismo sin mucha dificultad, sin la ayuda de ningún maestro, Tú lo sabes, oh Señor Dios mío; pues la rapidez para entender y la agudeza del discernimiento son dádivas Tuyas; sin embargo no las usaba yo para Tu alabanza. Así pues, no me sirvieron de nada, sino más bien de perdición, ya que usé una parte tan buena de mis bienes para mi propio beneficio, y no guardé mis fuerzas para Ti, sino que me alejé de Tu presencia y fui a una tierra remota para gastarlas en prostituciones. Porque ¿de qué me sirvió el talento, si no le di un buen uso? En realidad, no me di cuenta de que esas artes eran difíciles de entender hasta que intenté explicárselas a aquellos que eran estudiosos y talentosos, y el mejor de ellos era el que con menor tardanza me podía seguir.

Pero ¿de qué me sirvió esto, si pensaba que Tú, oh Señor Dios, la verdad, eras un cuerpo vasto y brillante, y yo un fragmento de ese cuerpo? ¡Una perversidad demasiado grande! Pero así era yo. Tampoco me ruborizo, oh Dios mío, de confesarte tus misericordias para conmigo, y de invocarte, yo que no me ruborizaba entonces de declararles a los hombres mis blasfemias, y de ladrar contra Ti. ¿De qué me sirvió entonces mi ágil ingenio en esas ciencias, y todos esos enrevesados volúmenes que comprendí sin ayuda del magisterio humano, si en la doctrina de la piedad erraba tan vilmente y con tan sacrílego descaro? ¿O qué dificultad representaba para tus pequeños tener un ingenio mucho más lento, si no se alejaban de Ti, y en el nido de Tu iglesia echaban sus plumas seguros, y nutrían las alas de la caridad con el alimento de una fe sana? Oh Señor, Dios nuestro, esperemos bajo la sombra de Tus alas; protégenos y llévanos. Nos llevarás cuando seamos pequeños, y también hasta que tengamos canas; porque nuestra firmeza, cuando eres Tú, es entonces firmeza; pero cuando es nuestra, es flaqueza. Nuestro bien vive siempre contigo; y cuando nos apartamos de él nos pervertimos. Regresemos ya, Señor, para no quedar subvertidos, porque nuestro bien vive contigo sin corromperse, y nuestro bien eres Tú; y no tememos que no haya lugar adonde regresar, porque de allí caímos, pero durante nuestra ausencia no se desplomó nuestra casa, Tu eternidad.

Libro V

Año vigésimo noveno de San Agustín. Fausto, una trampa de Satanás para muchos, se convirtió en un instrumento de liberación para San Agustín, al mostrarle la ignorancia de los maniqueos en aquellas cosas en las que afirmaban tener conocimiento divino. Agustín abandona toda idea de continuar entre los maniqueos, es guiado a Roma y Milán, donde escucha a San Ambrosio, deja a los maniqueos, y se convierte de nuevo en catecúmeno en la Iglesia católica.

Acepta el sacrificio de mis confesiones a través de mi lengua, a la que diste forma y avivaste para que alabe Tu nombre. Sana todos mis huesos, y deja que digan: «Señor, ¿quién como Tú?». Porque el que se confiesa a Ti no te hace saber lo que ocurre en su interior; ya que un corazón cerrado no impide que Tus ojos lo penetren, ni la dureza del corazón humano puede hacer retroceder Tu mano, pues Tú la disuelves a Tu voluntad en la piedad o en la venganza, y nada puede esconderse de Tu calor.

Que mi alma te alabe, para que pueda amarte; y que te confiese Tus propias misericordias, para alabarte. Tu creación entera no calla ni cesa de alabarte; ni el espíritu humano con voz dirigida a Ti, ni la creación animada e inanimada, mediante la voz de quienes la contemplan; para que nuestra alma se levante de su cansancio y vaya hacia Ti al apoyarse en las cosas que has creado, y llegue a Ti, que las hiciste maravillosamente; y allí hay refrigerio y verdadera fortaleza.

Que se alejen y huyan de Ti los inquietos y los impíos; sin embargo, Tú los ves, y penetras la oscuridad. Y he aquí que el universo es justo a pesar de ellos, que son infames. ¿Y en qué te han perjudicado, o cómo han deshonrado Tu gobierno, que desde el cielo hasta esta tierra inferior es justo y perfecto? Porque ¿a qué lugar huyeron, cuando huyeron de Tu presencia? o ¿dónde pueden ocultarse de Ti? Sin embargo, huyeron para no ver que Tú los veías, y, cegados, tropezaron contra Ti (porque no abandonas nada de lo que has hecho); para que los injustos, digo yo, tropiecen contigo y reciban su justo castigo; al apartarse de Tu benignidad, tropezar con Tu rectitud y caer en su propia aspereza. En verdad ignoran que Tú estás en todas partes, ¡ningún lugar te contiene! Y solo Tú estás cerca, incluso de los que se alejan de Ti. Que se vuelvan, pues, y te busquen; porque Tú no has abandonado a Tu creación como ellos abandonaron a su Creador. Que se vuelvan y te busquen; y he aquí que Tú estás allí en su corazón, en el corazón de los que se confiesan a Ti, y se arrojan a Tus brazos y lloran en Tu seno, después de todos sus caminos escabrosos. Entonces enjugas suavemente sus lágrimas, y ellos lloran más, y se alegran en el llanto; porque Tú, Señor, no un hombre de carne y hueso, sino Tú, Señor, que los hiciste, los rehaces y los consuelas. Sin embargo, ¿dónde estaba yo cuando te buscaba? Y Tú estabas delante de mí, pero yo me había alejado de Ti; no me encontraba a mí mismo, ¡cuánto menos a Ti!

Quiero exponer ante mi Dios aquel año vigésimo noveno de mi vida. Llegó entonces a Cartago cierto obispo de los maniqueos, de nombre Fausto, una gran trampa del demonio, en la que caían muchos por el encanto seductor de sus palabras. Yo también elogié su elocuencia, pero no la confundía con la verdad de las cosas que estaba ansioso por aprender; tampoco me interesaba tanto su oratoria, sino la ciencia que este Fausto, tan alabado entre ellos, me puso delante para que me alimentara. Su fama lo presentaba como el más conocedor de todo saber valioso, y muy docto en las ciencias liberales. Y como había leído mucho de los filósofos, y recordaba lo leído, comparé algunas de sus afirmaciones con aquellas largas fábulas de los maniqueos, y encontré que las primeras eran más probables; aunque los filósofos solo fueron capaces de apreciar las cosas de este mundo inferior, y de ninguna manera pudieron encontrar su Señor. Porque Tú eres grande, oh Señor, y respetas a los humildes, pero a los soberbios los ves de lejos. Tampoco te acercas, sino a los quebrantados de corazón, ni pueden encontrarte los soberbios, no, aunque con curiosa habilidad puedan contar las estrellas y la arena, y medir los cielos estrellados, y seguir el curso de los planetas.

Porque investigan estas cosas con el entendimiento y el ingenio que Tú les otorgaste; y mucho han averiguado; y predijeron con muchos años de antelación los eclipses de sol y de luna, y señalaron el día, la hora y el grado en que sucederían sin que les fallara el cálculo; y sucedió lo que predijeron; y escribieron las reglas descubiertas, que se leen hoy en día, y a partir de ellas otros predicen el año, el mes, el día, la hora y el grado en que la luna o el sol se eclipsarán, y sucede de ese modo. Aquellos que no conocen este arte se maravillan y se asombran, y los que lo conocen se regocijan y se envanecen; y con un orgullo impío se alejan de Ti y de Tu luz. Prevén los oscurecimientos futuros del sol pero no ven la oscuridad en que ellos mismos están, pues no buscan con espíritu de piedad de dónde les viene el ingenio que ponen en sus investigaciones. Y al descubrir que Tú los has hecho, no se entregan a Ti para que conserves Tu obra, ni te ofrecen en sacrificio lo que ellos mismos han hecho; ni desechan sus propios pensamientos altaneros, como las aves del cielo, ni su propia curiosidad insaciable (con la que, como los peces del mar, vagan por los desconocidos caminos de las profundidades), ni su propia lujuria, como las bestias del campo, para que Tú, Señor, que eres fuego devorador, consumas esas preocupaciones muertas suyas y los regeneres en la inmortalidad.

Sin embargo, no conocieron el camino, Tu Palabra, por la que hiciste estas cosas que ellos enumeran, y a ellos mismos que las enumeran, y el sentido por el que perciben lo que enumeran, y el entendimiento por el que lo enumeran; ni conocieron que de Tu sabiduría no hay número. Pero Tu Unigénito se hizo para nosotros sabiduría, justicia y santificación, y fue contado con nosotros y pagó tributo al César. No conocieron este camino por donde debían descender desde sí mismos hacia Él y mediante Él ascender a Él. No conocieron este camino, y se creyeron excelsos y luminosos como las estrellas; y he aquí que cayeron a tierra, y su necio corazón se oscureció. Hablan muchas cosas ciertas sobre la creación; pero no buscan piadosamente la Verdad, es decir, al artífice de la creación, y por eso no la encuentran; o si la encuentran, y saben que es Dios, no lo glorifican como Dios ni le dan gracias, sino que se envanecen en sus razonamientos, se dicen sabios y se atribuyen lo que es Tuyo; y así, con la más perversa ceguera, pretenden atribuirte lo que es suyo e inventan mentiras de Ti, que eres la Verdad. Convierten la gloria del Dios incorruptible en una imagen hecha a semejanza del hombre corruptible, y de aves, animales cuadrúpedos y reptiles. Convierten Tu verdad en una mentira, y adoran y sirven a la creación más que al Creador.

Sin embargo, de estos hombres conservaba en mi memoria muchas verdades relativas a la creación, y vi la razón de las mismas a partir de los cálculos, la sucesión de los tiempos y los testimonios visibles de las estrellas; y las comparé con los dichos de Mani, que en su frenesí escribió en gran medida sobre estos temas; pero no encontré ninguna explicación de los solsticios, ni de los equinoccios, ni de los eclipses de sol y de luna, ni nada de estas cosas que había aprendido en los libros de filosofía secular. Aun así se me ordenó creer; y sin embargo aquello no se correspondía con lo establecido mediante los cálculos y mis propios ojos, sino que era todo lo contrario.

Por lo tanto, Señor Dios de la verdad, ¿te complace aquel que conoce estas cosas? Ciertamente, es infeliz quien conoce todo esto y no te conoce a Ti; pero quien te conoce a Ti es feliz aunque no conozca estas cosas. Y el que te conoce a Ti y a ellas no es más feliz por ellas, sino solo por Ti, si al conocerte te glorifica como Dios y es agradecido, y si no se envanece en sus razonamientos. Pues aquel que sabe que posee un árbol y te da gracias por su uso, aunque no sepa cuántos codos tiene de alto ni cuán ancho es, está en mejores condiciones que aquel que lo mide y cuenta todas sus ramas pero no lo posee ni conoce ni ama a su Creador. De igual modo, un creyente, de quien es todo el mundo de las riquezas y que, sin tener nada, lo posee todo por estar unido a Ti, a quien sirven todas las cosas, aunque no conozca ni siquiera los giros de la Osa Mayor está sin lugar a dudas en mejores condiciones que aquel que puede medir los cielos, contar las estrellas y pesar los elementos, y sin embargo te descuida a Ti que has dispuesto todas las cosas en número, peso y medida.

Sin embargo, ¿quién le pidió a ese Mani que escribiera también sobre estas cosas, habilidad en la que no había ningún elemento de piedad? Porque Tú le has dicho al ser humano: He aquí la piedad y la sabiduría; de las cuales podría ser ignorante, aunque tuviera un perfecto conocimiento de estas cosas; pero ya que sin saberlas se atrevió a enseñarlas muy impúdicamente, es evidente que no podía tener conocimiento de la piedad. Porque es vanidad profesar estas cosas mundanas aunque se conozcan; pero la confesión a Ti es piedad. De ahí que aquel descaminado hablara mucho de estas cosas, para que, descalificado por los que las han aprendido de verdad, pudiera descubrirse qué conocimiento tenía de otras cosas más profundas. Y es que no quiso que pensaran mal de él, sino que trató de persuadir a la gente de que «el Espíritu Santo, consolador y enriquecedor de Tus fieles, estaba personalmente en él con plena autoridad». Entonces, cuando se descubrió que había enseñado falsedades sobre el cielo y las estrellas, y sobre los movimientos del sol y de la luna (aunque estas cosas no pertenecen a la doctrina de la religión), su sacrílega presunción se hizo bien evidente, pues no solo hablaba cosas que ignoraba, sino que eran falsas, con una soberbia vanidad tan delirante, que pretendía atribuírselas a sí mismo, como si fuera una persona divina.

Porque cuando oigo a algún hermano cristiano que ignora estas cosas y se equivoca en ellas, puedo ver pacientemente que mantenga su opinión; tampoco veo que la ignorancia en cuanto a la posición o carácter de la creación corpórea pueda perjudicarle, mientras no crea nada indigno de Ti, oh Señor, Creador de todo. No obstante, sí le perjudicaría si imaginara que esto pertenece a la esencia de la doctrina de la piedad y afirmará con demasiada terquedad aquello que desconoce. Y aun así, esta flaqueza en la infancia de la fe es sobrellevada por nuestra madre la caridad, hasta que el recién nacido crezca y se convierta en un hombre perfecto, y ya no se deje arrastrar por cualquier viento doctrinal. Pero en cuanto a aquel [Mani] que presumía de ser el maestro, la fuente, el guía, el jefe de todos a los que podía persuadir, que quien lo seguía pensaba que seguía, no a un simple hombre, sino a Tu Espíritu Santo; ¿quién no juzgaría que una locura tan grande, una vez condenada por haber enseñado algo falso, debe detestarse y rechazarse por completo? Sin embargo, yo todavía no había determinado con claridad si la sucesión de los días y las noches de mayor y menor duración, y del día y la noche mismos, junto con los eclipses, y todo lo demás que había leído en otros libros, podrían explicarse coherentemente según sus dichos; de modo que me quedaba siempre la incertidumbre de que pudiera o no ser así, pero al tener en cuenta la supuesta santidad de su vida, me sentía inclinado a aceptar su autoridad.

Y durante casi todos esos nueve años, en los que con mente inquieta había sido discípulo de los maniqueos, había anhelado muy intensamente la llegada de este Fausto. Pues los demás miembros de la secta, con la que por casualidad me había topado, al no poder resolver mis objeciones sobre estos temas, me seguían insistiendo en la venida de Fausto, y afirmaban que él despejaría totalmente estas y otras dudas mayores, si las tenía, con la mayor facilidad. Cuando vino, noté que era un hombre de grata conversación, y que podía hablar con fluidez y expresar mejor las mismas cosas que los demás acostumbraban a decir. Sin embargo, ¿acaso la mayor pulcritud del copero saciaba mi sed de una bebida más refrescante? Mis oídos ya estaban cansados de las mismas cosas, y no me parecían mejores porque estuvieran mejor dichas, ni verdaderas porque fueran elocuentes sus palabras; ni su alma parecía más sabia porque el rostro fuera bello y el lenguaje elegante. Sin embargo, los que me remitían a él no eran buenos jueces de la realidad, y les parecía juicioso y sabio solo porque los deleitaba al hablar. En cambio, noté que otro tipo de persona desconfiaba incluso de la verdad y se negaba a aceptarla si le llegaba a través de un discurso refinado y fluido. Pero Tú, oh Dios mío, ya me habías enseñado por caminos maravillosos y secretos, y por eso creo que me enseñaste, porque es la verdad, y solo Tú eres maestro de la verdad, independientemente de dónde y desde dónde brille. De ti, por tanto, he aprendido que nada debe parecer verdadero porque se exprese con elocuencia, ni falso porque la expresión de los labios sea desordenada, ni verdadero porque se pronuncie de forma grosera, ni falso porque el lenguaje sea elegante, sino que la sabiduría y la necedad son como la comida sana y la insana, y las frases adornadas o sin adornos son como los platos de la corte o los del campesino; cualquiera de los dos tipos de comida puede servirse en cualquiera de los dos platos.

Así pues, la avidez con la que había esperado a aquel hombre durante tanto tiempo se deleitaba ciertamente con la actitud y la emoción que mostraba al disputar, y con la elección y la prontitud de sus palabras para dar forma a sus ideas. Yo estaba entonces encantado, y lo alababa y lo ensalzaba con los demás, incluso más que los demás. Sin embargo, me preocupaba que en las reuniones con el público oyente no se me permitiera tomar parte y exponer aquellas cuestiones que me preocupaban en una conversación informal con él. Cuando pude, acompañado de mis amigos, comencé a hablarle en los momentos más oportunos para tales debates, y le pregunté sobre temas que me inquietaban. Lo primero que noté fue su desconocimiento total de las ciencias liberales, excepto de la gramática, pero incluso aquí su conocimiento era ordinario. Sin embargo, como había leído algunos discursos de Cicerón, unos pocos libros de Séneca, algunas cosas de los poetas y los pocos volúmenes de su propia secta que estaban escritos en latín y con esmero, y como ejercitaba diariamente la palabra, adquirió cierta elocuencia, la cual él hacía más grata y seductora con la agudeza de su ingenio y un cierto encanto natural. ¿No es así, como lo recuerdo, Señor Dios mío, juez de mi conciencia? Mi corazón y mi recuerdo están ante Ti, Tú que en aquel tiempo me dirigiste por el misterio oculto de Tu providencia, y pusiste ante mi cara aquellos vergonzosos errores míos para que los viera y los odiara.

Así que cuando comprobé que aquel hombre ignoraba las artes en las que yo creía que sobresalía, empecé a perder la esperanza de que pudiera aclarar y resolver las dificultades que me dejaban perplejo (de las que ciertamente, por muy ignorante que fuera, podía haber conocido las verdades de la piedad, de no haber sido maniqueo). Porque sus libros están llenos de fábulas sobre el cielo, las estrellas, el sol y la luna, y ya no lo consideraba capaz de explicarme satisfactoriamente lo que tanto deseaba: comparar estas cosas con los cálculos que había leído en otros lugares y determinar si el relato dado en los libros de Mani era preferible, o al menos tan bueno. Sin embargo, cuando se lo propuse, se comportó con mucha modestia y no se atrevió a asumir tan pesada carga. Porque sabía que no conocía estas cosas y no se avergonzaba de confesarlo, y no era uno de esos charlatanes, como muchos que yo había sufrido, que intentaban enseñarme y no decían nada. Pero este hombre tenía un corazón, que aunque no estaba centrado en Ti, tampoco era del todo traicionero consigo mismo. Pues no ignoraba del todo su propia ignorancia, ni se dejaba enredar precipitadamente en una discusión de la que no pudiera retirarse ni salir limpiamente. Incluso por esto me agradó más. Ya que más hermosa es la modestia de una mente sincera, que el conocimiento de las cosas que yo deseaba; y así lo hallé, en todas las cuestiones de mayor dificultad y sutileza.

Quebrantado así mi entusiasmo por los escritos de Mani, y más desilusionado aún con el resto de sus maestros, cuando este, tan renombrado entre ellos, había demostrado ser tan ignorante en muchas de las cuestiones que me inquietaban, empecé a dedicarme con él al estudio de esa literatura, en la que él también estaba muy interesado (y que yo como maestro de retórica enseñaba entonces a los jóvenes estudiantes en Cartago), y a leer con él, bien lo que él mismo deseaba oír, bien lo que yo juzgaba adecuado para su entendimiento. Sin embargo, todos mis esfuerzos para avanzar en aquella secta llegaron a su fin apenas conocí a aquel hombre; no es que me separara de ellos por completo, sino que, al no encontrar nada mejor, me había conformado por el momento con lo que había hallado, a menos que por casualidad apareciera algo más adecuado. Así, aquel Fausto, que se convirtió para muchos en trampa mortal, sin quererlo ni saberlo había empezado a aflojar el lazo que me atrapaba. Porque tus manos, oh Dios mío, en el secreto propósito de Tu providencia, no abandonaron mi alma; y con la sangre del corazón de mi madre, mediante sus lágrimas derramadas noche y día, se te ofrecía un sacrificio por mí; y obraste en mí de formas maravillosas. Tú lo hiciste, oh Dios mío; porque los pasos del hombre son ordenados por el Señor (Sal. 37:23), y Él dispondrá su camino. ¿O cómo obtendremos la salvación, sino de Tu mano, que rehace lo que hizo?

Tú, Señor, hiciste que me persuadieran de ir a Roma, y enseñara allí lo que enseñaba en Cartago. Y no dejaré de confesarte cómo me convencí de ello, pues aquí también deben considerarse y confesarse los más profundos recovecos de Tu sabiduría, y Tu misericordia siempre presente con nosotros. No quise ir a Roma porque los amigos que me persuadieron de ello me garantizaran mayores ganancias y un estatus social más alto (aunque incluso estas cosas influían en mi mente en aquel momento), sino que el principal y casi único motivo fue oír que los jóvenes estudiaban allí con más tranquilidad, y que se mantenían sosegados bajo una disciplina más rigurosa, de modo que no podían irrumpir a cualquier hora y con arrogancia en la escuela de un maestro que no fuera el suyo, ni eran admitidos sin su permiso. Mientras que en Cartago reina entre los alumnos una licencia vergonzosa difícil de controlar, pues irrumpen con descaro y, con gestos casi frenéticos, perturban todo el orden establecido para el bien de los alumnos. Con una asombrosa frialdad cometen atropellos que la ley debería castigar si no los condonara la costumbre; costumbre que los hace ver más miserables, pues toman como lícito lo que por Tu ley eterna nunca lo será; y creen que lo hacen impunemente, pero reciben el castigo de la misma ceguera por la que lo hacen, y sufren cosas incomparablemente peores de las que hacen. Los modales que cuando estudiante no quería hacer míos, tuve que soportarlos como maestro en otros: y por eso deseaba ir allí, donde todos los que sabían me aseguraban que no sucedían esas cosas. Sin embargo Tú, «mi esperanza, mi porción en la tierra de los vivientes» (Sal. 142:5), a fin de que cambiara mi morada terrenal para salvación de mi alma, me aguijoneaste en Cartago para arrancarme de allí; y en Roma me ofreciste seducciones que podrían atraerme a ese lugar. Esto lo hiciste por mediación de personas enamoradas de una vida moribunda, unos hacían locuras, otros prometían cosas vanas; y para corregir mis pasos utilizaste secretamente su propia perversidad y la mía. Porque los que perturbaban mi tranquilidad estaban cegados por un vergonzoso frenesí, y los que me sugerían viajar solo pensaban en lo terrenal. Y yo, que por un lado detestaba la verdadera desdicha, por otro lado buscaba una felicidad irreal.

Pero el motivo para marcharme e irme a ese lugar, lo sabías Tú, oh Dios, y sin embargo no me lo mostraste ni a mí ni a mi madre, que padeció atrozmente mi partida y me siguió hasta la orilla del mar. Aun así la engañé cuando me retuvo por la fuerza para que desistiera de mi propósito o la llevara conmigo, y fingí que no quería abandonar a un amigo que iba a viajar y que esperaba un buen viento para partir. Y mentí a mi madre, a una madre como ella, y escapé. Por esto también me perdonaste misericordiosamente, y a pesar de mis execrables impurezas me protegiste de las aguas del mar para que recibiera el agua de Tu gracia; por la cual, cuando me limpiara, se secarían los ríos de los ojos de mi madre, con los que día a día regaba por mí la tierra bajo su rostro. Y, sin embargo, al negarse a volver sin mí, a duras penas la convencí de que se quedara aquella noche en un lugar cercano a nuestra nave, donde había un oratorio en memoria del beato Cipriano. Aquella noche partí a hurtadillas, y ella se quedó atrás llorando y orando. ¿Y qué, oh Señor, te pedía ella con tantas lágrimas sino que no me permitieras zarpar? Pero Tú, en la profundidad de Tu sabiduría y al escuchar la esencia de su anhelo, no accediste a lo que te pedía entonces, para hacer de mí lo que ella siempre pidió. El viento sopló e hinchó nuestras velas, y perdimos de vista la orilla. Al día siguiente ella estaba allí, frenética de dolor, y llenó Tus oídos con quejas y gemidos que entonces desatendiste. Mientras tanto, a través de mis deseos, Tú me apresurabas a acabar con todo deseo, y la parte terrenal del afecto de mi madre hacia mí la castigaste con el debido azote de las penas. Y es que ella, como todas las madres, y con mayor intensidad que muchas, necesitaba de mi presencia; y no sabía la gran alegría que Tú ibas a obrar para ella mediante mi partida. No lo sabía; por eso lloraba y se lamentaba, y con esta agonía aparecía en ella la herencia de Eva, al buscar con dolor lo que con dolor había dado a luz. Sin embargo, después de reprochar mis engaños y dureza de corazón, volvió a interceder ante Ti por mí, regresó a su vida acostumbrada y yo me fui a Roma.

Y he aquí que a mi llegada me recibió el flagelo de una enfermedad corporal, y ya me iba a los infiernos, cargado con todos los pecados que había cometido contra Ti, contra mí mismo y contra los demás; muchos y muy graves pecados, además del pecado original con que todos morimos en Adán. Porque Tú no me habías perdonado nada de esto en Cristo, ni Él había abolido con Su cruz la enemistad que había contraído contigo por mis pecados. Pues ¿cómo iba a hacerlo mediante la crucifixión de un fantasma, que era lo que yo creía de Él? Entonces, la muerte de mi alma era tan verdadera como falsa me parecía la de Su carne; y tan verdadera la muerte de Su cuerpo, como falsa la vida de mi alma, que no la creía. Y al aumentar la fiebre estaba a punto de partir para siempre. Pues si moría, ¿adónde habría ido sino al fuego y a los tormentos, como merecían mis fechorías según la verdad de Tu providencia? Y esto mi madre no lo sabía, y sin embargo, en mi ausencia, oraba por mí. Pero Tú, presente en todas partes, la oíste donde ella estaba, y tuviste compasión de mí allí donde estaba yo, para que recobrara la salud de mi cuerpo, aunque seguía desenfrenado con mi corazón sacrílego. Pues durante todo ese peligro no deseé Tu bautismo; mucho mejor era de niño cuando le pedía a mi madre que se me bautizara, así te lo he contado y confesado. Pero crecí para mi propia vergüenza, y me burlé con necedad de las prescripciones de Tu medicina, que no me permitía morir doblemente. Si el corazón de mi madre hubiera sufrido una herida semejante, nunca habría sanado. Porque no puedo expresar el afecto que me profesaba, y con cuánta más vehemencia y angustia me daba a luz en el Espíritu que en su parto en la carne.

No veo entonces cómo se habría curado, si tal muerte mía hubiera atravesado las entrañas de su amor. ¿Qué habría sido entonces de aquellas plegarias tan grandes e incesantes que elevaba a Ti? Sin embargo, ¿despreciarías Tú, Dios de las misericordias, el corazón contrito y humillado de aquella viuda casta y sobria, tan perseverante en las obras de limosna, tan llena de deberes y servicios a tus santos, que nunca olvidaba la ofrenda ante Tu altar, dos veces al día, mañana y tarde, que diariamente acudía a Tu iglesia, no para chismes ni fábulas de viejas; sino para oírte a Ti en Tus discursos, y Tú a ella en sus oraciones? ¿Podías despreciar y rechazar las lágrimas de una mujer como ella, que no te pedía ni oro ni plata, ni ningún otro bien mudable y pasajero, sino la salvación del alma de su hijo? ¿Tú, por cuyo don ella era así? Nunca, Señor. Sí, Tú estabas cerca, y oías y obrabas, según lo que habías determinado antes que se hiciera. Es impensable que la engañaras en Tus visiones y respuestas, algunas de las cuales he mencionado, y que ella guardaba en su corazón fiel y siempre al orar te las recordaba como documentos de Tu propia letra. Pues como Tu misericordia es eterna, bendices a aquellos a quienes perdonas todas sus deudas, y te conviertes también en deudor por Tus promesas.

Tú me libraste entonces de esa enfermedad, y curaste al hijo de tu sierva, de momento en el cuerpo, para que viviera, y para concederle una salud mejor y más duradera. E incluso entonces, me asocié en Roma con aquellos «santos» engañadores y engañados (Dan. 4:17); y no solo con sus discípulos (grupo al que pertenecía aquel en cuya casa caí enfermo y me restablecí); sino también con los que ellos llamaban «los escogidos» (Col. 3:12). Porque seguía pensando «que no éramos nosotros los que pecábamos, sino que pecaba en nosotros una especie de naturaleza ajena»; y se deleitaba mi orgullo al sentirme libre de culpa, y no tener que confesarte mis malas acciones para que sanaras mi alma porque había pecado contra Ti;

sino que me gustaba excusarme y acusar a una no sé qué cosa diferente que estaba conmigo y que no era yo. Pero en verdad era enteramente yo, y mi impiedad me había dividido contra mí mismo. Ese pecado era el más incurable, por el cual no me juzgaba pecador; y que prefiriera que Tú, oh Dios Todopoderoso, fueras vencido en mí para mi destrucción a ser vencido por Ti para mi salvación era una iniquidad execrable. Todavía no habías puesto guarda a mi boca, ni vigilancia a la puerta de mis labios, para que mi corazón no cayera en discursos perversos ni buscara excusas a mis pecados junto a los hombres que obran la iniquidad; y, por lo tanto, todavía estaba unido a sus escogidos.

Entonces, ya sin esperanza de progresar en aquella falsa doctrina, sostenía con más laxitud y descuido incluso las cosas con las que había resuelto conformarme al no encontrar nada mejor. Porque surgió en mí el pensamiento de que aquellos filósofos a los que llaman académicos eran más sabios que los demás, pues afirmaban que se debía dudar de todo y que ninguna verdad podía ser comprendida por el ser humano. Y yo estaba claramente convencido de lo que pensaban, según lo que comúnmente se dice de ellos, incluso sin entender todavía su verdadera posición. Aun así, disuadí abiertamente a mi anfitrión de su desmedida confianza respecto a la multitud de fábulas que aparecen en los libros de Mani. Y tenía con ellos una amistad más entrañable que con las personas que no profesaban esta herejía. Aunque no la defendía con mi antiguo afán, mi intimidad con esa secta (Roma albergaba secretamente a muchos de ellos) me hizo más lento para buscar cualquier otro camino, especialmente tras perder la esperanza de poder encontrar en Tu iglesia, Señor de los cielos y la tierra, Creador de todo lo visible y lo invisible (Col. 1:16), la verdad de la que ellos me habían apartado. Y me resultaba muy indecoroso creer que tienes una figura de carne humana, delimitada por todos los contornos corporales de nuestros miembros. Y como al querer pensar en mi Dios, no sabía en qué pensar, sino en una masa de cuerpos (pues no me parecía que existiera algo que no fuera así), esta fue la principal y casi única causa de mi inevitable error.

De ahí que creyera que el mal era también una especie de sustancia, y que tenía su propia masa repulsiva y horrible; ya fuera una masa gruesa y densa, a la que llamaban tierra, o fina y tenue (como el aire), la cual imaginaban como una mente maligna que reptaba sobre esa tierra. Y como la piedad, por poca que fuera, me obligaba a creer que un Dios bueno nunca crearía una naturaleza mala, concebí dos masas, contrarias entre sí, ambas infinitas, pero la mala más estrecha y la buena más amplia. Y de este punto de partida nefasto se derivaban las demás concepciones sacrílegas. Pues cuando mi espíritu se esforzaba por volver a la fe católica, se sentía rechazado, porque tenía un concepto erróneo de ella. Y me veía a mí mismo como más piadoso si te consideraba ilimitado, a Ti mi Dios (a quien mi boca confiesa Tus misericordias), al menos en otras partes, aunque en aquella en que la masa del mal se te oponía me veía obligado a considerarte limitado; en lugar de considerarte limitado en todas partes por la forma de un cuerpo humano. Y me parecía mejor creer que no habías creado el mal (que en mi ignorancia me parecía no solo algo sustantivo, sino una sustancia corpórea, porque no podía concebir al espíritu sino como un cuerpo sutil que se difundía en espacios definidos), que creer que la naturaleza del mal, tal como yo la concebía, podía proceder de Ti. Sí, y de nuestro Salvador mismo, Tú Hijo unigénito (Juan 3:16), pensaba que había llegado para nuestra salvación de la masa de Tu sustancia más lúcida, para no creer nada de Él, sino lo que en mi vanidad podía imaginar. Pensé que Su naturaleza, siendo tal, no podía nacer de la virgen María sin estar mezclada con la carne. Y no veía cómo lo que yo me figuraba así podía mezclarse y no contaminarse. Temía entonces creerlo nacido en la carne, para no verme obligado a creerlo contaminado por ella. Ahora Tus espirituales me sonreirán suave y amorosamente, si leen estas confesiones mías. Sin embargo, así era yo.

Además, no pensaba que pudiera defenderse lo que los maniqueos habían criticado en Tu Escritura; sin embargo, a veces tenía el deseo de consultar estos puntos con alguien muy experto en esos libros y comprobar lo que pensaba al respecto; porque las palabras de un tal Elpidio, que disputaba cara a cara con los mencionados maniqueos, habían comenzado a interesarme incluso en Cartago. Él expresaba argumentos sobre la Escritura que no eran fáciles de rebatir, y la respuesta que daban los maniqueos me parecía endeble. Y esta respuesta no la querían dar públicamente, sino solo a nosotros en privado. Afirmaban que las escrituras del Nuevo Testamento habían sido adulteradas por no sé quién, que deseaba introducir en la fe cristiana la ley de los judíos, sin embargo, no presentaban ninguna copia no adulterada para demostrarlo. Pero yo, al concebir solo las cosas corpóreas, me veía prisionero, oprimido y en cierto modo sofocado por esas «masas» que me impedían respirar de una forma pura y sin contaminación el aire de Tu verdad.

Comencé entonces a ejercer diligentemente aquello por lo que vine a Roma: la enseñanza de la retórica; y lo primero que hice fue reunir en mi casa a algunos a quienes y por quienes había ya empezado a darme a conocer. Entonces constaté que en Roma ocurrían otras cosas que no tenía que soportar en África. Era cierto que aquí no ocurrían aquellas «subversiones» de jóvenes libertinos, como se me dijo, pero me explicaron que los jóvenes romanos se confabulaban para de repente abandonar a su maestro por otro, y evitar así el pago del estipendio; infractores de la fe, que desprecian la justicia por amor al dinero. A estos también los odiaba mi corazón, aunque no con un odio perfecto, pues quizá los odiaba más porque los iba a sufrir, que porque hicieran cosas totalmente ilícitas. En verdad, tales personas son viles y se alejan de Ti al amar estas chanzas efímeras de las cosas temporales, y la sucia recompensa monetaria, que ensucia la mano que la toma; abrazan el mundo fugaz y te desprecian a Ti, que permaneces, que llamas y perdonas al alma adúltera del ser humano cuando vuelve a Ti. Y ahora aborrezco a estas personas depravadas y torcidas, aunque las amo si son corregibles, para que prefieran la doctrina que aprenden al dinero, y antes que ella, a Ti, oh Dios, que eres la verdad y la plenitud del bien cierto, y la paz purísima. Pero entonces, mi deseo de que no fueran malos era más por mí mismo que por Ti.

Por lo tanto, cuando los de Milán escribieron al prefecto de Roma para que les proporcionara un maestro de retórica para su ciudad, y lo enviaran a costa del erario público, solicité por medio de esas mismas personas, intoxicadas con las vanidades maniqueas (me iba para librarme de ellos, aunque ni ellos ni yo lo sabíamos), que Símaco, entonces prefecto de la ciudad, me pusiera a prueba en algún tema, y así me envió. Llegué a Milán y encontré al obispo Ambrosio, celebrado en todo el mundo como uno de los mejores hombres, Tu devoto siervo; cuyo elocuente discurso brindaba abundantemente a Tu pueblo la harina de Tu trigo, la alegría de Tu aceite y la sobria embriaguez de Tu vino. A él fui conducido por Ti sin saberlo, para que por él fuera conducido a Ti a sabiendas. Aquel hombre de Dios me recibió como un padre y me mostró una bondad episcopal a mi llegada. Desde entonces empecé a amarlo, al principio ciertamente no como maestro de la verdad (la cual había perdido toda esperanza de encontrar en Tu iglesia), sino como una persona amable conmigo. Y lo escuché diligentemente cuando predicaba al pueblo, no con la intención que debería haber tenido, sino para comprobar su elocuencia y ver si se ajustaba a su fama o si su fluidez era mayor o menor de lo que se decía; y escuché sus palabras atentamente, pero lo hacía como un espectador descuidado y desdeñoso de su contenido; y me deleité con la dulzura de su discurso, más profundo, aunque menos seductor y armonioso que el de Fausto. Sin embargo, el asunto no tenía comparación, pues el uno vagaba entre delirios maniqueos, y el otro enseñaba la salvación con la mayor solidez. No obstante, la salvación está lejos de los pecadores, así era entonces yo; y, con todo, me iba acercando poco a poco y sin saberlo.

Aunque no me preocupé de entender lo que hablaba, sino solo de oír cómo hablaba (solo me quedaba ese vano interés, pues había perdido la esperanza de que hubiera un camino para el ser humano que lo condujera hacia Ti), sin embargo, junto con las palabras también entraron en mi mente las cosas que quería rechazar; porque no podía separarlas. Y mientras abría mi corazón para admitir «cuán elocuentemente hablaba», también tenía que aceptar «con cuánta verdad hablaba»; pero esto ocurrió poco a poco. Porque primero empezaron a parecerme defendibles aquellas cosas; y sentí que la fe católica, a favor de la cual pensé que nada podía decirse frente a los ataques de los maniqueos, se podía sostener con fundamento; especialmente después de haber oído resolver uno o dos enigmas del Antiguo Testamento, y a menudo alguna idea expresada en sentido figurado, que cuando la entendía literalmente, me causaba la muerte espiritual. Luego de haber escuchado la explicación de muchos pasajes de esos libros, pensé que la causa de mi desesperanza era creer que no se podía dar respuesta a los que odiaban y se burlaban de la ley y los profetas. Sin embargo, no consideré entonces que debía abrazar el camino católico porque también tuviera defensores eruditos, que podían responder a las objeciones con amplitud y buen razonamiento; ni tampoco que debía condenar lo que yo abrazaba, pues ambas partes estaban equilibradas. Porque la fe católica no me parecía vencida, pero todavía no era vencedora.

Entonces me esforcé por ver si de alguna manera podía demostrar la falsedad de los maniqueos con alguna prueba segura. Si hubiera podido concebir una sustancia espiritual, habría descartado sus argumentos más sólidos y los habría expulsado completamente de mi mente; pero no pude. Sin embargo, en lo que respecta a la estructura de este mundo y a toda la naturaleza que podemos percibir con los sentidos de la carne, a medida que consideraba y comparaba más y más las cosas, concluí que las afirmaciones de la mayoría de los filósofos eran mucho más probables. Así que, a la manera de los académicos (como se supone de ellos), que dudan de todo y fluctúan en todo, me decidí por abandonar a los maniqueos, pues consideré que aunque dudara no podía continuar en esa secta, por delante de la cual, en mi preferencia, ya tenía a algunos de los filósofos; a los cuales, no obstante, por carecer del nombre salvador de Cristo, me negué por completo a encomendar la cura de mi alma enferma. Por lo tanto, decidí ser catecúmeno en la Iglesia católica, la que mis padres me habían recomendado, hasta tener certeza de hacia dónde debía encaminar mis pasos.

Libro VI

Mónica llega a Milán; su obediencia a San Ambrosio, y el aprecio que él sentía por ella; las costumbres de San Ambrosio; Agustín abandona de forma gradual su error; comprende que ha culpado a la Iglesia católica injustamente; desea una certeza absoluta, pero choca con la analogía contraria de la providencia natural de Dios; se tambalea en sus actividades mundanas; Dios guía a su amigo Alipio; Agustín debate consigo mismo y con sus amigos sobre su modo de vida; sus pecados inveterados, y el temor al juicio.

Oh Tú, mi esperanza desde mi juventud, ¿dónde estabas para mí, a qué lugar te habías marchado? ¿Acaso no me creaste y me separaste de las bestias del campo y de las aves del cielo? Más sabio que ellos me hiciste, pero caminé en las tinieblas y por lugares resbaladizos, y te busqué fuera de mí, y no encontraba al Dios de mi corazón; y llegué a las profundidades del mar, y desconfiaba y no tenía esperanza de encontrar jamás la verdad. Ya mi madre estaba junto a mí, firme por su piedad, me siguió por mar y tierra y ante todos los peligros confió en Ti. Pues ella daba ánimos a los marineros (quienes suelen alentar a los pasajeros temerosos que no conocen las profundidades) ante los peligros del mar y les aseguró que llegarían bien a puerto, porque Tú se lo habías asegurado en una visión. Me encontró en grave peligro, al haber perdido la esperanza de hallar la verdad. Sin embargo, cuando le hice saber que ya no era maniqueo, aunque todavía no era un cristiano católico, no demostró una gran alegría, como se esperaría de alguien que escucha algo inesperado; aunque ya estaba tranquila respecto a esa parte de mi desdicha, por la que me lloraba como a un muerto, si bien como un muerto que Tú resucitarías, y me llevaba en el féretro de sus pensamientos, para que pudieras decirle al hijo de la viuda: «Joven, a ti te digo, levántate. Entonces se incorporó el que había muerto, y comenzó a hablar. Y lo dio a su madre» (Luc. 7:14-15). Entonces su corazón no se estremeció de júbilo al oír que ya se cumplía tan buena parte de aquello que a diario y con lágrimas deseaba de Ti. En esto, aunque yo todavía no alcanzaba la verdad, al menos no vivía en la falsedad; y al estar ella segura de que Tú, que habías prometido el todo, un día darías el resto, con toda tranquilidad y con un corazón lleno de confianza, me respondió que creía en Cristo y que antes de partir de esta vida me vería como creyente católico. Esto en cuanto a mí; respecto a Ti, fuente de misericordias, intensificó sus súplicas y lágrimas para que apresuraras Tu ayuda e iluminaras mis tinieblas; y con mayor afán acudía a la iglesia, quedaba colgada de los labios de Ambrosio y oraba por la fuente de esa agua que brota para la vida eterna. A este hombre lo amaba como a un ángel de Dios, porque sabía que gracias a él había llegado yo a ese estado de indecisión en la fe a través del cual ella anticipaba con gran confianza que pasaría de la enfermedad a la salud, tras el paroxismo, por así decirlo, de un ataque más agudo, que los médicos llaman «la crisis».

En una ocasión, según su costumbre en África, mi madre llevó a las iglesias construidas en memoria de los santos ciertos pasteles, pan y vino, y el portero se lo prohibió; tan pronto como supo que el obispo lo había prohibido, acató con tanta piedad y obediencia sus deseos que yo mismo me sorprendí de la facilidad con que renunció a su práctica, en lugar de discutir la prohibición. Porque el beber vino no dominaba su espíritu, ni el amor a este le provocaba el odio a la verdad, como les ocurre a muchos (demasiados, tanto hombres como mujeres), que se rebelan ante una lección de sobriedad como lo hace un beodo ante un trago mezclado con agua. Ella, en cambio, cuando traía su canasta con la comida acostumbrada, la cual probaba y luego regalaba, nunca ponía para sí más de una pequeña copa de vino, que probaba por cortesía, diluida según sus hábitos abstemios. Y si había muchos sepulcros de los santos difuntos que debían ser honrados de esa manera, ella seguía llevando esa misma copa, para usarla en todas partes; y este vino, que no solo era muy acuoso sino que se calentaba desagradablemente al llevarlo de un lugar a otro, lo distribuía a los que estaban a su alrededor en pequeños sorbos; porque ella buscaba allí la devoción, no el placer. Entonces, de muy buena gana se abstuvo de esta costumbre tan pronto como supo que había sido prohibida por aquel famoso predicador y piadosísimo prelado, incluso a los que la practicaban con sobriedad, a fin de que no se les diera una ocasión de exceso a los beodos, y porque estas ceremonias funerarias del aniversario se parecían mucho a la superstición de los gentiles. Entonces en lugar de una cesta llena de frutos de la tierra, aprendió a llevar a las iglesias de los mártires el pecho lleno de súplicas más purificadas, y a dar lo que podía a los pobres; para que se celebrara allí correctamente la comunión del cuerpo del Señor, cuya pasión habían imitado los mártires que fueron sacrificados y coronados. Aunque me parece, oh Señor Dios mío, y así lo piensa mi corazón ante Tus ojos, que tal vez ella no habría aceptado tan fácilmente la prohibición de esta costumbre si se la hubiera prohibido otra persona a quien no amara tanto como a Ambrosio, pues lo amaba sobremanera por mi salvación; y él a ella, por su conversación religiosísima y el fervor de espíritu con que se ejercitaba en las buenas obras y frecuentaba la iglesia; de modo que, cuando me veía, solía prorrumpir en sus alabanzas; y me felicitaba por tener una madre así; sin saber qué hijo tenía en mí, que dudaba de todas estas cosas e imaginaba que no se podía encontrar el camino de la vida.

No gemía aún en mis oraciones, para que me ayudaras, sino que mi espíritu estaba enteramente resuelto a aprender e impaciente por discutir. Y al mismo Ambrosio, como el mundo lo consideraba feliz, lo estimé como un hombre feliz, a quien personajes tan grandes tenían en tal honor; solo su celibato me pareció un camino difícil de seguir. Sin embargo, no podía conjeturar ni había experimentado qué esperanza llevaba en su interior, qué luchas sostenía contra las tentaciones que asediaban su propia excelencia, qué consuelo tenía frente a las adversidades, ni qué dulces alegrías le brindaba Tu pan a la boca oculta de su espíritu cuando se alimentaba. Tampoco conocía él las mareas de mis sentimientos, ni el abismo de mi peligro. Porque no podía preguntarle todo lo que quería del modo que quería, pues me apartaba de él la multitud de quienes acudían a verlo, y cuyas debilidades atendía. Cuando no estaba ocupado con ellos (que era poco tiempo), o bien refrescaba su cuerpo con el sustento absolutamente necesario, o su mente con la lectura. Sin embargo, cuando leía, sus ojos se deslizaban sobre las páginas, y su corazón buscaba el sentido, pero su voz y su lengua permanecían en reposo. Muchas veces, cuando llegábamos (pues no prohibía la entrada a nadie, ni era costumbre avisarle la llegada de los visitantes), lo veíamos leer para sí mismo, y nunca de otra manera; y después de permanecer mucho tiempo en silencio (pues ¿quién se atreve a importunar a alguien tan concentrado?) estábamos dispuestos a marcharnos, pues conjeturábamos que durante el poco tiempo libre que tenía para la recuperación de su mente, lejos del bullicio de los asuntos ajenos, no querría ser molestado; y tal vez temía que si el autor que leía expresaba algo oscuro, algún oyente atento y perplejo deseara que se lo explicara, o quisiera discutir algunas de las cuestiones más difíciles; de ser así, esto agotaría su tiempo y no podría leer tantos volúmenes como deseaba; aunque la preservación de su voz (que se le afectaba con facilidad) podría ser la razón más verdadera para que leyera para sí mismo. En todo caso, cualquiera que fuese su intención, seguramente era buena.

Sin embargo, ciertamente no tuve oportunidad de preguntarle lo que deseaba a ese oráculo Tuyo tan sagrado, a menos que el asunto tuviera una respuesta breve. Porque para poder verter aquellas marejadas mías en él se requería su pleno ocio, y nunca pude hacerlo. En efecto, todos los días del Señor lo oí exponer con acierto la palabra de la verdad ante el pueblo; y me convencí cada vez más de que podían desatarse todos los nudos de aquellas astutas calumnias que los embaucadores nuestros tejieron contra los libros divinos. Por otra parte, cuando también comprendí que Tus hijos espirituales, a quienes en el seno de nuestra madre la Iglesia católica has hecho renacer por la gracia, no consideraban aquello de que el hombre fue creado por Ti a Tu imagen (Gén. 1:27), como si te creyeran y te concibieran limitado por la forma humana (aunque yo no tenía ni siquiera una débil noción de lo que debía ser una sustancia espiritual); con alegría me sonrojé por haber ladrado tantos años no contra la fe católica, sino contra las ficciones de las imaginaciones carnales. Porque tan temerario e impío había sido, que lo que debía haber aprendido mediante la indagación, lo había manifestado a modo de condena. Pues Tú, altísimo y cercano, secreto y presente, que no tienes miembros unos más grandes que otros, sino que estás por entero en todas partes y ningún lugar te contiene, no tienes esa forma corpórea, y sin embargo has hecho al hombre a Tu imagen (Col. 1:15-16); y he aquí que desde la cabeza hasta los pies está contenido en un espacio.

Al ignorar, pues, cómo subsistía esta Tu imagen, debía haber llamado a la puerta y propuesto la duda, cómo ha de creerse eso, y no oponerme a ella de un modo insultante, como si se creyera. Y así, la duda de lo que había de tenerse por cierto, tanto más intensamente agobiaba mi corazón, cuanto más avergonzado estaba de que durante tanto tiempo, ilusionado y engañado por la promesa de certezas, con infantil error y vehemencia, me había jactado de tantas incertidumbres. Porque después me quedó claro que eran falsedades. Sin embargo, estaba seguro de que eran falsas, y de que antes las había dado por ciertas, cuando con ciega beligerancia acusé a Tu Iglesia católica, la que si bien todavía no me parecía que enseñaba la verdad, al menos que no enseñaba aquello por lo que yo la había acusado tan gravemente. Así que estaba confundido y me convertí; y me alegré, oh Dios mío, de que la única iglesia, el cuerpo de Tu único Hijo (en la que de niño se me inculcó el nombre de Cristo), no incluyera conceptos infantiles, ni mantuviera en su sana doctrina ningún principio que te confinara a Ti, Creador de todo, en el espacio, por grande y extenso que fuera, pero donde estarías limitado por todas partes por una forma humana.

Me alegraba también de tener ante mí las antiguas escrituras de la ley y los profetas y examinarlas sin aquella mirada con la que antes me parecían absurdas, cuando yo injuriaba a Tus santos por pensar así, cuando en verdad no pensaban así. Y con alegría oía a Ambrosio, en sus sermones al pueblo, recomendar a menudo con gran diligencia este texto como regla: «La letra mata, mas el espíritu vivifica» (2 Cor. 3:6); mientras descorría el velo místico y dejaba al descubierto en un sentido espiritual lo que según la letra parecía enseñar algo insano; y en su enseñanza no había nada que me ofendiera, aunque enseñaba lo que aún no sabía si era verdad. Porque mi temor a caer por el precipicio me hacía no asentir a nada; aunque estar en suspenso me resultaba peor. Lo cierto es que quería estar tan seguro de las cosas que no veía como lo estaba de que siete y tres suman diez. Pues no estaba tan demente como para pensar que ni siquiera esto podía comprenderse, sino que deseaba tener otras cosas tan claras como esta, ya fueran cosas corpóreas que estaban lejos de mis sentidos, o espirituales, que no podía concebir sino de una forma corpórea. Y al creer podría haberme sanado, para que así la vista de mi alma, al estar despejada, se dirigiera de alguna manera a Tu verdad, que permanece siempre y en nada falla. Sin embargo, como sucede con quien cayó en manos de un mal médico, y después teme confiarse a uno bueno, así estaba la salud de mi alma, que no podía curarse sino creía, y para no creer falsedades, se negó a curarse; se resistió a Tus manos, que han preparado la medicina de la fe y la han aplicado a las enfermedades de todo el mundo, y le han otorgado tan gran autoridad.

No obstante, esto me llevó a preferir la doctrina católica, pues me pareció que su proceder era más modesto y honesto, ya que exigía que se creyeran cosas no demostradas (que pudieran demostrarse en sí mismas, aunque no a ciertas personas, o que no pudieran demostrarse en absoluto), mientras que los maniqueos se burlaban de nuestra credulidad con una promesa de conocimiento cierto, y después nos ordenaban creer tantas cosas fabulosas y absurdas, solo porque no podían demostrarse. Entonces Tú, oh Señor, me persuadiste poco a poco, y con mano tierna y misericordiosa recompusiste mi corazón; pues consideré las innumerables cosas que creí y que no vi, ni estuve presente mientras se hacían, como sucede con tantos hechos de la historia secular, tantos informes de lugares y de ciudades que no había visto; tantas cosas dichas por los amigos, los médicos y demás personas, cosas que si no creyéramos no haríamos nada en esta vida; por último, con cuánta seguridad creía haber nacido de mis padres, lo cual no podía saber, si no lo creyera de oídas. Al considerar todo esto, me persuadiste de que no debía culpar a quienes creían en Tus libros (que con tan gran autoridad has establecido entre casi todas las naciones), sino a los que no los creían; y que no debía escuchar a quienes me dijeran: «¿Cómo sabes que esas escrituras fueron comunicadas a la humanidad por el Espíritu del único y verdadero Dios?».

Porque eso era precisamente lo que debía creer, ya que ninguna beligerancia de cuestionamientos blasfemos, de tantos que había leído en esos filósofos que se contradicen entre sí, pudo apartarme de esta creencia: «que Tú existes», sea cual sea Tu esencia (que yo desconocía) y «que el gobierno de las cosas humanas te corresponde a Ti».

Esto creía yo, unas veces con más fuerza, otras más débilmente; pero siempre creí que existías y que cuidabas de nosotros; aunque ignoraba lo que debía pensar de Tu sustancia y el camino que conducía o reconducía a Ti. Y como entonces éramos demasiado débiles para descubrir la verdad por razonamientos abstractos, y por esta misma causa necesitábamos la autoridad de la Sagrada Escritura, comencé a creer que Tú nunca habrías dado una autoridad tan grande a esa Escritura en todas las tierras, si no hubieras querido que de ese modo creyéramos en Ti y te buscáramos. Porque en cuanto a las cosas que parecían extrañas en la Escritura y que solían ofenderme, luego de haber oído explicaciones satisfactorias de varias de ellas, comencé a atribuirlas a la profundidad de los misterios, y su autoridad me pareció más venerable y más digna de crédito religioso, pues aunque estaba al alcance de todos para su lectura, reservaba la majestuosidad de sus misterios dentro de su significado más profundo, y se mostraba a todos con una gran sencillez de palabras y humildad de estilo pero también llamaba a una aplicación más intensa de aquellos que no son ligeros de corazón; para así poder recibir a todos en su seno abierto, y a través de estrechos pasajes llevar hacia Ti a algunos pocos, aunque muchos más de los que llegarían si no tuviera tan grande autoridad, ni atrajera a multitudes dentro de su seno por su santa humildad. En estas cosas pensé, y Tú estabas conmigo; suspiré y me oíste; vacilé y me guiaste; vagué por el ancho camino del mundo y Tú no me abandonaste.

Suspiraba entonces por honores, ganancias y matrimonio; y Tú te burlaste de mí. Con estos deseos padecí dificultades muy amargas, y me eras más misericordioso mientras menos permitías que me endulzara lo que no eras Tú. He aquí mi corazón, Señor, que quisiste que recordara todo esto y te lo confesara. Que mi alma se aferre a Ti, ahora que la has liberado de tan subyugante trampa de muerte. ¡Cuán desdichada era! Y Tú agudizaste el dolor de su herida, para que abandonara todo lo demás y se convirtiera a Ti, que estás por encima de todo, pues sin Ti nada existiría; así lo hiciste, para que se convirtiera y sanara. Cuán desgraciado era yo entonces, y cómo obraste conmigo para hacerme sentir mi desdicha aquel día en que me preparaba para recitar un panegírico del emperador en el que iba a decir muchas mentiras, y al mentir, los que sabían que mentía me iban a aplaudir, y mi corazón jadeaba con estas ansias y hervía con la fiebre de los pensamientos que me consumían. Pues al pasar por una de las calles de Milán, observé a un pobre mendigo, que bien lleno, según me pareció, bromeaba y se veía alegre. Y suspiré, y hablé a los amigos que me rodeaban de las muchas penas de nuestro frenesí; porque con todos nuestros esfuerzos, como los que yo hacía al arrastrar bajo el impulso del deseo la carga de mi propio sufrimiento, y al arrastrarla la incrementaba, solo buscábamos experimentar la misma alegría que aquel mendigo había sentido antes que nosotros, y que quizá nunca alcanzaríamos. Porque lo que él había obtenido por medio de unas pocas monedas de limosna, era lo que yo ambicionaba con tan fatigosos desvíos y rodeos, es decir, la alegría de una felicidad temporal. Porque él, en verdad, no tenía la alegría verdadera; pero yo, con mis ambiciones, buscaba una mucho más falsa. Ciertamente él estaba alegre, y yo ansioso; él vacío de preocupaciones, y yo lleno de temores. Si alguien me hubiera preguntado si prefería estar alegre o temeroso, hubiera respondido que alegre. Y si me hubieran preguntado si prefería ser como él, o como yo era entonces, hubiera elegido ser yo mismo, aún agobiado por las preocupaciones y los temores; pero por un juicio equivocado, pues ¿acaso era esa la verdad? Porque no debía preferirme a él por ser más docto, ya que no obtenía alegría con eso, sino que buscaba agradar a las personas; no con el propósito de instruirlas, sino simplemente para agradarles. Por eso también quebraste mis huesos con el báculo de Tu corrección.

Aléjense pues de mi alma los que le dicen: «Lo importante es de dónde proviene la alegría de una persona. Aquel mendigo se alegró en la embriaguez; tú quisiste alegrarte en la gloria». ¿Qué gloria, Señor? La que no está en Ti. Porque así como el suyo no era verdadero gozo, tampoco era verdadera aquella gloria; y perturbaba más mi alma. Aquella misma noche debía pasar su embriaguez; pero yo dormiría y me levantaría con la mía, y debía volver a dormir y volver a levantarme con ella, Tú, Dios, sabes por cuántos días. No obstante, «sí es importante de dónde proviene la alegría de una persona». Lo sé, y la alegría de una esperanza fiel es incomparablemente mayor que la que surge de tal vanidad. Sí, y así estaba él más allá de mí, pues en verdad era el más feliz; no solo porque estaba rebosante de alegría, y yo destrozado por las preocupaciones, sino que él había conseguido el vino mediante buenos deseos; mientras yo buscaba alabanzas vacías mediante la mentira. Mucho hablé con mis amigos sobre esta idea; y muchas veces les expresé cómo me iba; y hallé que me iba mal, que me afligía y se redoblaban mis males; y si alguna prosperidad me sonreía, me rehusaba a tomarla, pues junto antes de poder asirla, echaba a volar.

De estas cosas nos lamentábamos juntos los que vivíamos como amigos juntos, pero principalmente y con mayor familiaridad las hablaba con Alipio y Nebridio. Alipio había nacido en la misma ciudad que yo, en una familia encumbrada, pero era más joven, pues fue mi discípulo cuando di mis primeras conferencias allí, y después lo fue en Cartago. Me quería mucho, porque le parecía amable y culto; y yo a él, por su gran inclinación a la virtud, en la que destacaba bastante a sus escasos años. Sin embargo, el torbellino de las costumbres cartaginesas (entre las que se encuentran los muy gustados espectáculos ociosos) lo había arrastrado a la locura del circo. Presenciaba él miserablemente aquellos espectáculos mientras yo enseñaba retórica en una escuela pública, pero todavía no era mi alumno debido a cierta antipatía surgida entre su padre y yo. Me di cuenta entonces de lo mucho que le gustaba el circo, y me lamentaba profundamente que una promesa tan grande como él se pudiera frustrar, si no se había frustrado ya; sin embargo, no tenía forma de aconsejarlo ni reclamarle desde una posición de autoridad, ni como amigo, ni como maestro. Porque supuse que pensaba de mí lo mismo que su padre; pero no era así, pues dejó a un lado la opinión de este respecto a mí y comenzó a saludarme, y venía algunas veces a mis clases, escuchaba un poco y luego se marchaba.

Sin embargo, me había olvidado de hablar con él para evitar que por la afición ciega y descabellada a esos vanos pasatiempos malograra su gran talento. Pero Tú, oh Señor, que guías el curso de todo lo que has creado, no te habías olvidado de él, que un día iba a estar entre Tus hijos e iba a ser sacerdote y dispensador de Tu sacramento; y para que su corrección pudiera atribuirse claramente a Ti mismo, la efectuaste a través de mí, sin yo saberlo. Pues un día, mientras estaba con mis alumnos en mi lugar habitual, entró, me saludó, se sentó y puso atención a lo que yo explicaba entonces. Y dio la casualidad de que trabajaba con un texto para cuya explicación en forma clara y amena tuve a bien establecer un símil con las carreras del circo, y lo combiné con una mordaz burla de aquellos a quienes esa locura había cautivado; Dios, sabes que entonces no pensé en curar a Alipio de esa enfermedad. Sin embargo, él tomó para sí lo que yo había expresado y pensó que lo había dicho solo por él. Y lo que otra persona hubiera considerado como un motivo válido para irritarse conmigo, aquel joven de mente recta lo tomó como motivo para molestarse consigo mismo y para apreciarme con mayor intensidad. Porque así lo expresaste hace tiempo, y lo pusiste en Tu libro: «Corrige al sabio, y te amará» (Prov. 9:8). Sin embargo, yo no lo había corregido, lo hiciste Tú, que empleas a todos, sabiéndolo o no, en ese orden que solo Tú conoces (y que es un orden justo). Así, hiciste de mi corazón y de mi lengua carbones ardientes con los que encender aquella mente de buena esperanza, que no obstante languidecía, y de ese modo sanarla. Que calle en Tus alabanzas quien no tenga en cuenta Tus misericordias, que hoy te confieso desde lo más profundo de mi alma. Porque después de aquellas palabras, Alipio salió del profundo pozo donde voluntariamente se sumergía, cegado por sus miserables pasatiempos; y sacudió su mente con gran dominio propio para librarse de las inmundicias de los juegos del circo, y no volvió a acercarse a ellos. Después venció la oposición de su padre y obtuvo su consentimiento para convertirse en mi discípulo. Entonces, al comenzar a ser de nuevo mi oyente, se vio envuelto en la misma superstición mía, y amaba en los maniqueos aquella muestra de continencia que él suponía legítima y sincera. Mientras que era falsa y engañosa, destinada a atrapar a las almas valiosas, incapaces aún de alcanzar la profundidad de la virtud, y fáciles de engañar con la fachada de una virtud sombría y falsa.

Alipio, sin renunciar a ese camino secular que sus padres le habían inculcado, había partido antes que yo a Roma, para estudiar derecho, y allí se dejó llevar asombrosamente y con increíble afán por los combates de gladiadores. Como detestaba semejantes espectáculos, un día se encontró por casualidad con varios de sus conocidos y compañeros de estudios que venían de cenar, y estos, con amigable violencia, lo condujeron hacia el anfiteatro donde se celebraban esos crueles y mortales juegos. Luego de negarse y resistirse, declaró con vehemencia: «Aunque lleven mi cuerpo a ese lugar, ¿podrán obligarme también a concentrar mi mente y mis ojos en ese espectáculo? Entonces estaré ausente mientras esté presente, y así los venceré a ustedes y a ellos». Al oír esto, sus compañeros pusieron mayor empeño en llevarlo, deseosos quizá de comprobar si podía hacer lo que decía. Cuando llegaron a aquel lugar, y se sentaron donde pudieron, todo el anfiteatro hervía con aquel salvaje pasatiempo. Sin embargo, Alipio cerró los ojos y evitó que su mente se centrara en semejante maldad; ¡y ojalá se hubiera tapado también los oídos! Porque al caer uno de los gladiadores, un poderoso grito de la multitud golpeó fuertemente a Alipio, y vencido por la curiosidad, y creyéndose lo suficientemente fuerte para despreciar y vencer lo que viera, abrió los ojos. Entonces recibió una herida en su alma más profunda que la del caído a quien quiso ver; y cayó Alipio más miserablemente que aquel cuya desgracia provocó el poderoso clamor, que entró por sus oídos y abrió sus ojos, para dar paso al derribo de un alma que tenía más audacia que fortaleza, y era la más débil, por haber presumido de sí misma, en lugar de haber confiado en Ti. Pues tan pronto como vio aquella sangre, bebió con ella el salvajismo; no apartó la vista, sino que miró atentamente, bebió con frenesí, sin darse cuenta, y se deleitó con la ferocidad de la lucha y se embriagó de tan sangriento placer. Ya no era el mismo que había venido, sino uno de tantos en aquella turba, sí, un verdadero compañero de los que lo llevaron allí. ¿Por qué decir más? Vio, gritó, se enardeció, y desarrolló una locura que lo impulsaría a volver no solo con quienes lo habían llevado, sino también antes que ellos, y llevar él mismo a otros. Sin embargo, de allí lo sacaste con una mano muy fuerte y muy misericordiosa, y le enseñaste a tener confianza no en sí mismo, sino en Ti. Aunque eso fue después.

Sin embargo, este recuerdo quedó guardado en su memoria para ser una medicina en el futuro. Así fue también que, cuando aún estudiaba conmigo en Cartago, y repasaba al mediodía en la plaza del mercado lo que debía decir de memoria (como suelen practicar los estudiantes), permitiste que los guardias de dicha plaza lo apresaran por ladrón. Creo que por ninguna otra causa lo permitiste, Dios nuestro, sino para que aquel hombre que iba a ser tan grande en el futuro, comenzara ya a aprender que, al juzgar las causas, una persona no debe condenar a otra a la ligera debido a una credulidad irreflexiva. Entonces, mientras caminaba solo ante el tribunal, con su cuaderno y su pluma, he aquí que un joven abogado, el verdadero ladrón, trajo a escondidas un hacha, se introdujo sin que Alipio lo notara hasta las rejas de plomo que vallaban lo alto de las platerías, y comenzó a cortar el metal. Los plateros que estaban debajo comenzaron a inquietarse al oír el ruido del hacha y ordenaron apresar al primero que encontraran. Sin embargo, cuando el joven escuchó sus voces, huyó y dejó el hacha, pues temía que lo apresaran con ella. Alipio, que no lo había visto entrar, se dio cuenta de que se marchaba a toda prisa y deseoso de saber qué ocurría entró en el lugar. Allí encontró el hacha, la tomó en sus manos, y mientras la examinaba y pensaba en lo ocurrido llegaron los guardias. Al verlo solo con el hacha en la mano lo apresaron inmediatamente, lo sacaron a rastras y se jactaron ante los inquilinos de la plaza del mercado de haber apresado a un notorio ladrón. Entonces lo condujeron ante el juez.

Sin embargo, hasta aquí llega la lección que debía aprender Alipio. Porque inmediatamente, oh Señor, acudiste en ayuda de su inocencia, de la que solo Tú eras testigo. Porque mientras lo llevaban a la cárcel o al castigo, salió al encuentro un arquitecto que era el responsable principal de los edificios públicos. Los que conducían a Alipio se alegraron de encontrarse con aquel hombre, pues él solía sospechar que eran ellos mismos los que se robaban lo que desaparecía de la plaza, y al fin podían demostrarle quién cometía estos robos. Sin embargo, el arquitecto había visto varias veces a Alipio en casa de cierto senador, al que visitaba con regularidad para presentarle sus respetos; y al reconocerlo, lo tomó de la mano y le preguntó por la causa de tamaña desgracia, se enteró de todo el asunto, y en medio de mucho alboroto y amenazas, invitó a todos los presentes a acompañarlo. Llegaron, pues, a la casa del joven que había cometido el delito. Allí, ante la puerta, había un chico tan pequeño que sin temer ningún daño para su amo podía revelarlo todo, pues lo había acompañado a la plaza del mercado. En cuanto Alipio lo recordó, se lo contó al arquitecto; quien le mostró el hacha al chico y le preguntó: «¿De quién es?». «De nosotros», respondió en seguida el chico; y cuando lo interrogaron más a fondo, lo contó todo. De esta manera se trasladó la acusación a aquella casa, y quedó avergonzada la multitud que había comenzado a insultar a Alipio, que iba a ser dispensador de Tu palabra y supervisor de numerosas causas de Tu iglesia, y quien salió de este suceso más experimentado e instruido.

Entonces lo encontré en Roma, y se unió a mí con un vínculo muy fuerte, y luego se fue conmigo a Milán, tanto para no dejarme como para ejercitarse en el derecho que había estudiado más para complacer a sus padres que a sí mismo. Allí había sido tres veces asesor, con una integridad de la que todos se asombraban, y él se asombraba en cambio de los que podían preferir el oro a la honestidad. Además, allí se puso a prueba su carácter, no solo con el cebo de la codicia, sino con el aguijón del miedo. En Roma fue asesor del conde del erario italiano. Había entonces un senador muy poderoso, a quien muchos le debían favores y muchos más temían. Con su habitual prepotencia, deseaba que se le permitiera algo que las leyes no permitían. Alipio no cedió: primero le prometieron un soborno, pero él lo despreció con todo su corazón; luego le hicieron amenazas, pero no hizo caso de ellas; todos se asombraron de un espíritu tan inusual, que no deseaba la amistad ni temía la enemistad de alguien tan poderoso y tan conocido por sus innumerables medios para favorecer o perjudicar. Incluso el propio juez del que Alipio era asesor, aunque también se oponía al asunto, no por ello lo rechazaba abiertamente, sino que culpaba a Alipio y afirmaba que no le permitía acceder a los deseos del senador, pues en verdad si lo hubiera hecho, Alipio habría decidido algo distinto. Solo una cosa estuvo a punto de hacerle caer, pues por su afición al aprendizaje pensó mandar a copiar para sí, a precios pretorianos, algunos códices; pero luego de meditar sobre la justeza de aquello, se inclinó por lo mejor, y estimó que la equidad que se lo impedía era más provechosa que el poder que se lo permitía. Estas son cosas pequeñas, pero el que es fiel en lo poco, lo es también en lo mucho. Y no puede ser vano lo que salió de la boca de Tu verdad: «Si en las riquezas injustas no fuisteis fieles, ¿quién os confiará lo verdadero? Y si en lo ajeno no fuisteis fieles, ¿quién os dará lo que es vuestro?» (Luc. 16:11-12). Así era Alipio, y en aquel momento se unió a mí, y junto a mí titubeaba respecto a qué clase de vida habríamos de abrazar.

También Nebridio, que dejó su tierra natal cerca de Cartago, y la misma Cartago, donde pasaba mucho tiempo, y dejó su excelente finca familiar y su casa, y una madre que no habría de seguirlo, había venido a Milán, sin otra razón que la de vivir conmigo en la más ardiente búsqueda de la verdad y la sabiduría. Como yo suspiraba, y como yo vacilaba, pues era un apasionado buscador de la vida verdadera y un agudísimo examinador de las cuestiones más difíciles. Allí estábamos, tres indigentes hambrientos, que suspiraban y se decían mutuamente sus necesidades, y esperaban que Tú les dieras su alimento a su debido tiempo. Y en medio de la amargura que por Tu misericordia acompañaba a nuestros asuntos mundanos, cuando considerábamos la finalidad por la que sufríamos todo aquello, nos invadían las tinieblas; y entre llantos nos alejábamos y decíamos: ¿Hasta cuándo serán estas cosas? Y aunque lo decíamos a menudo, no abandonábamos aquellas cosas, porque todavía no había nada seguro que pudiéramos abrazar luego de dejarlas.

Y al recordar y repasar todo lo sucedido, me asombraba sobremanera el tiempo transcurrido desde aquel mi decimonoveno año en que comencé a apasionarme por la sabiduría, con la determinación de abandonar todas las vanas esperanzas y los engañosos frenesíes de los vanos deseos una vez que la encontrara. Y he aquí que ya estaba en mis treinta años, atascado en el mismo fango, ávido de disfrutar de las cosas presentes, que pasaban y desgastaban mi alma; mientras me decía a mí mismo: «¡Mañana la encontraré; aparecerá manifiestamente y la entenderé; pues vendrá Fausto el maniqueo, y lo aclarará todo! ¡Oh, ilustres académicos, es cierto entonces que no se puede alcanzar ninguna certeza para el ordenamiento de la vida! No, busquemos con más diligencia y no desesperemos. Resulta que las cosas que parecían absurdas en los libros eclesiásticos no lo parecen ahora, y podemos entenderlas de otra manera, en un buen sentido. Mi posición estará allí donde me colocaron mis padres cuando niño, hasta que se descubra la clara verdad. Sin embargo, ¿dónde buscarla y cuándo? Ambrosio no tiene tiempo libre; no tenemos tiempo para leer; pero si lo tuviéramos ¿dónde encontraremos los libros? ¿Dónde y cuándo conseguirlos? ¿Quién pudiera prestárnoslos? Dediquemos tiempo a la salud de nuestra alma. Ha surgido una gran esperanza; la fe católica no enseña lo que pensábamos y sin fundamento reprochábamos; sus miembros instruidos consideran profano creer que Dios esté limitado por la figura de un cuerpo humano: ¿y dudamos en «llamar a la puerta» para que el resto «se revele»? Las mañanas las ocupan nuestros alumnos; ¿qué hacemos durante el resto del día? ¿Por qué no dedicarlo a eso? Aunque, ¿cuándo visitaremos entonces a nuestros grandes amigos, cuyo favor necesitamos? ¿Cuándo prepararemos lo que habrán de comprar los estudiantes? ¿Cuándo descansaremos, y apartaremos nuestra mente de las preocupaciones?

«¡Que se pierda todo, desechemos estas vacías vanidades, y dediquémonos únicamente a la búsqueda de la verdad! La vida es vana, la muerte incierta; si nos lleva de repente, ¿en qué estado partiremos de aquí? y ¿dónde aprenderemos lo que aquí descuidamos aprender? ¿No sufriremos más bien el castigo por esta negligencia? ¿Y si la misma muerte corta y pone fin a toda preocupación y sentimiento? Entonces habrá que averiguarlo. Pero ¡Dios no lo permita! No es cosa vana y vacía que el gran prestigio de la autoridad de la fe cristiana se haya extendido por todo el mundo. Dios nunca habría obrado cosas tales y tan grandes en favor nuestro si con la muerte del cuerpo se agotase también la vida del alma. ¿Por qué demorarnos entonces en abandonar las esperanzas mundanas, y entregarnos por completo a la búsqueda de Dios y de la vida bienaventurada? Pero ¡aguarda! Incluso esas cosas mundanas son agradables; tienen no poco encanto. No debemos abandonarlas a la ligera, pues sería una vergüenza volver después a ellas. Ahora no resultaría difícil obtener algún buen puesto, y entonces, ¿qué más desearíamos? Tenemos un montón de amigos poderosos; si no nos ofrecen otra cosa, y estamos muy apurados, al menos podremos obtener una presidencia: y una esposa con algo de dinero, para que no se incrementen nuestros gastos, y con esto estarían satisfechos todos nuestros deseos. Muchos grandes hombres, muy merecedores de imitación, se han entregado al estudio de la sabiduría no obstante estar casados».

Mientras todas esas ideas pasaban por mi mente, y aquellos vientos cambiaban mi corazón y lo llevaban de un lado a otro, el tiempo pasaba, y yo tardaba en volverme al Señor; y día a día postergaba vivir en Ti, y no postergaba morir en mí mismo día tras día. Amaba una vida feliz pero temía vivirla en su propia morada, por eso la buscaba al huir de ella. Pensaba que sin el abrazo de una mujer sería sumamente desdichado, pues no tenía en cuenta la medicina de Tu misericordia, al no haberla probado. En cuanto a la continencia, suponía que podía alcanzarse con las fuerzas propias (aunque en mí mismo no encontraba esa fuerza), y era tan necio como para no saber lo que está escrito: Nadie puede ser continente a menos que Tú se lo hayas concedido; y Tú lo concederías, si con mi gemido interior yo llamara a la puerta de Tus oídos, y con firme fe depositara mi preocupación en Ti.

Alipio, en efecto, se oponía a que me casara, pues alegaba que así no podríamos vivir juntos tranquilamente en el amor a la sabiduría, como habíamos deseado durante mucho tiempo. Porque él mismo era ya entonces muy casto en este punto, lo cual era maravilloso; y más maravilloso aún porque al principio de su juventud había tenido una relación, pero no se aferró a ella; más bien había sentido remordimientos y repugnancia por ello, y vivía desde entonces de una manera muy casta.

Sin embargo, le opuse los ejemplos de quienes, a pesar de estar casados, habían cultivado la sabiduría y servido a Dios de forma aceptable, y habían conservado a sus amigos y los habían amado con lealtad. De cuya grandeza de espíritu estaba yo muy lejos; pues atado con la enfermedad de la carne, y su mortal dulzura, arrastraba mi cadena, y temía que me libraran de ella. Rechazaba sus buenos consejos como si lastimaran una herida, como si fueran la mano de quien iba a desencadenarme. Además, por mi boca la serpiente le hablaba al mismo Alipio, y tendía trampas placenteras en su camino para que sus virtuosos y libres pies quedaran atrapados.

Porque como Alipio se extrañaba de que yo, a quien tanto estimaba, estuviera tan atrapado en la red de esos placeres como para decirle (cada vez que discutíamos el tema) que me era imposible vivir en el celibato; y que argumentara en mi defensa, al ver su extrañeza, que no había comparación posible entre su momentánea y apenas recordada experiencia, que tan fácilmente podía despreciar, y mi relación constante, a la que si se le añadiera el honorable nombre de matrimonio podría entenderse por qué no conseguía yo despreciar aquella vida; comenzó también a desear casarse; no como vencido por el deseo de tal placer, sino por curiosidad. Porque según expresó, deseaba saber qué podría ser aquello sin lo cual mi vida, para él tan placentera, no sería vida sino un castigo. Su mente, libre de esa atadura, se asombraba de mi esclavitud; y por ese asombro surgía en él el deseo de experimentar aquello, y de ahí pasar a la experiencia misma, y de ahí tal vez llegar a hundirse en esa esclavitud por la que se asombraba, pues estaba dispuesto a hacer un pacto con la muerte; y el que ama el peligro, caerá en él. Ciertamente, ni a él ni a mí nos motivaba mucho ninguno de los honores que hay en el oficio de llevar bien una vida matrimonial, y una familia. A mí me atormentaba y me mantenía cautivo sobre todo el hábito de satisfacer un apetito insaciable; a él, en cambio, lo que lo atraía a ese cautiverio era la admiración. Así éramos hasta que Tú, oh Altísimo, que no abandonas nuestro polvo y te compadeces de nuestras miserias, viniste en nuestra ayuda, por caminos maravillosos y secretos.

Se hicieron continuos esfuerzos para que me casara. Cortejé y me comprometí, principalmente por los esfuerzos de mi madre, quien esperaba que el bautismo que da la salud pudiera limpiarme una vez casado, y se alegraba de que estuviera yo cada día más dispuesto, y veía que sus oraciones y Tus promesas se estaban cumpliendo en mi fe. En aquel momento, a petición mía y por su propio deseo, mi madre te suplicaba cada día con fuerte clamor de su corazón que le mostraras por medio de una visión algo relativo a mi futuro matrimonio; pero nunca lo hiciste. Vio, en efecto, ciertas cosas vanas y fantásticas, como las que suele engendrar la energía del espíritu humano al obsesionarse con algo; y de ellas me habló, pero no con la confianza que usualmente tenía cuando Tú le mostrabas algo, sino con desdén. Pues según me dijo, a través de un cierto sentimiento que no podía expresar con palabras, le era posible discernir entre Tus revelaciones y los sueños de su propia alma. Sin embargo, se insistió en el asunto y se pidió una doncella en matrimonio, dos años por debajo de la edad de casamiento; y, como era agradable, se esperó por ella.

Y muchos de nosotros, amigos que detestábamos las turbulencias de la vida humana, habíamos debatido y ya casi resuelto vivir apartados del ajetreo y el bullicio de la gente; y para ese fin debíamos traer todo lo que pudiéramos procurar por separado, y hacer con lo de todos un patrimonio común, una sola casa; de modo que por la sinceridad de nuestra amistad nada debía pertenecer especialmente a ninguno; sino que todo lo que aportáramos debía pertenecer como un todo a cada uno, y todo a todos. En esta sociedad podía haber algunas personas muy ricas, en especial Romaniano, paisano nuestro, un gran amigo mío desde la infancia, a quien las penosas complejidades de sus asuntos lo habían llevado a la corte. Él era el más ferviente partidario del proyecto; y en esto su voz era de gran peso, porque su vasto patrimonio superaba con mucho el de los demás. Habíamos acordado también que cada año dos de nosotros ejercieran como funcionarios, por así decirlo, y proveyeran todo lo necesario, sin que el resto tuviera que dedicarse a esas cosas. Sin embargo, cuando empezamos a considerar si las esposas, que algunos ya tenían y otros esperaban tener, permitirían esto, todo el plan que estábamos ideando tan cuidadosamente se vino abajo, quedó trunco y se desechó totalmente. En lo adelante nos dedicamos a suspirar y a gemir, y nuestros pasos recorrieron los anchos y trillados caminos del mundo; porque muchos pensamientos había en nuestro corazón, pero Tus designios permanecen por siempre. Con Tus designios te burlaste de los nuestros, y preparaste los tuyos, con el propósito de darnos el alimento a su debido tiempo, y de llenar nuestra alma de bendición.

Mientras tanto mis pecados se multiplicaban, y cuando aparté de mí a mi concubina, pues era un obstáculo para mi matrimonio, mi corazón que estaba apegado a ella quedó tan desgarrado y herido que manaba sangre. Y volvió ella a África, juró ante Ti no conocer jamás a ningún otro hombre y dejó conmigo al hijo que habíamos tenido juntos. Sin embargo yo, desdichado, que no podía imitar a esa mujer y me impacientaba por la demora, ya que hasta después de dos años no podía casarme con mi prometida, y sin ser tan amante del matrimonio como esclavo de mi lujuria, me procuré otra concubina, para que así, por la servidumbre de una costumbre duradera, la enfermedad de mi alma se mantuviera con su vigor, o incluso aumentara, y se extendiera al matrimonio. Tampoco se curó la herida provocada por la ruptura de la anterior relación, sino que, tras la enconadura y el dolor más agudo, se necrosó, y mis dolores se hicieron menos agudos, pero más desesperados.

A Ti sea la alabanza, a Ti la gloria, fuente de misericordias. Yo era cada vez más miserable y Tú más cercano. Tu diestra estaba siempre lista para sacarme del fango, y limpiarme a fondo, y yo no lo sabía. Lo único que me frenaba de caer aún más en el abismo de los placeres carnales, era el temor a la muerte y a Tu juicio venidero, que en medio de todos mis cambios, nunca se apartó de mi pecho. Y en mis disputas con mis amigos Alipio y Nebridio sobre la naturaleza del bien y del mal, sostuve que Epicuro se habría llevado la palma en mi mente, si yo no hubiera creído que después de la muerte quedaba una vida para el alma, y lugares de retribución según los merecimientos de los seres humanos, lo que Epicuro no creía. Y pregunté: «Si fuésemos inmortales y viviésemos en un perpetuo placer corporal, sin temor a perderlo, ¿por qué no habríamos de ser felices, pues qué otra cosa habríamos de buscar?», sin saber que en esto mismo iba incluida una gran desdicha, y que al encontrarme así, hundido y ciego, no podía discernir esa luz de excelencia y belleza, que debe abrazarse por sí misma, y que el ojo de la carne no puede ver pues solo la ve el ser humano interior. Ni tampoco consideré, desdichado de mí, a qué se debía que incluso sobre estas cosas, por desagradables que fueran, discutía placenteramente con mis amigos, ni podía, ni siquiera según las nociones que entonces tenía de la felicidad, ser feliz sin amigos, por más grande que fuera la abundancia de placeres carnales. Y, sin embargo, quería a estos amigos desinteresadamente y también sentía que ellos me querían de igual modo.

¡Oh, caminos torcidos! ¡Ay del alma audaz que esperaba hallar algo mejor al apartarse de Ti! Giró, y se dio la vuelta, sobre la espalda, los costados y el vientre, pero todo le resultó doloroso; pues solo en Ti hay reposo. Y he aquí que Tú estás cerca, y nos liberas de nuestras miserables andanzas, y nos pones en Tu camino, y nos consuelas, y dices: «Corran; Yo los llevaré; sí, los mantendré a salvo; allí también los llevaré».

Libro VII

Año trigésimo primero de Agustín; poco a poco se libra de sus errores, pero todavía tiene nociones materiales de Dios; lo ayuda mucho un argumento de Nebridio; ve que la causa del pecado está en el libre albedrío, rechaza la herejía maniquea, pero no puede abrazar del todo la doctrina de la iglesia; se ha recuperado de la creencia en la astrología, pero queda desconcertado sobre el origen del mal; se ve inducido a encontrar en los platónicos el germen de la doctrina de la divinidad del Verbo, pero no de Su humillación; así obtiene nociones más claras de la majestad de Dios, pero, al no conocer a Cristo como mediador, permanece alejado de Él; todas sus dudas se disipan con el estudio de la Sagrada Escritura, especialmente San Pablo.

Ya había quedado atrás mi malvada y abominable juventud y me adentraba en la madurez; tanto más contaminado por las cosas vanas cuanto más crecía en años, y no podía imaginar sustancia alguna que no fuera la que podía percibirse con los ojos. No te concebía, oh Dios, en la figura de un cuerpo humano, pues siempre rechacé esa idea desde que comencé a conocer algo sobre la sabiduría; y me alegré de haber encontrado lo mismo en la fe de nuestra madre espiritual, Tu Iglesia católica. Sin embargo, no sabía qué otra cosa concebir de Ti. Y yo, un hombre, y semejante hombre, traté de concebirte como el soberano, el único Dios verdadero; y creí en lo más profundo de mi alma que Tú eras incorruptible, invulnerable e inmutable; porque aunque no sabía de dónde ni cómo me venía esa noción, veía claramente y tenía por cierto que lo corruptible debía ser inferior a lo incorruptible; que lo invulnerable era sin duda superior a lo que podía recibir daño; y lo inmutable mejor que las cosas sujetas a cambio. Mi corazón clamaba apasionadamente contra todos mis fantasmas, y con ese clamor pretendía apartar de mi mente toda esa bandada de inmundicias que zumbaba a su alrededor. Y apenas las había alejado, en un abrir y cerrar de ojos caían de nuevo sobre mí, volaban contra mi rostro y enturbiaban mi visión; de modo que, aunque no en la forma del cuerpo humano, me vi obligado a concebirte a Ti (el incorruptible, invulnerable e inmutable, que yo anteponía a lo corruptible, dañable y mutable) como si estuvieras en el espacio, ya sea infundido en el mundo o difundido en el infinito, fuera del mundo. Porque todo lo que concebía, privado de este espacio, me parecía nada, sí, completamente nada, ni siquiera un vacío, como si se sacara un cuerpo de su lugar, y el lugar quedara vacío de todo, de tierra y agua, aire y cielo, pero siguiera siendo un lugar vacío, como si fuera una nada espaciosa.

Al ser yo así de burdo, que no resultaba claro ni para mí mismo, todo lo que no se extendiera sobre ciertos espacios, ni se difundiera, ni se concentrara, ni se abultara, o que no incluyera o pudiera incluir algunas de estas dimensiones, me parecía que era completamente nada. Porque mi corazón recorría entonces formas como las que acostumbraban a abarcar mis ojos; pero no comprendía que esta misma noción de la mente, por la que yo formaba esas imágenes, no era de este tipo, y no podría haberlas formado si no hubiera sido ella misma algo grande. Así también me esforcé en concebirte a Ti, vida de mi vida, como vasto, a través de espacios infinitos, al penetrar por todas partes toda la masa del universo, y más allá de ella, en todos los sentidos, a través de espacios inconmensurables, sin límites; de modo que estuvieras en la tierra, en el cielo y en todas las cosas, y todas las cosas tuvieran un límite en Ti, sin estar Tú limitado en ninguna parte. Porque pensé que así como el cuerpo de aire que cubre la tierra no impedía que la luz del sol pasara a través de él y lo llenara por completo sin cortarlo ni deshacerlo, de igual modo Tú penetrabas no solo el cuerpo del cielo, del aire y del mar, sino también el de la tierra, de modo que todas sus partes, las más grandes y las más pequeñas, admitían Tu presencia, que por una inspiración secreta dirigía por dentro y por fuera todas las cosas que habías creado. Así lo supuse, al ser incapaz de concebir otra cosa, pero era falso. Pues de ser así, una parte mayor de la tierra debería contener una porción mayor de Ti, y otra más pequeña, una porción menor. Y estarían todas las cosas llenas de Ti de tal modo que el cuerpo de un elefante contendría más de Ti que el de un gorrión, porque es mucho más grande y ocupa más espacio; y entonces deberías hacer que las diversas porciones de Ti estuvieran presentes en las diversas porciones del mundo, en fragmentos más grandes en las grandes y más pequeños en las pequeñas. Pero Tú no eres así, y es que aún no habías iluminado mis tinieblas.

Me bastaba, Señor, para oponerme a aquellos engañados engañadores y charlatanes mudos (porque Tu palabra no salía de su boca), me bastaba aquello que tiempo atrás, cuando aún estábamos en Cartago, solía proponer Nebridio, ante lo cual todos quedábamos impresionados: «Esa supuesta nación de las tinieblas, que los maniqueos acostumbran a señalar como masa contraria a Ti, ¿qué podría haberte hecho, si te hubieras negado a luchar con ella? Porque, si ellos respondieran que te hubiera hecho algún daño, entonces estarías sujeto a daño y corrupción; pero si dijeran que no podía hacerte daño, entonces no había razón para que lucharas con ella, y menos aún para luchar de tal manera que cierta porción de Ti, un miembro Tuyo o un vástago de Tu misma sustancia, se mezclara con poderes opuestos y naturalezas no creadas por Ti, y ellos lo corrompieran y lo cambiaran tanto, para mal, que de la felicidad pasara a la desdicha y necesitara ayuda para ser liberado y purificado; y que este vástago de Tu sustancia fuera el alma, la cual, al estar cautiva, contaminada y corrompida, Tu Verbo, libre, puro e íntegro, pudiera liberar; y ese mismo Verbo ser todavía corruptible por ser de esa misma sustancia. Así pues, si afirmaran que Tú (lo que eres, es decir, Tu sustancia por la que existes) eres incorruptible, entonces todas estas afirmaciones serían falsas y execrables; pero si dijeran que eres corruptible, la misma afirmación ya sería falsa y repugnante». De modo que este argumento de Nebridio bastaba para desecharlos completamente; porque no tenían por dónde escapar sin cometer una horrible blasfemia de corazón y de lengua al pensar y hablar así de Ti.

Por otro lado, aunque yo sostenía y estaba firmemente persuadido de que Tú, nuestro Señor, el Dios verdadero, que no solo hiciste nuestra alma, sino también nuestro cuerpo, y no solo nuestra alma y nuestro cuerpo, sino todos los seres y todas las cosas, eras incorruptible e inalterable, y de ningún modo mutable; sin embargo, todavía no entendía, claramente y sin dificultad, la causa del mal. Aun así, fuera la que fuera, percibí que debía buscarla de tal manera que no me obligara a creer que el Dios inmutable era mutable, para no convertirme en ese mal cuya causa buscaba. La busqué entonces, así libre de ansiedad, convencido de que no era cierto lo que decían aquellos de quienes me apartaba con todo mi corazón; pues vi que se llenaban de maldad al indagar el origen del mal, y preferían pensar que Tu sustancia era vulnerable a él antes que reconocer que la suya propia lo cometía.

Y me esforcé por comprender lo que había escuchado, que el libre albedrío era la causa de que hiciéramos el mal, y Tu justo juicio la causa de que lo sufriéramos. Aun así no pude verlo con claridad. Entonces, al esforzarme por sacar mi alma de ese profundo pozo, me sumergí de nuevo en él, y cada vez que trataba de salir volvía a caer. Sin embargo, estar seguro de que tenía una voluntad, tanto como de que estaba vivo, me elevó un poco a Tu luz. Entonces, cuando quería o no quería algo, estaba seguro de que era yo quien lo quería o no; y casi comprendí que allí estaba la causa de mi pecado. Aunque respecto a lo que hacía en contra de mi voluntad, tenía la impresión de que más que hacerlo lo sufría, y juzgué que no era mi culpa, sino mi castigo. Sin embargo, al tenerte a Ti como justo, pronto confesé que mi castigo era justo. Y de nuevo me pregunté: ¿Quién me hizo? ¿No fue acaso mi Dios, que no solo es bueno, sino la bondad misma? ¿De dónde me viene entonces querer el mal y no querer el bien, para ser así justamente castigado? ¿Quién sembró en mí esta planta de amargura, si soy por entero obra de mi dulcísimo Dios? Si el diablo fue el autor, ¿de dónde procede el diablo? Y si también él por su propia voluntad perversa se convirtió de ángel bueno en diablo, ¿de dónde le vino esa malvada voluntad por la que se convirtió en diablo, si toda la naturaleza de los ángeles fue creada por ese Dios bueno en grado sumo? Con estos pensamientos me hundía de nuevo y me ahogaba; pero no caí en ese infierno del error donde nadie se confiesa ante Ti y se prefiere pensar que Tú padeces el mal, antes que admitir que es el ser humano quien lo hace.

Porque yo me esforzaba por descubrir el resto, pues ya había descubierto que lo incorruptible debe ser necesariamente mejor que lo corruptible: y Tú, por lo tanto, fueras lo que fueras, eras incorruptible, así lo confesé. Ya que ninguna alma fue ni será capaz de concebir nada que sea mejor que Tú, que eres el soberano y el bien supremo. Además, al ser tan cierto y verdadero que lo incorruptible es mejor que lo corruptible (como ya comprendía yo), entonces, si Tú no fueras incorruptible, podría haber llegado en el pensamiento a algo mejor que mi Dios. Donde veía que lo incorruptible era preferible a lo corruptible, allí debía buscarte, y observar «dónde estaba el mal mismo»; es decir, de dónde procede esa corrupción que en modo alguno puede vulnerar Tu sustancia. Porque la corrupción no vulnera a nuestro Dios de ningún modo, ni por voluntad alguna, ni por necesidad alguna, ni por casualidad alguna: porque Él es Dios, y lo que quiere es el bien, y Él mismo es ese bien; pero corromperse no es bueno. Tampoco estás obligado a nada en contra de Tu voluntad, ya que Tu voluntad no es mayor que Tu poder. Pero mayor sería si fueras más grande que Tú mismo. Pues la voluntad y el poder de Dios son Dios mismo. ¿Y qué hay imprevisto para Ti, que conoces todas las cosas? Ni existe naturaleza en las cosas sino es porque Tú la conoces. ¿Y qué más podemos decir sobre por qué esa sustancia que es Dios no debe ser corruptible (ver Rom. 1:23), cuando si así lo fuera no sería Dios?

Y busqué «de dónde provenía el mal», pero lo buscaba mal; y no vi el mal en mi misma búsqueda. Puse entonces ante la vista de mi espíritu toda la creación, todo lo que podemos ver en ella (el mar, la tierra, el aire, las estrellas, los árboles, las criaturas mortales); sí, y todo lo que en ella no vemos, como el firmamento del cielo, con todos los ángeles y todos los seres espirituales del mismo. Sin embargo, a estos seres los ubiqué en lugares como si fueran cuerpos, según mi fantasía, e hice una gran masa de Tu creación, diferenciada en cuanto a las clases de cuerpos; algunos eran cuerpos reales y otros los que había imaginado como espíritus. Y esta masa la hice enorme, no como era (no lo podía saber), sino como creí más conveniente, pero de todas formas finita. Sin embargo, imaginé que Tú, Señor, la rodeabas y la penetrabas por todas partes, aunque eras infinito en todas direcciones: como si hubiera un mar, por todas partes y en toda dirección, a través del espacio inmensurable, un único mar sin límites, y contuviera en su interior una esponja, enorme, pero limitada; y esa esponja estuviera de algún modo totalmente llena de ese mar inconmensurable por todos sus poros. Así concebí Tu creación, en sí misma finita, llena de Ti, que eres infinito; y me dije: Contempla a Dios, y mira lo que Dios ha creado. Dios es bueno, sí, incomparablemente mejor que todo esto; y como bueno hizo todas las cosas buenas. Mira cómo las abraza y las llena. ¿Dónde está, pues, el mal, de qué lugar procede y cómo llegó hasta aquí? ¿Cuál es su raíz, y cuál su semilla? ¿O acaso no existe? ¿Por qué entonces tememos y evitamos lo que no existe? Y si lo tememos en vano, el mismo temor es ya un mal que acosa y atormenta sin motivo el alma. Sí, y un mal mucho mayor, ya que no tenemos nada que temer y sin embargo tememos. Por lo tanto, o es un mal lo que tememos o es un mal porque lo tememos. ¿De qué lugar proviene entonces? Porque Dios es bueno y ha creado todas las cosas buenas. Ciertamente, Él, que es el bien mayor y supremo, ha creado estos bienes menores; no obstante, tanto Él como lo creado son buenos. ¿De dónde proviene el mal? ¿Es que había una materia mala de la cual Él hizo las cosas, y le dio forma y la ordenó, pero dejó en ella algo que no convirtió en bueno? ¿Por qué sucedió así? Al ser todopoderoso, ¿acaso no tenía el poder de convertirlo y cambiarlo todo, para que no quedara ningún mal en ella? Por último, ¿por qué quiso crear algo de esta materia en lugar de usar su omnipotencia para hacer que no existiera en absoluto? ¿O podía ella existir en contra de su voluntad? Y si venía desde la eternidad, ¿por qué permitió que existiera así durante infinitos periodos de tiempo pasado, y se complació tanto tiempo después en hacer algo de ella? Y si el Todopoderoso decidió repentinamente hacer algo, ¿no debería haber obrado para que esa materia mala no existiera, y ser solo Él el bien total, verdadero, soberano e infinito? Y si no estaba bien que Aquel que era bueno no creara también algo que fuera bueno, entonces, una vez eliminada y reducida a la nada esa materia mala, ¿no podría haber formado una materia buena de la que crear todas las cosas? Porque no sería todopoderoso, si no pudiera crear algo bueno sin la ayuda de esa materia que Él mismo no había creado. Estos pensamientos se agitaban en mi pobre corazón, agobiado por las más atroces preocupaciones, pues temía morir antes de haber encontrado la verdad; sin embargo, la fe de Tu Cristo, nuestro Señor y Salvador, profesada en la Iglesia católica, se arraigaba firmemente en mi corazón. Es cierto que en muchos puntos todavía no estaba bien definida, y se apartaba de la norma de la doctrina; sin embargo, mi mente no la abandonaba por completo, sino que cada día la asimilaba más y más.

Ya había rechazado también las adivinaciones engañosas y las sandeces impías de los astrólogos. ¡Que Tus propias misericordias te confiesen también por esto desde lo más profundo de mi alma, oh Dios mío! Porque Tú, solo Tú (pues ¿quién más nos aparta de la muerte de los errores, excepto la Vida que no puede morir, y la Sabiduría que sin necesitar luz ilumina las mentes de quienes la necesitan, aquella que dirige el universo, hasta las hojas de los árboles que se lleva el viento?), remediaste aquella obstinación mía con la que me enfrenté a Vindiciano, un anciano sagaz, y a Nebridio, un joven de admirables talentos.

Ambos afirmaban, el primero con vehemencia y el segundo con algunas dudas (aunque frecuentemente), que no existía tal arte para prever el futuro, sino que las conjeturas de los hombres eran una especie de lotería, y que de las muchas cosas que decían que iban a suceder, algunas realmente sucedían, sin que ellos tuvieran la certeza, pues a fuerza de tanto hablar es que adivinaban. Me proporcionaste, pues, un amigo, muy aficionado a consultar a los astrólogos. En realidad no era un buen conocedor de la astrología, sino que se había acercado a ella por curiosidad; no obstante, había escuchado a su padre decir algo que podía socavar la reputación de ese arte, aunque no estaba consciente de ello. Este hombre, llamado Firmino, que había recibido una educación liberal y estaba bien instruido en retórica, vino a verme como alguien muy querido y me pidió que le dijera, según sus constelaciones, lo que yo pensaba sobre ciertos asuntos suyos en los que había depositado sus esperanzas mundanas. Y yo, que en este tema había empezado a inclinarme por la opinión de Nebridio, acepté conjeturar y decirle lo que imaginaba mi mente vacilante, pero añadí que estaba casi persuadido de que no eran más que sandeces vacías y ridículas. En seguida me dijo que su padre había sentido mucha curiosidad por tales libros, y que había hecho estudios sobre el tema junto a un amigo tan aficionado como él, de modo que observaban el momento en que los animales que se criaban alrededor de sus casas daban a luz, y luego observaban la posición de los cielos, para hacer así nuevos experimentos en este supuesto arte. Contó entonces que había oído decir a su padre que cuando su madre estaba embarazada (de él, Firmino) una sierva de este amigo también lo estaba, y no pudo ocultárselo a su amo pues siempre estaba muy pendiente de conocer los nacimientos incluso de sus animales. Y fue así que luego de haber calculado el día, la hora e incluso las subdivisiones de la hora con atentísima observación (uno respecto a su mujer, y el otro respecto a su sierva), concluyeron que ambas mujeres dieron a luz en el mismo instante; de modo que se vieron obligados a ubicar a los recién nacidos en las mismas constelaciones, hasta en los puntos más específicos.

Pues tan pronto como las mujeres estuvieron de parto, cada uno le avisó al otro de lo que ocurría en su casa, y tenían mensajeros listos para llevar la noticia cuando se produjera el alumbramiento, así cada uno podía dar información instantánea con facilidad desde su propia provincia. Entonces, los mensajeros de ambas partes se encontraron en el camino exactamente a la misma distancia de una y otra casa, y no se pudo distinguir diferencia alguna respecto a la posición de las estrellas, ni en ningún otro punto por minúsculo que fuera. Sin embargo, Firmino, que nació en una familia distinguida, siguió su curso por los dorados senderos de la vida, incrementó sus riquezas y se llenó de honores; mientras que aquel siervo continuó sirviendo a sus amos, sin ninguna relajación de su yugo, según me dijo Firmino, que lo conocía.

Luego de oír y creer estas cosas, contadas por alguien de tanta credibilidad, toda mi resistencia cedió; y lo primero que hice fue tratar de apartar al propio Firmino de su curiosidad por la astrología. Le expliqué que al inspeccionar sus constelaciones, si iba a predecir con verdad, debería haber visto en ellas a padres eminentes, a una familia noble, de alta cuna, de buena educación, de conocimientos liberales. Por otro lado, si aquel siervo me hubiera consultado sobre las mismas constelaciones, que también eran suyas, entonces debería (para decirle la verdad) ver en ellas un linaje de lo más abyecto, una condición servil y todo lo demás en total contradicción con lo expresado anteriormente. ¿Por qué entonces, si iba a hablar la verdad, debía decir cosas diferentes a partir de las mismas constelaciones, y si decía lo mismo, iba a hablar con falsedad? De todo ello concluí, con la mayor certeza, que las predicciones que resultan verdaderas tras estudiar las constelaciones no se hacen por arte sino por azar, y que las falsas no se deben al desconocimiento del oficio sino a que simplemente no se cumplieron.

Así pues, reflexioné y profundicé en estas cosas, para que ninguno de aquellos tontos (que vivían de tal oficio, y a los que deseaba atacar y rebatir con sorna) pudiera alegar contra mí que Firmino me había informado mal, ni que su padre lo había engañado a él. Entonces pensé en los gemelos, que en su mayoría salen del vientre materno uno a continuación del otro, con un intervalo tan pequeño que (por mucha influencia que tenga en las cosas de la naturaleza, como afirman) es imperceptible para la observación humana, y no se puede expresar en modo alguno en esos números que los astrólogos inspeccionan para predecir con acierto. Sin embargo, estas predicciones no pueden ser verdaderas, porque se hubiera predicho lo mismo de Esaú y de Jacob, al tener los mismos números, pero sus vidas fueron muy diferentes. Por lo tanto, se dirían falsedades; y si se predijera la verdad, sería porque no se expresó lo mismo a pesar de haber examinado lo mismo. De modo que las cosas verdaderas no se dicen por arte, sino por casualidad. Porque Tú, oh Señor, justísimo gobernante del universo, obras de modo oculto, sin que lo sepan los que consultan ni los que responden, para que cuando alguien pregunte oiga lo que deba oír, según los ocultos merecimientos de las almas, desde la inescrutable profundidad de Tu justo juicio, del que nadie diga: ¿Qué es esto? ¿Por qué es esto? Que no lo diga, porque es humano.

Ahora bien, oh ayuda mía, me habías librado de esos grilletes; y yo buscaba «de dónde proviene el mal», y no encontraba la respuesta. Aun así, no permitiste que ninguna fluctuación de mi pensamiento me apartara de la fe por la que creía que Tú existes y que Tu sustancia es inmutable, que cuidas de los seres humanos y que los juzgarás, y que en Cristo, Tu hijo, nuestro Señor, y en la Sagrada Escritura, que la autoridad de Tu Iglesia católica me impuso, habías establecido el camino de la salvación humana, a esa vida que ha de ser después de esta muerte. Con estas cosas claras y firmemente establecidas en mi mente, busqué con ansia «¿de dónde provenía el mal?». ¡Qué grandes dolores de parto sufrió mi corazón, qué gemidos, oh Dios mío! Sin embargo, incluso allí Tú escuchabas, y yo no lo sabía; y cuando en silencio buscaba con vehemencia, esas silenciosas contriciones de mi alma eran fuertes gritos a Tu misericordia. Tú sabías lo que yo sufría, nadie más. Pues ¿cuánto era lo que mi lengua comunicaba a los oídos de mis más cercanos amigos? ¿Acaso llegó a ellos todo el revuelo de mi alma, para el que no bastaban ni el tiempo ni mis palabras? Sin embargo, todo llegó a Tu oído, todo lo que clamé con los gemidos de mi corazón; y ante Ti estaba mi deseo, y la luz de mis ojos no me acompañaba: pues estaba dentro y yo fuera; y no estaba confinada en un lugar, pero yo dirigía mi atención a las cosas que ocupaban un lugar, aunque no encontraba en ellas lugar de descanso, ni me acogían de modo que pudiera decir: «Esto me basta», «está bien», ni me permitían volver atrás, donde podría estar suficientemente bien. Porque yo era superior a estas cosas, pero inferior a Ti; y Tú eres mi verdadero gozo cuando me someto a Ti, y habías sometido a mí lo que creaste inferior a mí. Y este era el verdadero temperamento, la región media de mi seguridad: permanecer a imagen Tuya, y al servirte dominar mi cuerpo. Sin embargo, cuando me levanté orgulloso contra Ti, y corrí contra el Señor con mi cuello erguido, con la espesa barrera de mis escudos, incluso estas cosas inferiores quedaron por encima de mí, y me hundieron, y en ninguna parte encontré descanso ni espacio para respirar. Aparecían ante mi vista por todas partes, a montones, y en mi mente sus imágenes se presentaban de forma espontanea cuando deseaba volver a ti, como si me dijeran: «¿Adónde vas, indigno y envilecido?». Y estas cosas habían surgido de mi herida; porque Tú «has humillado, cual a herido, al soberbio», y por mi propia vanidad me separé de Ti; sí, el orgullo que hinchaba mi rostro llegó a cerrar mis ojos.

Sin embargo, Tú, Señor, permaneces para siempre, aunque no te enojas con nosotros para siempre; porque te compadeces de nuestro polvo y ceniza, y fue agradable a Tus ojos reformar mis deformidades. Con aguijones internos me despertaste, para que me sintiera intranquilo, hasta que te manifestaras a mi vista interior. Así, por la mano secreta de Tu medicina se aplacó mi hinchazón, y la vista de mi mente, turbada y obscurecida, sanó poco a poco con el irritante colirio de mis saludables dolores.

Y Tú, para mostrarme primero cómo «resistes a los soberbios, y das gracia a los humildes» (Sant. 4:6), y por qué gran obra de Tu misericordia has señalado a los humanos el camino de la humildad, en que Tu Verbo se hizo carne y habitó entre nosotros, me procuraste por medio de un individuo extremadamente arrogante ciertos libros de los platónicos, traducidos del griego al latín. Y en ellos leí (no con las mismas palabras, pero sí con el mismo propósito, y con el apoyo de muchas y diversas razones) que: «En el principio era el Verbo, y el Verbo era con Dios, y el Verbo era Dios. Este era en el principio con Dios. Todas las cosas por él fueron hechas, y sin él nada de lo que ha sido hecho, fue hecho. En él estaba la vida, y la vida era la luz de los hombres. La luz en las tinieblas resplandece, y las tinieblas no prevalecieron contra ella» (Juan 1:1-5). Y que el alma del hombre, aunque da «testimonio de la luz», no es esa luz; pero el Verbo de Dios, al ser Dios, es esa luz verdadera «que alumbra a todo hombre» que viene al mundo. Y que «en el mundo estaba, y el mundo por él fue hecho; pero el mundo no le conoció». Sin embargo, que «a lo suyo vino, y los suyos no le recibieron. Mas a todos los que le recibieron, a los que creen en su nombre, les dio potestad de ser hechos hijos de Dios» (Juan 1:7-12), no lo leí allí.

También leí en ellos que el Verbo de Dios no nació de la carne ni de la sangre, ni de la voluntad humana, ni de la voluntad de la carne, sino de Dios (Juan 1:13). Aunque no hallé que el «Verbo fue hecho carne, y habitó entre nosotros» (v. 14). Igualmente encontré que se dice de muchas y diversas maneras que el Hijo tiene la forma del Padre, y que «no estimó el ser igual a Dios como cosa a que aferrarse» (Fil. 2:6), pues naturalmente era la misma sustancia. Pero no leí que «se despojó a sí mismo, tomando forma de siervo, hecho semejante a los hombres», ni que «en la condición de hombre, se humilló a sí mismo, haciéndose obediente hasta la muerte, y muerte de cruz. Por lo cual Dios también le exaltó hasta lo sumo, y le dio un nombre que es sobre todo nombre, para que en el nombre de Jesús se doble toda rodilla de los que están en los cielos, y en la tierra, y debajo de la tierra; y toda lengua confiese que Jesucristo es el Señor, para gloria de Dios Padre» (Fil. 2:7-11). En ellos leí que desde antes de todos los tiempos, y más allá de todos los tiempos, Tu Hijo unigénito permanece inmutable, coeterno contigo, y que de Su plenitud reciben las almas para su bendición; y que se renuevan para ser sabias mediante la participación de la sabiduría que mora en ellas. Sin embargo, que Cristo «a su tiempo murió por los impíos» (Rom. 5:6); y que no escatimaste a tu Hijo único, sino que lo entregaste por todos nosotros, eso no lo encontré. Porque Tú «escondiste estas cosas de los sabios» (Mat. 11:25), y las revelaste a los niños; para que aquellos «trabajados y cargados» (v. 28) vinieran a Él, y Él los refrescara, porque es «manso y humilde de corazón» (v. 29); y a los mansos los guía en la justicia y a los tiernos les enseña Sus caminos, así contempla nuestra humildad y nuestra angustia, y perdona todos nuestros pecados. Sin embargo, aquellos que se enaltecen con algún aprendizaje que pretende ser sublime, no lo escuchan cuando afirma: «Aprended de mí, que soy manso y humilde de corazón; y hallaréis descanso para vuestras almas» (v. 29). Aunque conocían a Dios, no lo glorificaban como Dios, ni le daban gracias, sino que se envanecían en sus razonamientos; y su necio corazón se entenebreció; pues al profesar ser sabios, se hicieron necios.

Y por eso leí también allí que habían cambiado la gloria de Tu naturaleza incorruptible en ídolos y diversas formas, a semejanza de la imagen corruptible del ser humano, de aves, de cuadrúpedos y de reptiles; es decir, en aquel alimento egipcio por el que Esaú perdió su primogenitura (Gén. 25), pues Tu pueblo primogénito adoró la cabeza de una bestia cuadrúpeda en lugar de adorarte a Ti; y en sus corazones se volvieron a Egipto; e inclinaron Tu imagen, su propia alma, ante la imagen de un becerro que come hierba. Estas cosas las encontré allí, pero no me alimenté de ellas. Porque fue de Tu agrado, oh Señor, quitar de Jacob el oprobio de la disminución, para que el mayor sirviera al menor; y llamaste a los gentiles a Tu heredad. Y yo había venido a Ti de entre los gentiles, y me fijé en el oro que quisiste que Tu pueblo tomara de Egipto, al ver que era tuyo, dondequiera que estuviera. Y a los atenienses les manifestaste, por medio de Tu apóstol, que en Ti «vivimos, y nos movemos, y somos» (Hech. 17:28), como algunos de sus propios poetas también habían expresado. Y en verdad estos libros vinieron de ese lugar. Sin embargo, no me fijé en los ídolos de Egipto, a los que servían con Tu oro, «ya que cambiaron la verdad de Dios por la mentira, honrando y dando culto a las criaturas antes que al Creador» (Rom. 1:25).

Advertido quedé con todo esto de que debía volver a mí mismo, y con Tu guía llegué hasta mi interior; y pude hacerlo porque Tú te convertiste en mi ayuda. Y entré y contemplé con el ojo de mi alma (sea cual sea), sobre el mismo ojo de mi alma, sobre mi mente, la luz inmutable. No era esa luz ordinaria, que toda carne puede observar, ni tampoco una mayor, pero del mismo tipo, que tuviera un brillo más intenso e iluminara todo el espacio con su grandeza. No era así aquella luz, sino otra, muy diferente. No estaba sobre mi alma como el aceite sobre el agua, ni tampoco como el cielo sobre la tierra; estaba sobre mí porque me hizo, y yo debajo porque fui hecho por ella. Quien conoce la verdad, conoce esa luz; y el que la conoce, conoce la eternidad. El amor la conoce. ¡Oh, verdad que es eterna, amor que es verdadero y eternidad que es amor! Tú eres mi Dios, por Ti suspiro noche y día. Cuando te conocí me levantaste, para que viera lo que podía ver y que aún no era capaz de ver. Para mejorar mi débil visión, proyectaste Tus rayos de luz sobre mí con más fuerza, y me estremecí de amor y de temor; y me percibí lejos de Ti, en la región de la desemejanza, como si oyera Tu voz desde las alturas: «Yo soy el alimento de los adultos, crece, y te alimentarás de mí; no me convertirás en ti, como el alimento de tu carne, sino que te convertirás en mí». Y aprendí que castigaste al ser humano por su iniquidad, e hiciste que mi alma se secara como una araña. Y dije: «¿Acaso la verdad no es nada porque no se difunde por el espacio finito e infinito?». Y me gritaste desde lejos: «Sin embargo, en verdad, "YO SOY EL QUE SOY"» (Ex. 3:14). Y oí, como oye el corazón, y no tuve lugar para dudar, pues primero dudaría de estar vivo antes de la existencia de la verdad, que se ve claramente, y se entiende por medio de las cosas hechas. Y contemplé las otras cosas que están debajo de Ti, y percibí que ni son completamente, ni no son completamente, porque son, ya que son de Ti, pero no son, porque no son lo que Tú eres. Pues lo que verdaderamente existe es lo que permanece inmutable. Me conviene, pues, aferrarme a Dios; porque si no permanezco en Él tampoco podré permanecer en mí; pero Él, al permanecer en Sí mismo, renueva todas las cosas. Y Tú eres el Señor mi Dios, ya que no tienes necesidad de mi bondad.

Y se me manifestó que son buenas las cosas que se corrompen. No podrían corromperse si fueran sumamente buenas, pero tampoco se corromperían si no fueran buenas. Si fueran sumamente buenas serían entonces incorruptibles; pero si no fueran buenas no habría nada en ellas que pudiera corromperse. Porque la corrupción daña, pero no podría dañarlas a menos que disminuyera en ellas lo bueno. Entonces, o bien la corrupción no daña, lo cual no puede ser, o bien daña porque priva de algo bueno, lo cual es muy cierto. No obstante, si se les privara de todo bien, dejarían de existir; y si existieran y ya no pudieran corromperse, serían mejores que antes, porque permanecerían incorruptibles. ¿Y hay algo más monstruoso que afirmar que las cosas se vuelven mejores al perder todo su bien?

Por lo tanto, si se les privara de todo lo bueno, ya no existirían. Así pues, mientras existan, son buenas: en consecuencia, todo lo que existe es bueno. Por ello, ese mal cuyo origen buscaba no es ninguna sustancia, ya que si fuera una sustancia, debería ser buena. Porque o sería una sustancia incorruptible, y por tanto un bien principal, o una sustancia corruptible, que si no fuera buena, no podría corromperse. Percibí, pues, y se me manifestó que Tú hiciste todas las cosas buenas y que no hay sustancia alguna que Tú no hayas hecho; y que por no haber hecho todas las cosas iguales es que existen todas las cosas; porque cada una es buena, y en su conjunto son muy buenas, pues nuestro Dios hizo todas las cosas buenas en gran manera.

Y para ti nada en absoluto es malo; sí, no solo para Ti, sino también para Tu creación en su conjunto, porque no hay nada fuera de ella que pueda irrumpir y corromper el orden que Tú has establecido. Pero en sus partes, algunas cosas, por no armonizar con otras, son consideradas malas; mientras que esas mismas cosas armonizan con otras y son buenas; y en sí mismas son buenas. Y todas estas cosas que no armonizan entre sí, sí lo hacen con la parte inferior, que llamamos Tierra, que tiene su propio cielo nublado y ventoso que armoniza con ella. Y lejos de mí decir: «Estas cosas no debían existir», pues si las viera solo a ellas, anhelaría ciertamente otras mejores; pero aún así debo alabarte incluso solo por ellas; pues que debes ser alabado lo demuestran desde la tierra los dragones y todos los abismos, el fuego, el granizo, la nieve, el hielo y el viento tempestuoso, que cumplen Tu palabra; los montes y todas las colinas, los árboles fructíferos y todos los cedros; las bestias y todo el ganado, los reptiles y las aves voladoras; los reyes de la tierra y todos los pueblos, los príncipes y todos los jueces de la tierra; los varones jóvenes y las doncellas, los ancianos y la juventud, todos alaban Tu nombre. Pero cuando te alaben desde los cielos, Dios nuestro, que te alaben en las alturas todos Tus ángeles, todos Tus ejércitos, el sol y la luna, todas las estrellas y la luz, el cielo de los cielos, y las aguas que están sobre los cielos, que alaben Tu nombre. Ya no anhelaba cosas mejores, porque concebía todo, y con un juicio más sano comprendía que las cosas de arriba eran mejores que estas de abajo, pero que todas en su conjunto eran mejores que las de arriba por sí solas.

No hay sensatez en quienes sienten disgusto por algo de Tu creación, como no la había en mí cuando me disgustaban muchas de las cosas que creaste. Y como mi alma no se atrevía a estar descontenta de mi Dios, prefería no admitir como Tuyo lo que le disgustaba. Por eso había adoptado la opinión de dos sustancias, y no tenía descanso, sino que hablaba inútilmente. De regreso de estos errores, había hecho para sí un Dios, a través de medidas infinitas de todo el espacio; y pensó que eras Tú, y lo puso en su corazón; y se había convertido de nuevo en el templo de su propio ídolo, para Ti abominable. Sin embargo, después de que Tú calmaste mi mente, desconocida para mí, y cerraste mis ojos para que no contemplaran la vanidad, me alejé un poco de mi ser anterior, y se adormeció mi frenesí; entonces desperté en Ti, y te vi infinito, pero de otra manera, y esta visión no procedía de la carne.

Y volví la mirada a otras cosas y vi que a Ti debían su existencia; y que todas estaban limitadas en Ti, pero de una manera diferente, no como si estuvieran en el espacio, sino porque Tú contienes todas las cosas en Tu mano, en Tu verdad; y todas las cosas son verdaderas en la medida en que existen;

y no hay falsedad sino cuando se piensa que existe lo que no existe. Y vi que todas las cosas armonizaban, no solo con sus lugares, sino con su tiempo. Y que Tú, que eres lo único eterno, no comenzaste a obrar después de innumerables espacios de tiempo transcurridos; porque todos los espacios de tiempo, tanto los que han pasado como los que pasarán, no van ni vienen, sino a través de Ti, que obras y permaneces.

Y percibí como algo normal que el pan que es agradable para un paladar sano resulte repugnante para uno enfermo; y que la luz, tan buena para los ojos frescos, sea molesta para los irritados. Y Tu justicia desagrada a los malvados; mucho más la víbora y los reptiles, que has creado buenos y tienen afinidad con las porciones inferiores de Tu creación, con las que también tienen afinidad los muy malvados; y su afinidad es mayor mientras más se diferencian de Ti; pero con las criaturas superiores, van teniendo afinidad a medida que se asemejan a Ti. E indagué en qué consistía la iniquidad, y hallé que no era una sustancia, sino la perversión de la voluntad, apartada de Ti, oh Dios, el supremo, hacia estas cosas inferiores, y que arroja de sí sus entrañas y se hincha de orgullo por fuera.

Y me admiré entonces de que te amaba a Ti, y no ya a un fantasma en Tu lugar. Sin embargo no continué avanzando para disfrutar de mi Dios, sino que Tu belleza me atraía a Ti, pero mi propio peso pronto me hacía caer, y me hundía penosamente en estas cosas inferiores. Este peso era la costumbre carnal. Sin embargo, conmigo estaba Tu recuerdo, y no dudaba de que hubiera un ser a quien pudiera adherirme, pero aún no era capaz de adherirme a Ti, porque el cuerpo que se corrompe lastra el alma, y esta tienda terrenal agobia la mente que reflexiona sobre muchas cosas. Y estaba muy seguro de que Tus obras invisibles, incluso Tu «eterno poder y deidad, se hacen claramente visibles desde la creación del mundo, siendo entendidas por medio de las cosas hechas» (Rom. 1:20). Pues al examinar la razón por la que yo admiraba la belleza de los cuerpos celestes o terrestres; y qué me ayudaba a juzgar adecuadamente las cosas mutables, y a declarar: «Esto debe ser así, y esto no»; al examinar, digo, la razón por la que juzgaba así, pues veía que así lo hacía, llegué a descubrir la inmutable y verdadera eternidad de la verdad por encima de mi mente mutable. Y así pasé gradualmente de los cuerpos al alma, que percibe a través de los sentidos corporales; y de allí pasé a su facultad interior, a la que los sentidos corporales le representan las cosas externas, y hasta aquí llegan las facultades de las bestias; entonces volví a la facultad de razonar, que juzga lo recibido de los sentidos del cuerpo. La cual, al considerarse también en mí una cosa variable, se irguió hasta el conocimiento de sí misma, y apartó mis pensamientos del poder de la costumbre, y se distanció de aquella multitud de fantasmas contradictorios; para así encontrar cuál era aquella luz que la cubría, cuando, sin duda alguna, gritaba que era preferible lo inmutable a lo mutable. ¿Y de dónde conocía lo inmutable?, pues, a no ser que lo conociera de algún modo, no tenía fundamento seguro para preferirlo a lo mutable. Y así, con el destello de una mirada temblorosa, llegó a LO QUE ES. Y entonces vi que Tus cosas invisibles se comprendían por medio de las cosas hechas. Sin embargo, no pude fijar mi mirada en eso; así que mi debilidad regresó, caí de nuevo en mis hábitos, y solo quedó en mí un recuerdo agradable, y un anhelo por aquel buen olor de alimentos que había percibido pero que aún no podía comer.

Entonces busqué la manera de obtener la fuerza suficiente para disfrutar de Ti; y no la encontré, hasta que abracé a ese mediador entre Dios y los hombres, Jesucristo hombre, el cual es Dios sobre todas las cosas, bendito por los siglos, que me llamaba y me decía: «Yo soy el camino, y la verdad, y la vida» (Juan 14:6), y que mezcló con nuestra carne ese alimento que yo no podía recibir. El Verbo se hizo carne, para que Tu sabiduría, por la que creaste todas las cosas, nos proporcionara la leche que requería nuestra infancia. Sin embargo, no me aferré a mi Señor Jesucristo, yo, humillado, al humilde; ni sabía aún hacia dónde nos guiaría Su debilidad. Porque Tu Palabra, la verdad eterna, muy por encima de las partes superiores de Tu creación, levanta hacía sí a los sometidos; pero en este mundo inferior construyó para sí una humilde morada de nuestro barro, para abatir el orgullo de aquellos que se someterían, y traerlos a Sí mismo; aplacar su arrogancia y fomentar su amor; con el fin de que no siguieran adelante con su confianza en sí mismos, sino que consintieran en volverse débiles al ver ante sus pies a la Divinidad débil, cuando vistió nuestras túnicas de pieles; y cansados, pudieran arrojarse sobre ella, y ella, al levantarse, pudiera levantarlos.

No obstante yo pensaba de otra manera; concebía a mi Señor Jesucristo solo como un hombre de excelente sabiduría, a quien nadie podía igualarse; en especial, porque al haber nacido maravillosamente de una virgen, parecía, en conformidad con eso, y al cuidar de nosotros de una forma tan divina, haber alcanzado esa gran eminencia de autoridad, como un ejemplo del desprecio de las cosas temporales para obtener la inmortalidad. Sin embargo, no podía ni siquiera imaginar qué misterio había en «aquel Verbo fue hecho carne» (Juan 1:14).

De lo que se nos dio por escrito sobre Él, solo sabía que comió y bebió, durmió, caminó, se regocijó en el Espíritu, se entristeció, disertó sobre temas; que la carne no se adhirió por sí misma a Tu Palabra, sino con el alma y la mente humanas. Esto lo sabe todo aquel que conoce la inmutabilidad de Tu Palabra, la cual conocía yo ya en la medida de lo posible, y no dudaba en absoluto de ella. Porque la capacidad de mover a voluntad los miembros del cuerpo o no moverlos; manifestar a veces un sentimiento y otras veces no manifestarlo; pronunciar en ocasiones admirables sentencias en ocasiones guardar silencio, es cosa propia de la mutabilidad del alma y de la mente. Y si estas cosas se hubieran escrito falsamente de Él, todo lo demás también pudiera ponerse en duda, y no quedaría en esos libros ninguna fe salvadora para la humanidad. Puesto que entonces estaban escritas con verdad, reconocí que en Cristo había un hombre perfecto; no era solamente un cuerpo humano, ni un cuerpo con un alma sensible sin raciocinio, sino un hombre completo y verdadero; al cual, no solo por ser una forma de verdad, sino por cierta gran excelencia de la naturaleza humana y una participación más perfecta de la sabiduría, juzgué que era preferible a los demás. Sin embargo, Alipio imaginaba que para los católicos Dios estaba tan revestido de carne que además de Dios y carne no había alma alguna en Cristo, y no pensaba que tuviera una mente humana. Y como estaba convencido de que solo una criatura vital y racional podía realizar aquellas acciones que se contaban de Él, se acercó más lentamente a la fe cristiana; aunque después, al comprender que este era el error de los herejes apolinaristas, se alegró y se conformó con la fe católica. En cuanto a mí, confieso que algo más tarde aprendí cómo en esa frase, «aquel

Verbo fue hecho carne», se distingue la verdad católica de la falsedad de Fotino. Pues el rechazo de los herejes hace que los principios de Tu Iglesia y la sana doctrina se distingan más claramente. Porque también debe haber herejías, para que lo aprobado se manifieste entre los débiles.

Entonces, luego de haber leído esos libros de los platónicos, y haberme motivado con ellos a buscar la verdad incorpórea, vi Tus cosas invisibles, que se entienden por medio de las cosas hechas; y, aunque rechazado, percibí lo que por la oscuridad de mi mente se me impedía contemplar, con la certeza «de que Tú existías, y eras infinito, y sin embargo no te difundías en el espacio, finito ni infinito; y que eras verdaderamente Tú Aquel que siempre es el mismo, sin ninguna variación ni movimiento; y que todas las demás cosas provienen de Ti, por el solo y certísimo motivo de que existen». De estas cosas tenía certeza, pero me sentía demasiado inseguro para disfrutar de Ti. Hablaba despreocupadamente como alguien muy hábil; pero si no hubiera buscado Tu camino en Cristo nuestro Salvador, habría demostrado no ser hábil, sino estar muerto. Porque había comenzado a desear parecer sabio, y estaba lleno de mi propio castigo, pero no me lamenté, sino que lo desdeñé y me envanecí con el conocimiento. Porque ¿dónde estaba esa caridad que se edifica sobre el fundamento de la humildad, que es Cristo Jesús? ¿O cuándo me la enseñarían esos libros? Por eso, creo que quisiste que yo cayera antes de estudiar Tu Escritura, para que se grabara en mi memoria cómo me afectaron esos libros; y para que después, cuando mi espíritu se amansara con los Tuyos, y Tus dedos sanadores tocaran mis heridas, pudiera distinguir entre la presunción y la confesión; entre los que sabían a qué lugar debían ir, pero no veían el camino, y el camino que no conducía solo a contemplar, sino a morar en el país beatífico. Porque si me hubiera formado primero en Tu Sagrada Escritura y me hubieras resultado dulce en el uso familiar de ella, y luego hubiera tropezado con esos otros volúmenes, tal vez me habrían apartado del sólido terreno de la piedad, o, si hubiera continuado en ese saludable estado que alcancé en ella, podría haber pensado que con el solo estudio de aquellos libros también se podría alcanzar ese estado.

Entonces, con gran entusiasmo, me apoderé de ese venerable escrito de Tu Espíritu; y principalmente del apóstol Pablo. Así desaparecieron las dificultades que me hacían pensar que se contradecía a sí mismo, y que el texto de su discurso no concordaba con los testimonios de la ley y los profetas. Y el rostro de esa palabra pura me pareció coherente; y aprendí a regocijarme con temblor. Así comencé; y toda la verdad que había leído en aquellos otros libros, la encontré aquí en medio de la alabanza de Tu gracia; para que quien vea, no se gloríe como si no lo hubiera recibido, no solo lo que ve, sino también la capacidad de ver (porque ¿qué tiene, que no haya recibido?), y para que no solo se motive a contemplarte, que eres siempre el mismo, sino también a sanar y a abrazarte; y para que el que no puede ver de lejos recorra el camino por el que puede llegar a Ti y contemplarte y abrazarte. Porque, aunque el ser humano se complazca con la ley de Dios según el ser humano interior, ¿qué hará con esa otra ley en sus miembros que lucha contra la ley de su mente, y lo lleva cautivo a la ley del pecado que está en sus miembros? Porque Tú eres justo, oh Señor, pero nosotros hemos pecado y cometido iniquidad, y hemos hecho maldad, y Tu mano se agravó sobre nosotros, y con justicia se nos entrega a ese antiguo pecador, el rey de la muerte;

porque él persuadió a nuestra voluntad para que fuera como la suya, por la cual no permaneció en Tu verdad. ¿Qué hará el desdichado ser humano? ¿Quién lo librará de este cuerpo de muerte, sino Tu gracia, por medio de Jesucristo nuestro Señor, a quien engendraste coeterno, y formaste en el principio de Tus caminos, en quien el príncipe de este mundo no encontró nada digno de muerte, y sin embargo lo mató; y así quedó anulada el acta de los decretos, que nos era contraria? Esto no lo dicen los libros de los platónicos. Esas páginas no muestran la imagen de esta piedad, ni las lágrimas de la confesión, ni Tu sacrificio, ni el espíritu atribulado, ni el corazón quebrantado y contrito, ni la salvación del pueblo, ni la ciudad prometida en matrimonio, ni las arras del Espíritu Santo, ni el cáliz de nuestra redención. Nadie canta allí: «En Dios solamente está acallada mi alma; de él viene mi salvación. Él solamente es mi roca y mi salvación; es mi refugio, no resbalaré mucho» (Sal. 62:1-2). Nadie allí lo escucha cuando llama: «Venid a mí todos los que estáis trabajados» (Mat. 11:28). Tienen a menos aprender de Él, porque es manso y humilde de corazón; porque escondiste estas cosas de los sabios y de los entendidos, y las revelaste a los niños. Porque una cosa es ver la tierra de la paz desde la cima del monte y no encontrar el camino hacia ella, y en vano tratar de avanzar por senderos intransitables, con la oposición y el asedio de fugitivos y desertores con su capitán el león y el dragón; y otra es mantenerse en el camino que lleva a ese lugar, custodiado por el ejército del general celestial; donde los desertores del ejército celestial ya no asaltan, pues lo evitan como un verdadero tormento. Estas cosas fueron penetrando maravillosamente en mi interior mientras leía al más pequeño de Tus apóstoles, y medité en Tus obras, y temblé sobremanera.

Libro VIII

Año trigésimo segundo de Agustín. Consulta a Simpliciano; por él escucha la historia de la conversión de Victorino, y anhela dedicarse por completo a Dios, pero se ve dominado por sus viejas costumbres; se siente aún más estimulado por la historia de San Antonio, y por la conversión de dos cortesanos; en medio de una gran lucha interior, oye una voz del cielo, abre la Escritura y se convierte, con su amigo Alipio. Se cumplen las visiones de su madre.

¡Oh Dios mío, permíteme recordar y confesarte como acción de gracias Tus misericordias hacia mí! Deja que mis huesos se empapen de Tu amor, y que te digan: «¿Quién como tú, oh Jehová?» (Ex. 15:11). Has roto en pedazos mis ataduras, y yo te ofreceré sacrificio de alabanza. Declararé cómo las has roto; y todos los que te adoran, al oírlo exclamarán: «¡Bendito sea el Señor, en el cielo y en la tierra, grande y maravilloso es Su nombre!». Tus palabras se habían adherido a mi corazón, y por todas partes me veía rodeado por Ti. De Tu vida eterna ya estaba seguro, aunque la veía en una figura y como a través de un cristal. Sin embargo, ya no dudaba que existiera una sustancia incorruptible, de la que provenían todas las demás sustancias; ni deseaba tener más certeza de Ti, sino afianzarme más en Ti. No obstante, en mi vida temporal todo era inestable, y necesitaba limpiar mi corazón de la vieja levadura. Me agradaba el camino, el Salvador mismo, pero todavía me resistía a pasar por sus angosturas. Entonces inspiraste en mí la idea, buena a mis ojos, de ir a ver a Simpliciano, que se mostraba como un buen siervo Tuyo, y en quien resplandecía Tu gracia. Había escuchado que desde su juventud vivía consagrado a Ti, y como ya era mayor, y había dedicado muchos años a seguir con celo Tus caminos, me parecía que podía haber adquirido mucha experiencia; no me equivocaba. Por eso deseaba exponerle mis ansias, y que me dijera cuál era la vía más adecuada para que alguien como yo caminara por Tus sendas.

Veía yo la iglesia llena, pero unos iban por aquí, y otros por allá. Sin embargo, me disgustaba llevar una vida secular; pues al no inflamarme mis deseos como antaño, con la esperanza de honores y provecho, someterme a tan pesada esclavitud era una carga muy penosa. Porque, en comparación con Tu dulzura, y la belleza de Tu amada casa, esas cosas ya no me deleitaban. No obstante, todavía me cautivaba el amor a la mujer; y aunque el apóstol no prohibía casarse, sí exhortaba a seguir lo mejor, y deseaba que todos fueran como él (1 Cor. 7:1-9). Entonces, al ser débil, elegí el lugar más indulgente; y solo por eso, me vi zarandeado en las demás cosas. Desfallecía y me consumía por las preocupaciones, porque en otros asuntos me vi constreñido contra mi voluntad a hacerlos compatibles con la vida matrimonial que me cautivaba. Había oído de boca de la Verdad, que algunos eunucos se habían hecho a sí mismos eunucos por el reino de los cielos; pero, Él afirma: «El que sea capaz de recibir esto, que lo reciba» (Mat. 19:12). Ciertamente son vanas todas las personas que desconocen a Dios, y no pueden descubrir a Aquel que es bueno mediante las cosas buenas que se ven. Sin embargo, yo ya no estaba en esa vanidad; la había superado, y mediante el testimonio de toda Tu creación te había encontrado a Ti, Creador nuestro, y a Tu Palabra, Dios en Ti, y junto a Ti un solo Dios, por quien creaste todas las cosas. Hay además otra clase de impíos, que habiendo conocido a Dios, no le glorificaron como a Dios, ni le dieron gracias. En esto también caí, pero Tu diestra me sostuvo, y me sacaste de allí y me colocaste donde pudiera recuperarme. Porque le has dicho al ser humano que «el principio de la sabiduría es el temor de Jehová» (Sal. 111:10), y también que no quiera parecer sabio; porque los que profesan ser sabios, se hicieron necios. Así que ya había encontrado la «perla preciosa» (Mat. 13:46), la cual debía comprar luego de vender todo lo que tenía, pero dudé.

Busqué pues a Simpliciano, padre en la recepción de Tu gracia del entonces obispo Ambrosio, y a quien Ambrosio amaba verdaderamente como a un padre. A él le conté los laberintos de mi extravío, y cuando le mencioné que había leído ciertos libros de los platónicos, que Victorino, profesor de retórica de Roma (quien murió cristiano, según escuché), había traducido al latín, se alegró de que yo no me hubiera topado con los escritos de otros filósofos, llenos de falacias y engaños, conforme a los rudimentos del mundo, mientras que los platónicos conducían de muchas maneras a creer en Dios y en Su Palabra. Luego, para exhortarme a la humildad de Cristo, oculta a los sabios y revelada a los niños, habló del mismo Victorino, a quien conoció íntimamente mientras estuvo en Roma, y de él relató lo que no voy a ocultar. Porque encierra una gran alabanza de Tu gracia, que debe serte confesada, cómo ese anciano, tan erudito y hábil en las ciencias liberales, que había leído y sopesado tantas obras de los filósofos, maestro de tantos nobles senadores, que como reconocimiento al excelente desempeño de sus funciones había merecido y obtenido una estatua en el Foro romano (cosa que los ciudadanos de este mundo consideran un alto honor); él, que hasta ese momento había sido adorador de ídolos y partícipe de los ritos sacrílegos a los que se entregaba casi toda la nobleza de Roma, y que había inspirado al pueblo el amor a Anubis, deidad ladradora, y a dioses monstruosos de todo tipo (quienes lucharon contra Neptuno, Venus y Minerva) que Roma una vez conquistó y ya adoraba, y a los que ese anciano Victorino había defendido con estruendosa elocuencia durante tantos años; no se avergonzó de ser hijo de Tu Cristo y recién nacido de Tu fuente; y sometió su cuello al yugo de la humildad e inclinó su frente al oprobio de la cruz.

¡Oh Señor, Señor, que inclinaste los cielos y bajaste, tocaste los montes y echaron humo! ¿Cómo penetraste en el pecho de aquel hombre? Acostumbraba él a leer (como contó Simpliciano) la Sagrada Escritura, buscaba y rebuscaba con mucho ahínco en todos los escritos cristianos, entonces un día le manifestó a Simpliciano (no en público, sino en privado y como amigo): «Sabes que ya soy cristiano». A lo que este respondió: «No lo creeré, ni te contaré entre ellos, hasta que no te vea en la iglesia de Cristo». Victorino, en broma, le contestó: «¿Acaso las paredes hacen a los cristianos?». Esto de que ya era cristiano lo decía a menudo, y a menudo Simpliciano comentaba lo mismo, y con la misma frecuencia Victorino respondía con el parecer de las «paredes». Porque temía ofender a sus amigos, orgullosos adoradores del demonio, y suponía que el peso de su enemistad caería sobre él desde la cima de su dignidad babilónica, como desde los cedros de Líbano, que el Señor no había quebrantado aún. Sin embargo, después de que mediante la lectura y el razonamiento sincero ganara firmeza y temiera que Cristo lo negara ante los santos ángeles si él temía confesarlo en presencia de los hombres (lo que lo haría reo de una grave ofensa, al avergonzarse de los sacramentos de la humildad de Tu Palabra, cuando no se había avergonzado de los ritos sacrílegos de esos orgullosos demonios, sino que los había imitado, en su orgullo y sus ritos), se opuso a la vanidad y se ruborizó ante la verdad, y repentina e inesperadamente le dijo a Simpliciano (como él mismo me comentó): «Vamos a la iglesia; quiero hacerme cristiano». Su amigo, que no cabía en sí de gozo, lo acompañó. Y fue admitido al primer sacramento y se convirtió en catecúmeno, y no mucho tiempo después dio su nombre para su regeneración por el bautismo. Roma se maravillaba, y la iglesia se regocijaba. Los soberbios lo vieron y se irritaron; crujieron los dientes y se consumieron. Pero Tu siervo puso su esperanza en el Señor Dios, y no prestó atención a las vanidades ni a las insensateces engañosas.

Finalmente, cuando llegó la hora de hacer la profesión de su fe (que en Roma, los que van a acercarse a Tu gracia, lo hacen desde un lugar elevado, a la vista de todos los fieles, y mediante una fórmula fija de palabras memorizadas), cuenta Simpliciano que los presbíteros le ofrecieron a Victorino hacerlo más en privado (como se hacía con aquellos que parecían susceptibles de ponerse nerviosos por su timidez), pero él prefirió profesar su salvación en presencia de la santa multitud. «Porque no era la salvación lo que enseñaba en la retórica, y sin embargo la había profesado públicamente. Entonces, ¡cuánto menos debía temer, al proclamar Tu Palabra a Tu manso rebaño, aquel que no había temido pronunciar sus palabras ante una turba de enloquecidos!». Cuando subió a hacer su profesión de fe, todos los que lo conocían susurraban su nombre, unos a otros, con expresiones de congratulación. ¿Y quién no lo conocía? Y de todas las bocas de la regocijada multitud salía un murmullo: ¡Victorino! ¡Victorino! El arrebato fue repentino al verle; pero callaron de inmediato para oírle. Pronunció la verdadera fe con gran audacia, y todos querían llevárselo en su corazón; sí, lo atrajeron allí mediante su amor y alegría, esas fueron las manos con las que lo atrajeron.

¡Dios bueno! ¿Qué ocurre en el ser humano? ¿Por qué la salvación de un alma que había perdido toda esperanza y es liberada de un gran peligro nos alegra más que si nunca hubiera estado en gran peligro y siempre hubiera tenido esperanza? Porque Tú también, Padre misericordioso, te alegras más por un solo penitente que por noventa y nueve justos que no necesitan arrepentirse (Mat. 18:12-13). Y con gran alegría escuchamos cómo la oveja que se había extraviado regresa en hombros del pastor, y cómo la dracma es devuelta a Tu tesoro y se regocijan las vecinas junto a la mujer que la encontró (Luc. 15:8-9); y la alegría del servicio solemne de Tu casa hace que broten lágrimas cuando se lee allí que Tu hijo menor, que estaba muerto, ha revivido; se había perdido, y ha sido hallado.

Pues Tú te gozas en nosotros, y en Tus santos ángeles, santos por la santa caridad. Y es que Tú eres siempre el mismo; porque todas las cosas que no permanecen iguales ni para siempre, Tú las conoces siempre de la misma manera.

¿Qué ocurre, pues, en el alma, cuando se complace más en encontrar o recuperar las cosas que ama, que si siempre las hubiera tenido? Sí, y el resto de las cosas dan prueba de ello, pues todas están llenas de testimonios que gritan: «Así es». El comandante vencedor triunfó; sin embargo, no hubiera vencido si no hubiera luchado; y cuanto más peligro hubo en la batalla, tanta más alegría hay en el triunfo. La tempestad sacude a los marineros, y hay amenaza de naufragio; todos palidecen ante la proximidad de la muerte; el cielo y el mar se calman, y se alegran muchísimo pues tuvieron mucho miedo. Enferma un amigo, y su pulso indica que hay peligro; todos los que anhelan su recuperación se sienten enfermos junto con él. Se restablece, aunque todavía no camina con su antigua fuerza; sin embargo, hay tal alegría como no la hubo antes cuando caminaba sano y fuerte. Sí, hasta los placeres de la vida humana se obtienen por medio de las dificultades, y no solo de aquellas que surgen de manera imprevista y contra nuestra voluntad, sino incluso de algunas que nosotros mismos elegimos en busca del placer. Comer y beber no brindan ningún placer, a menos que antes hayamos sentido el aguijón del hambre y la sed. Los hombres dados a la bebida comen ciertas carnes saladas para experimentar un molesto ardor, que luego la bebida alivia y se convierte en deleite. También es costumbre que la novia prometida no se entregue inmediatamente, no sea que luego el marido la menosprecie por no haber tenido que suspirar por ella como prometida.

Esta ley es válida en la alegría vil y execrable; y en la alegría permitida y lícita; y en la más pura perfección de la amistad; y en el que estuvo muerto y revivió; y en el que se había perdido y fue hallado. En todas partes, la mayor alegría es precedida por el dolor más grande. ¿Qué significa esto, oh Señor, Dios mío, ya que Tú eres gozo eterno para Ti mismo, y algunas cosas que te rodean se regocijan cada vez más en Ti? ¿Qué significa que esta parte de la creación fluya y refluya alternativamente disgustada y reconciliada? ¿Es esta la medida asignada? ¿Es esto todo lo que le has asignado, ya que desde los cielos más altos hasta lo más profundo de la tierra, desde el principio del mundo hasta el fin de los siglos, desde el ángel hasta el gusano, desde el primer movimiento hasta el último, Tú pones a cada uno en su lugar y su tiempo, todo lo bueno según su especie? ¡Ay de mí! ¡Qué alto eres en lo más alto, y qué profundo en lo más profundo! Y nunca te vas, y a duras penas volvemos a Ti.

Vamos, Señor, hazlo; despiértanos y llámanos de vuelta; enciéndenos y llévanos; enardécenos, endúlzanos, permítenos amar, déjanos correr. ¿No es cierto que muchos vuelven a Ti desde un infierno de ceguera más profundo que el de Victorino, se acercan a Ti y Tú los iluminas con esa luz que, una vez recibida, también les brinda el poder de convertirse en Tus hijos? Aunque si son menos conocidos por las naciones, incluso quienes los conocen se alegran menos por ellos. Y es que cuando muchos se alegran juntos, cada uno siente una alegría mayor, pues todos se enfervorizan y se enardecen mutuamente. Además, porque aquellos que son muy conocidos, a muchos influyen para su salvación y a muchos les muestran el camino para que los sigan. Y por eso también los que los precedieron se alegran mucho de ellos, porque no se alegran de ellos solamente. Porque lejos está de que en Tu tabernáculo sean recibidos los ricos antes que los pobres, y nobles antes que la gente común; pues lo débil del mundo escogió Dios, para avergonzar a lo fuerte; y lo vil del mundo y lo menospreciado escogió Dios, y lo que no es, para deshacer lo que es. Y sin embargo, incluso el más pequeño de Tus apóstoles, por cuya lengua trasmitiste estas palabras, se complació en llamarse Pablo, en lugar de su antiguo nombre Saulo, como testimonio de la gran victoria que consiguió al vencer con las armas de su predicación el orgullo del procónsul Paulo, y este aceptó el suave yugo de Tu Cristo y se convirtió así en un ciudadano del gran Rey. Porque el enemigo sufre una derrota mayor en aquel que está más bajo su dominio, y por medio de quien tiene dominados a muchos otros. Sin embargo, a los soberbios los domina más por su orgullo; y a través de ellos a muchos más por su autoridad. Por lo tanto, cuanto más bienvenidos eran el corazón de Victorino, que el diablo había tenido como posesión inexpugnable, y su lengua, cuyo poderoso filo había matado a muchos, tanto más debían alegrarse Tus hijos, porque nuestro Rey había atado al hombre fuerte, y se le quitaron sus vasos para limpiarlos y hacerlos aptos para Tu honor; y se habían hecho útiles para el Señor, para toda buena obra.

Entonces, cuando ese hombre Tuyo, Simpliciano, me contó estas cosas de Victorino, sentí ganas de imitarlo, pues con este mismo fin las había contado. Y cuando me contó también que en los días del emperador Juliano se promulgó una ley que prohibía a los cristianos enseñar las ciencias liberales y la oratoria, y que Victorino había preferido abandonar la profesión de maestro antes que Tu Palabra, por la que haces elocuentes las lenguas de los mudos, me pareció más afortunado que valiente, al haber encontrado así la oportunidad de dedicarse solo a Ti. También yo deseaba eso, atado como estaba, no con hierros ajenos, sino con mi propia voluntad de hierro. Mi voluntad la poseía el enemigo, y con ella había hecho una cadena para mí, y me tenía atado. Porque de una voluntad presuntuosa nació un deseo, y el deseo una vez complacido se convirtió en costumbre, y la costumbre no contrarrestada se convirtió en necesidad. Con estos eslabones unidos entre sí (por eso la llamo cadena) quedé sometido a una dura esclavitud. Por otro lado, aquella nueva voluntad que comenzaba a crecer en mí, con el deseo de servirte libremente y disfrutar de Ti, ¡oh Dios, único goce seguro!, no era capaz aún de vencer a mi voluntad anterior, fortalecida con los años. Así, mis dos voluntades, una nueva y otra vieja, una carnal y otra espiritual, luchaban en mí; y esta lucha desgarraba mi alma.

Así, mi propia experiencia me permitió comprender lo que había leído de cómo el deseo de la carne es contra el Espíritu, y el del Espíritu es contra la carne. Ciertamente me hallaba en ambas situaciones; pero era más yo mismo en lo que aprobaba en mí, que en aquellas cosas que desaprobaba en mí. Porque en esto último, ya no era yo mismo, pues muchas cosas las padecía en contra de mi voluntad, más que hacerlas voluntariamente. Sin embargo, fue a través de mí que esa costumbre alcanzó tal poder sobre mí, porque voluntariamente había llegado hasta donde no quería llegar. ¿Y quién tiene derecho a protestar cuando el pecador recibe un castigo justo? Tampoco podía justificarme ya con la excusa de que si aún no despreciaba el mundo y te servía, era porque no tenía certeza de la verdad, pues sí la tenía. No obstante, al estar aún atado a la tierra, me negué a luchar bajo Tu estandarte, y el temor de librarme de aquellos impedimentos era tan grande como el que debía tener de verme sometido a ellos. Así, me encontraba placenteramente bajo la carga de lo mundano, como en un sueño; y mis meditaciones sobre Ti eran como los esfuerzos de quien busca despertarse, pero vencido por la somnolencia, cae de nuevo en el sueño. Pues aunque nadie quiere dormir para siempre, y a juicio de todos es mejor estar despierto, en ocasiones se siente un pesado letargo en todos los miembros, y llegado el momento de levantarse, uno se demora en hacerlo y medio disgustado vuelve a dormirse con placer. Entonces, estaba seguro de que era mucho mejor para mí entregarme a Tu caridad que ceder a mi propio deseo; pero aunque el primer camino me satisfacía y me convencía, el segundo me complacía y me dominaba. Tampoco tenía respuesta para Tu llamado: Despiértate, tú que duermes, y levántate de los muertos, y te alumbrará Cristo. Y cuando por todas partes me mostrabas que lo que decías era verdad, yo, convencido de la verdad, no tenía nada que responder, sino solo aquellas palabras torpes y somnolientas: «Enseguida, enseguida», «déjame solo un poco más». Sin embargo, ese «enseguida, enseguida» no llegaba nunca y el «déjame solo un poco más» se iba prolongando. En vano me deleitaba en Tu ley según el hombre interior, cuando había otra ley en mis miembros, que se rebelaba contra la ley de mi mente, y que me llevaba cautivo a la ley del pecado que estaba en mis miembros. Porque la ley del pecado es la violencia de la costumbre, que arrastra y encadena al ser humano, incluso en contra de su voluntad; pero merecidamente, pues cayó en ella de buena gana. ¿Quién me librará de este cuerpo de muerte, sino Tu gracia, por Jesucristo nuestro Señor?

Y declararé aquí cómo me libraste de las cadenas del deseo, que me ataban fuertemente a la concupiscencia carnal, y de la esclavitud de las cosas mundanas. Te lo confesaré, ¡oh Señor, mi ayuda y mi redentor! Hacía las cosas habituales en medio de una creciente angustia, y día a día suspiraba por Ti. Asistía a Tu iglesia, siempre que estaba libre de los asuntos bajo cuya carga gemía. Alipio me acompañaba, desligado entonces de sus asuntos legales después de su tercer asesoramiento, y a la espera de a quién vender sus consejos, como yo vendí la elocuencia, si es que se puede enseñar realmente. Nebridio, en consideración a nuestra amistad, había consentido en enseñar bajo la dirección de Verecundo, ciudadano y gramático de Milán, y amigo íntimo de todos nosotros, quien deseaba ardientemente, y por su amistad pidió de nuestro grupo, un ayudante leal, pues lo necesitaba mucho. Al aceptar, Nebridio no se sintió motivado por ningún deseo de beneficio (ya que podría haber sacado mucho más provecho de su saber si así lo hubiera querido), sino que, como amigo amabilísimo y gentil, no quiso despreciar nuestra petición. No obstante, llevó a cabo su tarea muy discretamente y evitó darse a conocer a personajes grandes según este mundo para no distraer su mente, pues deseaba tenerla libre y despreocupada, tantas horas como fuera posible, para buscar, leer y escuchar cosas relacionadas con la sabiduría.

Un día que Nebridio estaba ausente (no recuerdo por qué), vino a vernos a mí y a Alipio un tal Ponticiano, paisano nuestro pues también era africano, que ocupaba un alto cargo en la corte del emperador. No recuerdo lo que quería de nosotros, pero nos sentamos a conversar. Entonces vio un libro que estaba sobre una mesa de juego, lo tomó, lo abrió, y sorprendido descubrió que era del apóstol Pablo; pues había pensado que era uno de los textos que yo utilizaba para enseñar. Sonriente, expresó su alegría y asombro por haber encontrado este libro, y solo este, ya que él era cristiano y estaba bautizado, y a menudo se inclinaba en la iglesia ante Ti, Dios, con frecuentes y largas oraciones. Cuando le dije que me había esmerado mucho en el estudio de esos textos, surgió una conversación en la que nos contó sobre Antonio, el monje egipcio, cuyo nombre gozaba de gran reputación entre Tus siervos, aunque hasta ese momento nos era desconocido. Cuando descubrió nuestra ignorancia, habló largamente sobre este hombre tan destacado y se asombró de que no lo conociéramos. Quedamos admirados al escuchar Tus maravillosas obras plenamente atestiguadas en época tan reciente, casi en la nuestra, y llevadas a cabo en la verdadera fe y en la Iglesia católica. Todos nos maravillamos; nosotros de que esas obras fueran tan grandes, y él de que no las hubiéramos escuchado.

A partir de ahí, su conversación se centró en las comunidades de los monasterios, en sus santos caminos, de dulce aroma para Ti, y en los fértiles vacíos del desierto, de los que nada sabíamos. Y descubrimos que había un monasterio en Milán, lleno de buenos hermanos, fuera de los muros de la ciudad, bajo la dirección de Ambrosio. Ponticiano continuó con su explicación y nosotros escuchamos en silencio. Nos contó entonces que una tarde en Tréveris, mientras el emperador estaba ocupado con los juegos circenses, él y tres de sus compañeros salieron a pasear por los jardines cercanos a las murallas de la ciudad. Allí, mientras paseaban casualmente de dos en dos, uno junto a él y los otros dos por su cuenta, estos dos amigos llegaron en su deambular a una cabaña, habitada por algunos de Tus siervos, pobres en espíritu, de quienes es el reino de los cielos, y allí encontraron un pequeño libro que contenía la vida de Antonio. Uno de ellos se puso a leerla, y lleno de admiración y entusiasmo comenzó a considerar la posibilidad de llevar una vida semejante y dejar su servicio secular para servirte a Ti. Y estos dos pertenecían a los llamados agentes para los asuntos públicos. Entonces, de repente, lleno de un amor santo y de una sobria vergüenza, enojado consigo mismo, miró a su amigo y le preguntó: «Dime, por favor, ¿qué lograremos con todos estos esfuerzos nuestros? ¿Qué buscamos? ¿Por qué prestamos nuestros servicios? ¿Pueden nuestras esperanzas en la corte ir más allá de ser los favoritos del emperador? ¿Y acaso no es eso algo frágil y lleno de peligros? ¿Y por cuántos peligros debemos de pasar para llegar a ese peligro mayor? ¿Y cuándo llegaremos a eso? Sin embargo, amigo de Dios, puedo serlo de inmediato si así lo deseo». Así habló, y con los dolores del parto de una nueva vida volvió al libro y siguió leyendo, y se fue transformando interiormente, donde Tú veías, y su mente se despojó del mundo, como pronto se vio. Porque mientras leía, y se agitaban las olas de su corazón, se enfureció consigo mismo por un momento, pero luego vio las cosas claras y se decidió a tomar un rumbo mejor; y ya siendo Tuyo, le manifestó a su amigo: «Acabo de desprenderme de aquellas esperanzas nuestras, y estoy decidido a servir a Dios, lo cual comienzo a hacer desde este mismo momento, en este mismo lugar. Si no quieres imitarme, no te opongas». El otro respondió que se uniría a él para participar de tan gloriosa recompensa, de tan glorioso servicio. Así, ambos, ya Tuyos, construían la torre al precio necesario de dejarlo todo para seguirte a Ti. Entonces Ponticiano y su acompañante, que habían caminado por otra parte del jardín, vinieron en busca de ellos y al encontrarlos en aquel sitio les recordaron que debían regresar, pues el día comenzaba a declinar. Sin embargo ellos, luego de contarles su decisión y su propósito, y cómo esa voluntad había nacido y se había afianzado en ellos, les rogaron que no los molestaran si no deseaban unírseles. Y aunque Ponticiano y su compañero no cambiaron en nada, sí se lamentaron (según él), y los felicitaron piadosamente, y se encomendaron a sus oraciones; y así, con el corazón en las cosas de la tierra, regresaron al palacio. Sin embargo, los otros dos, fijaron su corazón en el cielo y permanecieron en la cabaña. Y ambos tenían novias prometidas, que al enterarse de lo sucedido, también dedicaron su virginidad a Dios.

Tal fue la historia de Ponticiano; pero Tú, oh Señor, hiciste que me viera a mí mismo mientras él hablaba, pues estaba de espaldas sin querer observarme, me pusiste delante de mi cara, para que viera cuán inmundo era, cuán deforme y sucio, lleno de manchas y úlceras. Y yo miraba y me quedaba atónito, y no encontraba hacia dónde huir de mí mismo. Y si procuraba apartar mi vista de mí mismo, él continuaba con su relato, y volvías a ponerme frente a mí mismo, ante mis ojos, para que descubriera mi iniquidad, y la odiara. Yo la conocía, pero hacía como que no la veía, le restaba importancia y la olvidaba.

Entonces, cuanto más ardientemente amaba a aquellos de quienes oía decir que se habían consagrado enteramente a Ti para que los sanaras, más me aborrecía a mí mismo, al compararme con ellos. Porque ya habían pasado muchos años (unos doce) desde que a los diecinueve leí el *Hortensio* de Cicerón y sentí un ferviente amor por la sabiduría; y todavía aplazaba el momento de rechazar la mera felicidad terrenal para entregarme a la búsqueda de aquella sabiduría, de la cual no solo el hallazgo, sino la misma búsqueda, debía preferirse a los tesoros y reinos del mundo, aunque ya encontrados, y a los placeres del cuerpo que podía tener a voluntad. Y es que yo, desdichado, muy desdichado, en el mismo comienzo de mi primera juventud, te había suplicado la castidad con estas palabras: «Dame castidad y continencia, pero todavía no». Porque temía que me escucharas pronto, y me curaras pronto de la enfermedad de la concupiscencia, que deseaba satisfacer, más que extinguir. Y había vagado por los caminos torcidos de una superstición sacrílega, la cual, sin estar convencido de ella, anteponía a otras cosas que no buscaba con piedad y que combatía maliciosamente.

Y pensé que día tras día iba posponiendo el momento de seguirte solo a Ti, y despreciar las esperanzas de este mundo, porque no encontraba nada seguro hacia dónde dirigir mis pasos. Sin embargo, había llegado el día en el que iba a quedar desnudo ante mí mismo, y mi conciencia iba a reprenderme: «¿Dónde estás ahora, lengua mía? Dijiste que por una verdad incierta no desecharías la carga de la vanidad; ahora, la verdad es cierta, y sin embargo esa carga te sigue oprimiendo, mientras que a otros que no se han desgastado tanto en su búsqueda, ni han pensado en ella durante tantos años, se les han aligerado los hombros y han recibido alas para volar». Mientras Ponticiano hablaba, estos pensamientos corroían mi interior y se apoderaba de mí un horrible sentimiento de vergüenza. Cuando concluyó su relato y el asunto por el que había venido, se marchó; y yo me volví a mí mismo. ¿Qué no dije en mi contra? ¡Con qué azotes de condenación no azoté mi alma, para que me siguiera e ir en pos de Ti! Sin embargo, retrocedió;

se negó, pero no se excusó. Se le habían agotado todos sus argumentos. Solo quedaba en ella un mudo encogimiento; y temía, como si fuera la muerte, que se le impidiera continuar con aquella costumbre que la consumía hasta la muerte.

Entonces, en medio de aquella gran batalla interior que había desatado contra mi alma, en mi propio corazón, me dirigí a Alipio con la mente y el semblante alterados y le expresé: «¿Qué nos pasa? ¿Qué es esto? ¿Qué has oído? ¡Los indoctos se ponen en marcha y toman el cielo por la fuerza, y nosotros con nuestra erudición, y sin corazón, nos revolcamos en la carne y en la sangre! ¿Acaso nos avergonzamos de seguirlos porque nos han precedido, y no nos avergonzamos de no seguirlos?». Algunas de estas palabras pronuncié, y mi mente afiebrada me apartó de él, mientras él, mirándome con asombro, guardaba silencio. Porque no era mi tono habitual; y mi frente, mis mejillas, mis ojos, mi color, mi tono de voz, decían más que las palabras que pronunciaba. En la casa donde nos alojábamos había un pequeño jardín del que podíamos disfrutar, como de toda la casa, pues su dueño, nuestro anfitrión, no vivía en ella. Hasta allí me llevó el revuelo de mi pecho, donde nadie podía impedir la fiera batalla que conmigo mismo libraba, hasta que llegara a su fin como Tú sabías, y yo no sabía. Aunque tan solo enloquecía de manera saludable y moría para vivir; pues sabía qué cosa mala era yo, y desconocía qué cosa buena iba a ser poco después. Me retiré entonces al jardín y Alipio siguió mis pasos. Porque su presencia no disminuía mi intimidad, ¿y cómo iba a abandonarme tan turbado? Nos sentamos lo más lejos posible de la casa. Mi espíritu se estremecía con gran indignación por no haber aceptado Tu voluntad ni haber entrado en pacto contigo, oh Dios mío, algo que todos mis huesos me pedían a gritos que hiciera con un clamor de alabanza que se elevaba hasta el cielo. Y allí no entramos ni en naves, ni en carros, ni a pie, no, aunque la distancia fuera como la que había desde la casa hasta el lugar donde estábamos sentados. Y es que no solo ir, sino incluso entrar no era otra cosa que querer ir, pero quererlo resuelta y cabalmente; no girar y dar vueltas por aquí y por allá, con una voluntad mutilada y medio dividida que se debate entre una parte que se eleva y otra que cae.

Por último, durante la fiebre de mi incertidumbre, hice con mi cuerpo muchos movimientos que a veces las personas quieren hacer, pero no pueden, bien porque no tienen los miembros, o porque los tienen atados, o porque se encuentran debilitados por una enfermedad o impedidos de alguna otra manera. Entonces, si arranqué mis cabellos, si me golpeé la frente, si con los dedos entrelazados abracé mis rodillas, lo hice porque quise. Sin embargo, podría haber querido y no haberlo hecho; si la capacidad de movimiento de mis miembros no me hubiera obedecido. Así que hice muchas cosas donde no era lo mismo «querer» que «poder»; y no hice lo que anhelaba hacer incomparablemente más, y que poco después, cuando quisiera, podría hacer; pues cuando quisiera lo querría por completo. Porque en estas cosas la capacidad era lo mismo que la voluntad, y querer era hacer; y sin embargo no lo hacía. Y era más fácil que mi cuerpo obedeciera a la más débil voluntad de mi alma, para que moviera sus miembros, que mi alma se obedeciera a sí misma para cumplir su trascendental voluntad mediante la sola voluntad.

¿De dónde surge esta monstruosidad? ¿Y con qué fin? Que resplandezca Tu misericordia para que yo pueda preguntar, si es que pueden responderme las penas secretas de los seres humanos y esos oscuros dolores de los hijos de Adán. ¿De dónde surge esta monstruosidad? ¿Y con qué fin? El espíritu da órdenes al cuerpo, y este obedece al instante; el espíritu se ordena a sí mismo y se resiste a sus propias órdenes. El espíritu ordena a la mano que se mueva y esta obedece tan rápidamente que apenas se distingue la orden de la acción. Sin embargo, el espíritu es espíritu, la mano es cuerpo. El espíritu se ordena a sí mismo querer algo, y sin embargo no lo hace. ¿De dónde surge esta monstruosidad? ¿Y con qué fin? Se ordena a sí mismo, repito, querer algo, y no lo ordenaría a menos que lo quisiera, pero no acata su propia orden. Sin embargo, no lo quiere del todo, y por eso no lo ordena del todo. Pues ordena en la medida en que quiere, y no sucede lo que ordena en la medida en que no quiere, porque la voluntad ordena que haya voluntad, y quien lo ordena es ella y no otra. Por lo tanto no lo ordena plenamente; y por eso no existe lo que ordena. Cierto es que si lo hiciera plenamente no tendría que ordenar que existiese, pues ya existiría. Por consiguiente, no es una monstruosidad querer en parte y en parte no querer, sino una enfermedad del espíritu que no se eleva del todo, pues la verdad lo lleva hacia arriba pero la costumbre lo lastra. Y por eso hay dos voluntades, porque una de ellas no está completa; y lo que le falta a una, lo tiene la otra.

Que perezcan delante de Ti, oh Dios, como perecen los habladores vanos y los seductores del alma, quienes por haber percibido dos voluntades en la deliberación afirman que hay en nosotros dos mentes de dos tipos, una buena y otra mala. Ellos mismos son verdaderamente malos al afirmar estas cosas malas; y ellos mismos se convertirán en buenos cuando declaren la verdad y se avengan a la verdad, para que Tu apóstol les diga: «En otro tiempo erais tinieblas, mas ahora sois luz en el Señor» (Ef. 5:8). Pero ellos, al querer ser luz, no en el Señor, sino en sí mismos, y al imaginar que la naturaleza del alma es la misma que la de Dios, se han convertido en tinieblas más densas con una arrogancia espantosa; porque se alejaron de Ti, la verdadera luz que ilumina a todo ser humano que viene al mundo. Tengan cuidado con lo que dicen, y ruborícense por la vergüenza; acérquense a Él y reciban Su luz, y sus rostros no se avergonzarán. Cuando yo deliberaba sobre servir al Señor mi Dios, como me lo había propuesto desde hacía tiempo, era yo quien quería y yo quien no quería, yo, yo mismo. Ni quería del todo, ni me negaba del todo. Por lo tanto, estaba en conflicto conmigo mismo y yo mismo me desgarraba. Y esta fractura me sobrevino contra mi voluntad, y sin embargo no indicaba la presencia de otra mente, sino el castigo de la mía propia. Por lo tanto, ya no era yo quien hacía aquello, sino el pecado que moraba en mí; el castigo de un pecado cometido más libremente, pues yo era hijo de Adán.

Porque si hay tantas naturalezas contrarias como voluntades en conflicto, ya no habría solo dos, sino muchas. Si alguien delibera sobre si debe ir a sus conventículos o al teatro, estos maniqueos claman: «He aquí dos naturalezas, una buena que lo atrae hacia nosotros; otra mala que lo aleja. ¿De dónde, si no, esta vacilación de voluntades contrapuestas?». No obstante yo digo que ambas son malas: la que lo lleva hacia ellos y la que lo atrae al teatro; pero ellos no creen otra cosa sino que es buena la que lleva hacia ellos. Entonces, si uno de los nuestros deliberara, y en medio de la lucha de sus dos voluntades se debatiera entre si debe ir al teatro o a nuestra iglesia, ¿no estarían también estos maniqueos en un aprieto para responder? Porque, o bien deberían confesar (cosa que de buen grado no harían) que la voluntad que lleva a nuestra iglesia es buena, como la de ellos, que se sostienen por los misterios de la suya; o deberían suponer que hay dos naturalezas malas, y dos almas malas en conflicto en una misma persona, y entonces no sería verdad lo que dicen de que hay una buena y otra mala; o deberían convertirse a la verdad, y no negar más que allí donde se delibera, un alma fluctúa entre voluntades contrarias.

Que ya no digan entonces, cuando perciben dos voluntades contrarias en una persona, que el conflicto es entre dos almas contrarias, de dos sustancias contrarias, de dos principios contrarios, una buena y otra mala. Pues Tú, oh Dios verdadero, los refutas, los contradices y los convences; como cuando, al ser malas ambas voluntades, uno delibera si debe matar a un hombre con veneno o con la espada; si debe apoderarse de este o aquel terreno ajeno, cuando no puede apropiarse de ambos; si debe gastar el dinero en placeres o guardarlo por avaricia; si debe ir al circo o al teatro, si ambos abren un mismo día; o, en tercer lugar, robar la casa de otro, si tiene la oportunidad; o, en cuarto lugar, cometer adulterio, si también tiene la forma de hacerlo en ese momento; y todas estas cosas coinciden en el mismo período de tiempo, y todas son igualmente deseadas, pero no se pueden realizar a la vez. Entonces se desgarra la mente en cuatro o incluso más voluntades conflictivas (en medio de la vasta variedad de cosas deseadas), sin embargo ellos no alegan que haya tantas sustancias diversas. Así también sucede en las voluntades que son buenas. Porque si yo les preguntara si es bueno deleitarse en la lectura del apóstol o disfrutar de un salmo sobrio o disertar sobre el evangelio. A cada pregunta responderían: «Es bueno». ¿Qué pasa entonces si todas dan placer por igual pero no pueden realizarse al mismo tiempo? ¿No se confunde la mente con varias voluntades, mientras delibera cuál debe elegir? Sin embargo, todas son buenas, y están en desacuerdo hasta que se elige una en la que se puede concentrar toda la voluntad, que antes estaba dividida en muchas. Así también, cuando arriba nos deleita la eternidad y abajo nos retiene el placer del bien temporal, es la misma alma la que no quiere esto o aquello con una voluntad total; y por eso se desgarra con gran confusión, cuando por verdad elije esto, pero por costumbre no se aparta de aquello.

Así de enferma y atormentada estaba mi alma. Me acusaba a mí mismo con mucha más dureza que de costumbre, y me revolvía en mi cadena para que se rompiera por completo, pues ya era más ligera, aunque todavía me sujetaba. Y Tú, Señor, me instigaste en lo profundo de mi ser con una severa misericordia, redoblaste los azotes del miedo y de la vergüenza para que no volviera a ceder, y para que rompiera esa leve atadura que aún quedaba, no fuera a ser que se robusteciera y me atara con más fuerza. Porque me dije: «Que sea ahora mismo, ahora mismo». Y mientras lo decía, ya casi lo lograba. Casi lo hice, pero no lo hice, aunque no volví a mi estado anterior, sino que me mantuve firme y tomé aliento. Y volví a intentarlo, y cada vez lo deseaba menos, y casi lograba mi propósito, y llegaba donde quería; y sin embargo no lo logré, no llegué; pues me debatía entre morir a la muerte y vivir a la vida. Y en mí prevalecía más lo peor, a lo que estaba acostumbrado, que lo mejor, de lo que no tenía costumbre; y mientras más me acercaba a convertirme en algo distinto de lo que era, mayor era el horror que sentía; pero ya no retrocedía, ni me alejaba, sino que me mantenía en suspenso.

Lo que todavía me retenían eran pequeñeces de pequeñeces, vanidades de vanidades, mis antiguas amantes; tiraban de mi carne, y decían en voz baja: «¿Nos desechas? ¿Desde ese momento ya no estaremos contigo jamás? ¿Y ya nunca más te será lícito esto y aquello?». ¿Y cuando decían «esto y aquello», qué sugerían, oh Dios mío? ¡Que Tu misericordia lo aleje del alma de Tu siervo! ¡Qué contaminaciones sugirieron! ¡Qué cosas vergonzosas! Y ya sus voces eran mucho más bajas, y no se me mostraban abiertamente ni me contradecían, sino que murmuraban a mis espaldas, como si a escondidas tiraran de mí mientras me alejaba para que mirara hacia atrás. Aun así me demoraban, y dudaba en librarme de ellas y alejarme de un salto de donde me llamaban; un hábito violento me decía: «¿Crees que puedes vivir sin estas cosas?».

Sin embargo, ya esto lo decía muy débilmente. Porque en aquella dirección hacia donde volvía mi rostro, y hacia donde temía ir, se me apareció la casta dignidad de la continencia, serena, pero no laxa, alegre y honrada. Me invitaba a venir y a no dudar, y para recibirme y abrazarme extendía sus santas manos llenas de multitud de buenos ejemplos: había aquí tantos hombres jóvenes y doncellas, multitud de jóvenes y personas de todas las edades, viudas adustas y vírgenes ancianas; y en todas la misma continencia, para nada estéril, sino como una madre fecunda de hijos de alegrías, por Ti su esposo, oh Señor. Y me sonrió con una burla persuasiva, como si dijera: «¿No puedes tú lo que estos jóvenes y estas doncellas pueden? ¿Y pueden ellos en sí mismos, o más bien en el Señor su Dios? El Señor su Dios me entregó a ellos. ¿Por qué te apoyas en ti mismo, si no puedes sostenerte por ti solo? Arrójate en Sus brazos, y no temas que no se echará atrás para que caigas; arrójate sin miedo sobre Él y te recibirá y te sanará». Y me sonrojé sobremanera, porque aún oía el murmullo de aquellas pequeñeces y quedaba indeciso. Y de nuevo la continencia pareció decir: «Cierra tus oídos a esos tus miembros inmundos sobre la tierra, para que sean mortificados. Te hablan de delicias, pero no según la ley del Señor tu Dios». Esta controversia en mi corazón era simplemente mi lucha contra mí mismo. Entre tanto, Alipio, sentado a mi lado, esperaba en silencio el resultado de mi inusual conmoción.

Entonces, cuando esta profunda meditación hubo sacado del fondo oculto de mi alma toda mi miseria y la puso a la vista de mi corazón, se desató una poderosa tormenta que trajo abundantes lágrimas. Y para poder derramarlas plenamente, en su expresión natural, me aparté de Alipio, pues la soledad me pareció más adecuada para el llanto. Así que me retiré tan lejos que ni siquiera su presencia podía ser una carga para mí. Así me sentía en ese momento, y él percibió algo de ello; pues supongo que expresé algo y el tono de mi voz pareció ahogado por el llanto, y me levanté. Sin embargo, Alipio permaneció sentado en aquel lugar, sumamente asombrado. Me dejé caer, no sé cómo, bajo cierta higuera, y di rienda suelta a mis lágrimas; y de mis ojos brotaron ríos como un sacrificio aceptable para Ti. Y no con estas palabras pero sí con este propósito expresé muchas cosas: «Y Tú, Señor, ¿hasta cuándo? ¿Hasta cuándo, Señor? ¿Estarás enojado para siempre? No recuerdes nuestras antiguas iniquidades». Pues me sentí apresado por ellas, y elevé estas tristes palabras: «¿Hasta cuándo, hasta cuándo diré "mañana,

mañana"? ¿Por qué no ahora? ¿Por qué no poner fin en este instante a mi impureza?».

Así hablaba y lloraba con la más amarga contrición de mi corazón, cuando, ¡he aquí! oí desde una casa vecina una voz, no sé si de un niño o de una niña, que canturreaba y a menudo repetía: «Toma y lee; toma y lee». Al instante cambió mi rostro, y me puse a pensar con gran concentración si los niños acostumbraban a cantar en algún juego esas palabras, y no recordé haber oído jamás algo semejante. Entonces, contuve el torrente de mis lágrimas, me levanté, e interpreté que aquello no era otra cosa que una orden de Dios para que abriera el libro y leyera el primer capítulo que encontrara. Porque había oído decir que Antonio, al entrar en un lugar donde se leía el evangelio, había recibido una exhortación, como si le hablaran a él de lo que se estaba leyendo: «Anda, vende lo que tienes, y dalo a los pobres, y tendrás tesoro en el cielo; y ven y sígueme» (Mat. 19:21); y por tal oráculo se convirtió inmediatamente a Ti. Volví entonces lleno de ansiedad al lugar donde estaba sentado Alipio, pues allí había dejado el volumen del apóstol cuando me levanté. Lo tomé, lo abrí y leí en silencio la parte en la que mis ojos se posaron por primera vez: «No en glotonerías y borracheras, no en lujurias y lascivias, no en contiendas y envidia, sino vestíos del Señor Jesucristo, y no proveáis para los deseos de la carne» (Rom. 13:13-14). No quise leer más; ni falta que hacía, porque al instante, al final de esta frase se disiparon todas las tinieblas de la duda, como si a mi corazón se le hubiera infundido una luz de seguridad.

Entonces puse el dedo entre las páginas, o alguna otra marca, cerré el volumen y con el semblante calmado se lo hice saber a Alipio. Él me mostró a su vez lo que le estaba sucediendo, y que yo desconocía. Pidió ver lo que había leído. Se lo mostré, y leyó aún más allá de lo que leí, pues yo no sabía cómo continuaba. Se podía leer: «Recibid al débil en la fe» (Rom. 14:1); lo cual se aplicó a sí mismo, y me lo reveló a mí. Y quedó fortalecido por esta exhortación; y sin vacilación alguna, con gran determinación y propósito, muy congruentes con su carácter, en el que para bien siempre difería mucho de mí, se me unió. De allí fuimos a ver a mi madre; se lo contamos y se alegró. Le relatamos cómo habían sucedido las cosas; ella saltó de alegría y triunfo, y te bendijo a Ti, que eres capaz de hacer todas las cosas mucho más abundantemente de lo que pedimos o entendemos; pues percibió que Tú le habías dado por mí más de lo que ella acostumbraba a pedir con sus lastimosos y penosísimos gemidos. Porque me convertiste a Ti, de modo que no busqué esposa ni esperanza alguna de este mundo y me mantuve en aquella regla de la fe en la que tantos años atrás le habías mostrado a ella en sueños. Y convertiste su llanto en gozo, mucho más abundante de lo que ella había deseado, y de una manera mucho más preciosa y pura de lo que antes requería con los nietos de mi carne.

Libro IX

Agustín decide dedicar su vida a Dios y abandonar su profesión de maestro de retórica, lo hace tranquilamente; se retira al campo para prepararse a recibir la gracia del bautismo, y se bautiza con Alipio, y su hijo Adeodato. En Ostia, de camino a África, muere su madre, Mónica, a los 56 años, los 33 de Agustín. Vida y carácter de Mónica.

«Oh Jehová, ciertamente yo soy tu siervo, Siervo tuyo soy, hijo de tu sierva; Tú has roto mis prisiones. Te ofreceré sacrificio de alabanza» (Sal. 116:16-17). Que mi corazón y mi lengua te alaben; sí, que todos mis huesos digan: Señor, ¿quién es como Tú? Que lo digan, y respóndeme, y di a mi alma: Yo soy tu salvación. ¿Quién soy yo, y qué soy?

¿Qué maldad no se ha manifestado en mis obras, y si no en mis obras, en mis palabras, y si no en mis palabras, en mi voluntad? Sin embargo, Tú, Señor, eres bueno y misericordioso, y Tu diestra tuvo en cuenta la profundidad de mi muerte, y eliminó ese abismo de corrupción desde el fondo de mi corazón. Y este fue todo Tu regalo, no querer lo que yo quería, y querer lo que Tú querías. Entonces, ¿dónde estuvo mi libre albedrío durante todos esos años? ¿De qué recoveco bajo y profundo salió en un momento, para someter mi cerviz a Tu yugo fácil, y mis hombros a Tu carga ligera, oh Cristo Jesús, mi ayuda y mi redentor? Cuán dulce resultó para mí, al instante, querer las dulzuras de aquellas pequeñeces, y sentir que lo que temía que me separara de ellas era ya motivo de alegría para separarme de ellas. Porque Tú las echaste de mí, verdadera y suprema dulzura. Las arrojaste de mí y por ellas entraste Tú, más dulce que todo placer, aunque no para la carne y la sangre; más brillante que toda luz, pero más oculto que todas las profundidades; más alto que todo honor, pero no para los que se tienen por altos a sí mismos. Ya mi alma estaba libre de las hirientes preocupaciones de ambicionar y adquirir, de revolcarme en la suciedad y de satisfacer la comezón de la lujuria. Y mi lengua de niño te hablaba libremente, a Ti, mi brillo, y mi riqueza y mi salud, Señor mi Dios.

Y decidí ante Tu vista, no retirar bruscamente, sino poco a poco, el servicio de mi lengua del mercado de la charlatanería; para que los jóvenes, no los estudiantes de Tu ley y de Tu paz, sino aquellos que se dedican a insensateces engañosas y escaramuzas de la ley, no compraran más de mi boca armas para su locura. Y afortunadamente, faltaban ya muy pocos días para las vacaciones de la vendimia, y resolví soportarlos, para luego despedirme como de costumbre, y no volver a venderme jamás, al haber sido ya comprado por Ti. Conocías entonces nuestro propósito, pero nadie más lo conocía, excepto nuestros propios amigos. Porque habíamos acordado no darlo a conocer a nadie; aunque a nosotros, que ascendíamos del valle de lágrimas y cantábamos ese cántico gradual, Tú nos habías dado agudas flechas y brasas destructoras contra la lengua engañosa, la cual nos obstaculiza al aconsejarnos, y que por amor nos devoraría, como hace con la carne que consume.

Habías atravesado nuestro corazón con Tu caridad y llevábamos Tus palabras clavadas en las entrañas. Y los ejemplos de Tus siervos, que llevaste de las tinieblas a la luz y de la muerte a la vida, amontonados en el seno de nuestros pensamientos, quemaban y consumían nuestro pesado letargo, para que no nos hundiéramos en el abismo; y nos inflamaban con tal vehemencia que las lenguas engañosas no podían apagarnos con sus ráfagas de refutación, al contrario, nos encendían más. Sin embargo, como por causa de Tu nombre, que has santificado en toda la tierra, este nuestro voto y propósito podría encontrar también algunos que lo alabasen, me pareció que sería una ostentación dejar anticipadamente una profesión pública, que estaba a la vista de todos, y no esperar a las vacaciones ya tan cercanas; pues todos, al ver esta acción mía tan cercana del momento de la vendimia, hablarían mucho de mí, como si hubiera querido aparentar ser un gran personaje. Y de qué me servía que la gente opinara y discutiera sobre mi propósito, y se vituperara nuestro bien.

Además, al principio me había preocupado que ese verano mis pulmones comenzaron a debilitarse, en medio de un excesivo trabajo literario. Respirar profundo me era difícil, y el dolor de mi pecho indicaba que había una lesión. Esto me impedía hacer un uso pleno y prolongado de la voz; y era motivo de preocupación pues casi me obligaba a dejar la carga del magisterio, al menos por un tiempo, si es que podía curarme y recuperarme. Sin embargo, cuando surgió y se enraizó en mí el pleno deseo de ocio para ver que Tú eres el Señor, Dios mío, Tú lo sabes, comencé incluso a alegrarme de tener esta excusa secundaria, y no fingida, que pudiera aplacar el disgusto de quienes por sus hijos, deseaban que nunca tuviera la libertad de Tus hijos. Lleno, pues, de tanta alegría, soporté hasta que transcurrió ese tiempo; puede que fueran unos veinte días, pero los soporté con entereza. Y digo que los soporté porque la ambición que antes me ayudaba a llevar ese pesado oficio me había abandonado, y al quedarme solo me habría abrumado si la paciencia no hubiera ocupado su lugar. Tal vez algunos de Tus siervos, hermanos míos, digan que he pecado en esto, que con el corazón plenamente centrado en Tu servicio me permití sentarme en la silla de las mentiras, aunque solo fuera una hora más. No quiero discutir esto. Pero Tú, oh Señor misericordioso, ¿no has perdonado también este pecado, junto con mis otros pecados más horribles y mortales, en el agua bendita?

Verecundo se angustiaba por esta bienaventuranza nuestra, ya que al estar retenido por fuertes ataduras, veía que debía separarse de nosotros. Porque él mismo no era todavía cristiano, y su mujer era una de las fieles; y aun así, en ella estaba el principal obstáculo que le impedía el viaje que habíamos comenzado. Porque, según expresó, no quería ser cristiano de otra manera que no fuera aquella en la que no podía. Aun así, nos ofreció cortésmente quedarnos en su casa de campo mientras permaneciéramos allí. Tú, Señor, lo recompensarás en la resurrección de los justos, pues ya le has dado la suerte de los justos. Porque en nuestra ausencia, cuando estábamos ya en Roma, se vio afectado por una enfermedad corporal durante la cual se convirtió en cristiano y en uno de los fieles, y partió así de esta vida. Sin embargo, no solo tuviste misericordia de él, sino también de nosotros; no fuera a ser que cuando recordáramos la gran bondad de nuestro amigo, sin poder contarlo entre Tu rebaño, sufriéramos un dolor insoportable. Gracias a ti, Dios nuestro, somos Tuyos. Tus exhortaciones y consuelos nos dicen que, fiel en las promesas, retribuyes a Verecundo por su casa de campo de Casiciaco, donde reposamos en Ti lejos de la fiebre del mundo, con la eterna frescura de Tu paraíso; porque le has perdonado sus pecados en la tierra, en ese rico monte, ese monte que da leche, Tu propio monte.

Entonces Verecundo se angustió en aquel momento, pero Nebridio se alegraba. Porque, aunque sin ser todavía cristiano, también había caído en el pozo de ese error tan pernicioso: creer que la carne de Tu Hijo era un fantasma; pero salió de allí y creyó como nosotros. No había recibido todavía ningún sacramento de Tu iglesia, pero sí era un ferviente buscador de la verdad. No mucho después de nuestra conversión y regeneración por Tu bautismo, cuando ya Nebridio era también miembro fiel de la Iglesia católica, y te había servido en perfecta castidad y continencia entre su pueblo en África, y luego de que toda su casa se hubiera cristianizado por medio de él, lo liberaste de la carne; y ahora vive en el seno de Abraham. Independientemente de lo que signifique ese seno, allí vive mi querido Nebridio, mi dulce amigo, y Tu hijo, oh Señor, a quien adoptaste como un hombre liberado, allí vive. Porque, ¿qué otro lugar hay para un alma así? Allí vive, en el lugar del que me hacía muchas preguntas, a mí, un pobre inexperto. Ahora no pone su oído en mi boca, sino su boca espiritual en Tu fuente, y bebe cuanto puede recibir de la sabiduría en proporción a su sed, infinitamente feliz. Y no creo que esté tan embriagado como para olvidarse de mí, pues Tú, Señor, de quien él bebe, te acuerdas de nosotros. Así que consolábamos a Verecundo, que se apenaba, sin que se afectara la amistad, de que nuestra conversión fuera de ese tipo; y lo exhortábamos a que se hiciera fiel, según su medida, es decir, en su condición de hombre casado; y por otro lado esperábamos que Nebridio nos siguiera, lo estaba a punto de hacer. Con esto transcurrieron largamente aquellos días; pues largos y numerosos me parecieron, por el amor que le tenía a la cómoda libertad, para cantarte, desde lo más profundo de mi ser: A Ti habló mi corazón: He buscado «diligentemente tu rostro, y te he hallado» (Prov. 7:15).

Y llegó el día en que me vi libre de mi cátedra de retórica, de la que ya me había liberado en el pensamiento. Y así fue. Tú rescataste mi lengua, de donde antes habías rescatado mi corazón. Y te bendije, y regocijado me retiré con todos los míos a la villa. De lo que allí hice en el terreno de las letras, donde ya estaba a Tu servicio, aunque todavía mostraba la influencia de la escuela de la soberbia, mis libros pueden dar testimonio, y también lo que debatí con otros y conmigo mismo ante Ti. De lo que debatí con Nebridio, que estaba ausente, dan testimonio mis epístolas. ¿Y cuándo tendré tiempo de relatar todos los grandes beneficios que nos proporcionaste en aquel tiempo, sobre todo cuando me apresuro a tener aún mayores misericordias? Porque los recuerdos vienen a mi mente y me es agradable confesarte, oh Señor, con qué estímulos internos me domaste; y cómo me allanaste al aplanar los montes y los collados de mis elevadas imaginaciones, y enderezaste mis torceduras y limaste mis asperezas; y cómo también sometiste al hermano de mi corazón, Alipio, al nombre de Tu unigénito, nuestro Señor y Salvador Jesucristo, nombre que al principio no quiso introducir en nuestros escritos. Pues más bien quería que tuvieran el sabor de los altos cedros de las escuelas, que el Señor ya ha derribado, que el de las saludables hierbas de la iglesia, el antídoto contra las serpientes.

¡Oh, con qué palabras te hablé, Dios mío, cuando leí los salmos de David, esos cánticos fieles, sonidos de devoción que no permiten un espíritu vanidoso, todavía como catecúmeno, novicio en Tu verdadero amor, de descanso en aquella villa junto a Alipio, también catecúmeno, y mi madre, con su apariencia de mujer y su fe de varón, con la tranquilidad de la edad y el amor maternal, con su piedad cristiana! ¡Oh, qué palabras te dirigí en esos salmos, y cómo me enardecí con ellos hacia Ti, y deseaba ardientemente recitarlos, si fuera posible a través del mundo entero, contra la soberbia de la humanidad! Y, con todo, se cantan por todo el mundo, sin que nadie pueda esconderse de Tu calor. ¡Con qué vehemente y amarga pena me enfurecí contra los maniqueos! Y a la vez me compadecí de ellos, porque no conocían esos sacramentos, esas medicinas, y rechazaban enojados el antídoto que podría haberlos recuperado de su locura. Quisiera que hubieran estado entonces en un lugar próximo, y sin que yo lo supiera, hubieran podido contemplar mi semblante, y oír mis palabras, cuando leí el cuarto salmo en aquel momento de descanso, y el efecto que tuvo en mí: «Respóndeme cuando clamo, oh Dios de mi justicia. Cuando estaba en angustia, tú me hiciste ensanchar; ten misericordia de mí, y oye mi oración» (Sal. 4:1). Ojalá que hubieran oído mis palabras, sin saberlo yo, para que no pensaran que hablé por ellos. Porque, en verdad, no hubiera expresado las mismas cosas, ni de la misma manera, si hubiera sabido que me oían y me veían. Y si se las dijera a ellos, no las interpretarían como los sentimientos naturales de mi alma, como cuando hablé por y para mí mismo delante de Ti.

Me estremecí de temor, y de nuevo me enardecí de esperanza y de gozo en Tu misericordia, oh Padre; y todas estas cosas las expresaba con mis ojos y mi voz, cuando Tu Espíritu bueno se dirigió a nosotros: «Hijos de los hombres, ¿hasta cuándo volveréis mi honra en infamia, Amaréis la vanidad, y buscaréis la mentira?» (Sal. 4:2). Porque yo había amado la vanidad, y buscado la mentira. Y Tú, Señor, ya habías engrandecido a Tu Santo, resucitándolo de los muertos y sentándolo a Tu diestra, donde desde lo alto debía enviar Su promesa, el Consolador, el Espíritu de verdad. Y ya lo había enviado, pero yo lo desconocía; lo había enviado, porque ya estaba engrandecido, al resucitar de entre los muertos y ascender al cielo. Pues hasta entonces «no había venido el Espíritu Santo, porque Jesús no había sido aún glorificado» (Juan 7:39). Y el profeta clama: «¿Hasta cuándo, lentos de corazón? ¿Por qué aman la vanidad, y buscan la mentira? Sepan que el Señor ha engrandecido a Su Santo». Clama: «¿Hasta cuándo?». Y clama: «Sepan». Y yo, sin saberlo, amé la vanidad y busqué la mentira; y por eso oí y temí, pues aquello iba dirigido a personas como la que yo había sido. Porque en aquellos fantasmas que yo tuve por verdades, había vanidad y mentira; y en la amargura de mi recuerdo expresé en voz alta muchas cosas con sinceridad y fuerza. ¡Ojalá las hubieran escuchado quienes aún aman la vanidad y buscan la mentira! Tal vez se habrían inquietado y la habrían vomitado;

y Tú los escucharías cuando clamaran a Ti; porque con la verdadera muerte de la carne murió por nosotros quien ahora intercede ante Ti por nosotros.

Leí además: «Airaos, pero no pequéis» (Ef. 4:26). ¡Y cuanto me conmoví, oh Dios mío, yo que había aprendido a enojarme conmigo mismo por las cosas pasadas, para no pecar en el tiempo venidero! Sí, a estar justamente enojado; porque no era una naturaleza ajena, de un pueblo de las tinieblas, la que pecaba por mí, como dicen los que no se enojan consigo mismos, y atesoran ira para el día de la ira y de la revelación del justo juicio de Dios. Y mis bienes no eran ya exteriores, ni los buscaban con los ojos de la carne bajo aquel sol terrenal; porque los que quieren tener gozo exterior, pronto se envanecen, y se desgastan en las cosas que se ven y son temporales, y en sus famélicos pensamientos lamen sus propias sombras. Si se cansaran de su hambre y dijeran: ¿Quién nos mostrará el bien? Y nosotros dijéramos, y ellos oyeran: La luz de Tu rostro está sobre nosotros. Porque no somos esa luz que alumbra a todo hombre, sino que Tú nos iluminas; para que los que fuimos tinieblas, seamos luz en Ti. Si pudieran ver el Bien eterno, que ya había probado y me apenaba no poder mostrárselo, siempre que trajeran su corazón en sus ojos lejos de Ti, y dijeran: «¿Quién nos mostrará el bien?». Porque allí dentro, donde yo me había airado, en mi habitación, donde había sentido la compunción, donde había hecho el sacrificio de inmolar mi viejo ser para comenzar una nueva vida y esperar en Ti, allí habías comenzado a endulzarme, y habías dado alegría a mi corazón. Y clamaba al leer esto exteriormente y encontrarlo en mi interior. No deseaba ya multiplicar los bienes mundanos, ni perder el tiempo, ni que el tiempo me consumiera a mí; mientras que en Tu eterna esencia simple tenía otro grano y otro mosto.

Y clamé en el siguiente versículo con un fuerte grito de mi corazón: En paz me acostaré, y asimismo dormiré. Porque ¿quién nos impedirá, cuando se cumpla aquello que está escrito: «Sorbida es la muerte en victoria» (1 Cor. 15:54)? Y Tú eres el mismo, que no cambia; y en Ti está el reposo que olvida todas las fatigas, porque no hay otro contigo, ni hemos de buscar esas otras muchas cosas, que no son lo que Tú eres; pero solo Tú, Señor, me haces vivir confiado. Leí, y me enardecí; y no hallaba qué hacer con aquellos sordos y muertos a los que había pertenecido, como un individuo inmundo, amargado y ciego que vociferaba contra esos escritos honrados con la miel del cielo, y luminosos con Tu propia luz; y me consumí de celo contra los enemigos de la Escritura.

¿Cuándo recordaré todo lo que pasó en esos días de retiro? No obstante, no he olvidado, ni pasaré por alto la severidad de Tu azote, ni la maravillosa rapidez de Tu misericordia. Entonces me atormentaste con un dolor de muelas; que cuando se agravó a tal punto que no podía hablar, nació en mi corazón el deseo de que todos mis amigos presentes oraran en mi nombre, a Ti el Dios de toda salud. Y esto lo escribí en cera, y se lo di a leer a mis amigos. Al instante, tan pronto como hincamos nuestras rodillas con humilde devoción, el dolor desapareció. Sin embargo, ¿qué fue aquel dolor? ¿Y cómo desapareció? Me asusté, Señor mío, Dios mío, pues nunca había experimentado cosa semejante desde la infancia. Y el poder de Tu asentimiento penetró profundamente en mí, y gozoso en la fe, alabé Tu nombre. Y esa fe me hizo no estar tranquilo por mis pecados pasados, de los cuales no había recibido el perdón por medio de Tu bautismo.

Terminadas las vacaciones de la vendimia, di aviso a los milaneses para que buscaran otro maestro que les vendiera palabras a sus alumnos. Les expliqué que había decidido servirte y que mis dificultades respiratorias y dolores en el pecho me impedían estar a la altura de la cátedra. Y por medio de cartas le hablé a Tu prelado, el santo varón Ambrosio, de mis errores anteriores y mis deseos actuales, y le rogué que me aconsejara qué era lo más recomendable que debía leer de Tus libros, y así prepararme y disponerme mejor para recibir tan grande gracia. Me recomendó al profeta Isaías, creo que porque él, por encima de los demás, anunciaba más claramente el evangelio y el llamado a los gentiles. Sin embargo, al no entenderlo en la primera lectura, y como imaginaba que el resto sería igual, lo dejé de lado, para retomarlo cuando tuviera más práctica en las propias palabras de nuestro Señor.

Entonces, cuando llegó el momento en que debía dar mi nombre, dejamos el campo y volvimos a Milán. Alipio también quiso renacer en Ti conmigo, revestido ya de la humildad propia de Tus sacramentos; y como era un valentísimo domador de su cuerpo, con inusitada audacia caminó sobre el suelo helado de Italia con sus pies descalzos. También fue con nosotros el niño Adeodato, nacido según la carne, de mi pecado. Tú habías hecho que fuera excelente, pues no llegaba a los quince años y en ingenio superaba a muchos hombres respetados y eruditos. Te confieso Tus dones, Señor, Dios mío, Creador de todo y capaz de reformar nuestras deformidades, porque yo no tuve parte en ese niño, sino el pecado. Pues que lo educamos en Tu disciplina, fuiste Tú, y nadie más, quien nos la inspiró. Te confieso Tus dones. Hay un libro nuestro titulado *El maestro*; es un diálogo entre él y yo. Sabes que todo lo que se le atribuye allí a la persona que conversa conmigo son sus ideas, en su decimosexto año. Muchas otras cosas aún más admirables encontré en él. Ese talento me causó asombro. ¿Y quién sino Tú podrías ser el artífice de tales maravillas? Pronto apartaste su vida de la tierra, y ahora lo recuerdo sin ansiedad, sin temer nada por su niñez ni su juventud, ni por todo su ser. Lo unimos a nosotros como nuestro coetáneo en la gracia, para que se educara en Tu disciplina. Así recibimos el bautismo, y la ansiedad por nuestra vida pasada desapareció. Y no me cansaba en aquellos días de considerar con maravillosa dulzura la profundidad de Tu plan para la salvación de la humanidad. ¡Cuánto lloré con Tus himnos y Tus cánticos, conmovido por las voces melodiosas de Tu dulce iglesia! Aquellas voces penetraban en mis oídos y la verdad surgía en mi corazón, desde donde se desbordaban los sentimientos de mi devoción, y corrían mis lágrimas y era yo feliz así.

No hacía mucho tiempo que la iglesia de Milán había comenzado a utilizar este tipo de consuelo y exhortación, al que los hermanos se unían fervorosamente con armonía de voces y corazones. Pues hacía un año, o poco más, que Justina, la madre del emperador Valentiniano, todavía un niño, perseguía a Tu siervo Ambrosio a causa de la herejía arriana en la que ella había caído. El pueblo devoto velaba en la iglesia, dispuesto a morir con su obispo, Tu siervo. Allí mi madre, Tu sierva, que tenía un rol protagónico en esas ansias y vigilias, vivía para la oración. Nosotros, aún fríos sin el calor de Tu Espíritu, también nos conmovíamos al ver la ciudad consternada e intranquila. Entonces se instituyó por primera vez que se cantaran himnos y salmos, a la manera de las iglesias orientales, para que el pueblo no desfalleciera por el tedio de la tristeza; y desde entonces hasta hoy se ha mantenido la costumbre, y varias de Tus congregaciones (sí, casi todas) en otras partes del mundo la siguen.

Entonces, por medio de una visión, le mostraste a Tu obispo Ambrosio dónde yacían escondidos los cuerpos de los mártires Gervasio y Protasio (que habías guardado en Tu tesoro secreto sin corromper durante tantos años), a fin de sacarlos oportunamente para reprimir la furia de una mujer, que a la vez era emperatriz. Ocurrió entonces que luego de descubrirlos y desenterrarlos, cuando se trasladaban con el debido honor a la basílica ambrosiana, no solo se curaron los que estaban acosados por espíritus inmundos (tras la confesión de los mismos demonios), sino que cierto hombre que había sido ciego durante muchos años, un ciudadano bien conocido en la ciudad, tras conocer la causa de la descontrolada alegría de la gente, pidió a su lazarillo que lo condujera a ese lugar.

Una vez allí, suplicó que se le permitiera tocar con su pañuelo el féretro de Tus santos, cuya muerte es preciosa ante Tus ojos. Luego de hacerlo, colocó el pañuelo sobre sus ojos y estos se abrieron inmediatamente. Desde entonces se extendió la fama del suceso, y al instante brillaron Tus alabanzas, y la mente de aquella enemiga, aunque no se volvió a la solidez de la creencia, se apartó de su furia persecutoria. Gracias a Ti, oh Dios mío. ¿De dónde y hacia dónde has guiado mi memoria, para que te confiese también estas cosas, que, por grandes que sean, había pasado por alto y tenía en el olvido? Y sin embargo, cuando el olor de tus ungüentos era tan fragante, no corrimos en pos de Ti. Por eso lloré más entre los cánticos de Tus himnos, antes suspiraba en pos de Ti, y finalmente respiraba en Ti, tanto como puede entrar el aliento en esta nuestra casa de heno.

Tú, que haces que hombres con un mismo espíritu habiten en una misma casa, también hiciste que se nos uniera Evodio, un joven de nuestra ciudad. Era funcionario de la corte, y se convirtió antes que nosotros a Ti y se bautizó; así dejó su guerra secular para unirse a la Tuya. Estábamos juntos, a punto de habitar juntos en nuestro santo propósito. Buscamos dónde podríamos servirte mejor, y volvíamos juntos a África. Hacia allí íbamos y habíamos llegado a Ostia cuando mi madre partió de esta vida. Mucho omito, pues me apresuro mucho. Recibe mis confesiones y agradecimientos, oh Dios mío, por innumerables cosas de las que guardo silencio. Aunque no omitiré todo lo que mi alma quiere contar sobre esa Tu sierva, que me dio a luz, tanto en la carne, para que naciera a esta luz temporal, como en el corazón, para que naciera a la luz eterna. No hablaré de sus dones, sino de los Tuyos en ella, pues ni ella se hizo ni se educó a sí misma. Tú la creaste; ni sus padres sabían qué clase de persona saldría de ellos. Y la educó en Tu temor la vara de Tu Cristo, la disciplina de Tu hijo unigénito, en una casa cristiana de buenos miembros de Tu iglesia. Sin embargo, ella atribuía su buena disciplina no tanto a la diligencia de su madre, como a la de cierta criada anciana que había cargado a su padre cuando niño, como era habitual que se llevaran los pequeños a la espalda de las niñas mayores. Por eso, y por su avanzada edad y excelente conducta, era ella muy respetada por sus señores en aquella familia cristiana. De ahí que también se le confiara el cuidado de las hijas de su amo, a las que prestó diligente atención; y cuando era necesario refrenarlas lo hacía con una santa severidad, y las enseñaba con seriedad y buen juicio. Porque, excepto en las horas en que se alimentaban con gran moderación en la mesa de sus padres, no les permitía beber ni siquiera agua, aunque estuvieran muertas de sed; así evitaba una mala costumbre. También añadía este saludable consejo: «Ahora beben agua porque no tienen acceso al vino; pero cuando se casen y sean dueñas de las bodegas y las alacenas, despreciarán el agua, pero la costumbre de beber permanecerá». Con este método de instrucción, y la autoridad que tenía, refrenó la avidez de la infancia y fue moldeando la misma sed de las niñas para lograr una moderación tan excelente que lo que no debían, no lo querían.

Y aun así (según me contó Tu sierva, a mí, su hijo) se había apoderado de ella el amor al vino. Porque, al ser una muchacha sobria, sus padres le ordenaban, según es costumbre, ir por vino a la cuba. Allí, luego de sumergir la copa por la abertura y antes de verter el vino en la jarra, sorbía un poco con la punta de los labios; porque sus sentimientos instintivos se negaban a beber más. Porque esto no lo hizo por el deseo de beber, sino por la exuberancia de la juventud que se desborda en alegres desvaríos y que la autoridad de los mayores suele controlar en los espíritus juveniles. Y así, al incrementar poco a poco esa cantidad (porque el que desprecia las cosas pequeñas, poco a poco caerá), había caído en tal hábito que bebía con avidez su copita llena casi hasta el borde de vino. ¿Dónde estaba, pues, aquella prudente anciana, y su severa prohibición? ¿Serviría de algo contra una enfermedad oculta, si Tu mano sanadora, oh Señor, no velara por nosotros? Cuando sus padres y las demás personas a cargo de su cuidado estaban ausentes, Tú estabas presente, Tú que nos creaste, que nos llamas y que también obras para la salvación de nuestras almas por medio de nuestros mayores. ¿Qué hiciste entonces, oh Dios mío? ¿Cómo la curaste? ¿Cómo la sanaste? ¿Acaso no hiciste surgir de otra alma un insulto duro y cortante, como una lanceta de Tu almacén secreto, y con un solo tajo eliminaste toda esa materia inmunda? Porque una criada con la que solía ir a la bodega, al discutir con su pequeña ama (como suele suceder) cuando estaban a solas, se burló de esta falta con el más amargo insulto y la llamó borracha. Ella se sintió herida con esta burla, vio la inmundicia de su falta y al instante la condenó y la abandonó. Así como los amigos aduladores nos pervierten, de igual modo los enemigos que nos reprueban suelen corregirnos. Y Tú no los recompensas por lo que hiciste a través de ellos, sino por sus intenciones al hacerlo. Porque aquella criada, en su enojo, buscó vejar a su joven ama, no enmendarla; y lo hizo en privado, ya sea porque la disputa tuvo lugar en ese momento o para no tener problemas por haberlo dicho tan tarde. Pero Tú, Señor, gobernador de todo lo que hay en el cielo y en la tierra, que usas para Tus propósitos las corrientes más profundas y la turbulencia de la marea de los tiempos, hiciste que la misma insalubridad de un alma sanara a otra; no sea que alguien, al observar que su palabra corrige a otra persona, lo atribuya a su propio poder.

Educada así con virtud y sobriedad, y más sometida por Ti a sus padres que por sus padres sometida a Ti, tan pronto como llegó a la edad de casarse fue entregada a un marido, al cual sirvió como su señor; y se esforzó por ganarlo para Ti y le predicó con su conducta; por lo cual Tú la adornaste y la hiciste respetuosamente amable, y admirable para su marido. Y soportó de tal manera el agravio de su lecho que nunca tuvo ninguna disputa con su marido por eso. Porque esperaba Tu misericordia para él, para que al creer en Ti, se volviera casto. Además, él era impetuoso, tanto en sus afectos como en la ira; pero ella había aprendido a no oponérsele cuando estaba enojado, no solo con acciones, sino ni siquiera con palabras. Solo cuando estaba calmado y tranquilo, de buen ánimo para escucharla, ella le explicaba sus acciones, si acaso él se había enfadado más de lo justo. En resumen, mientras que muchas mujeres casadas con hombres más tranquilos, que aún así llevaban en sus rostros marcas de violencia, recriminaban en sus charlas la conducta de sus maridos, ella culpaba a sus lenguas, y como en broma, les daba un consejo sincero: «Que desde el momento en que les leyeran las escrituras matrimoniales, las consideraran como contratos por los que se habían convertido en siervas; y así, al recordar su condición, no debían ponerse en contra de sus señores». Y cuando ellas, que conocían el marido colérico que soportaba, se asombraban de que nunca se hubiera oído ni evidenciado de alguna forma que Patricio hubiera golpeado a su mujer, ni que hubiera habido alguna diferencia doméstica entre ellos, ni siquiera por un día, y le preguntaban confidencialmente el motivo, ella les explicaba su comportamiento antes mencionado. Las esposas que escuchaban su consejo obtenían buenos resultados y le daban las gracias; las que no lo hacían, no encontraban alivio y sufrían.

Su suegra al principio se molestó con ella por las murmuraciones de malas siervas, pero ella también la conquistó con sus atenciones, al perseverar en la tolerancia y la mansedumbre. Tanto fue así que por su propia iniciativa comunicó a su hijo quienes eran las lenguas entrometidas que habían perturbado la paz doméstica entre ella y su nuera, y le pidió que las corrigiera. Luego, cuando él, para complacer a su madre y para el buen orden de la familia, hubo corregido con azotes a las acusadas a voluntad de la acusadora, ella prometió la misma recompensa a cualquiera que, para complacerla, le hablara mal de su nuera; y como nadie más se atrevió, vivieron juntas con gran cordialidad y mutua benevolencia.

También le habías concedido otro gran don, oh Dios mío, misericordia mía, a esa buena sierva tuya, en cuyo vientre me creaste. Pues, cada vez que podía, se mostraba tan conciliadora entre partes en desacuerdo, que aunque escuchara de ambas las cosas más amargas, como las que suelen decirse debido a la cólera, cuando la crudeza de la enemistad contra un enemigo ausente se expresa con duras palabras a un amigo presente, nunca revelaba en grado alguno lo negativo que uno había dicho del otro, sino solamente lo que podía ayudar a la reconciliación. Poca cosa me habría parecido esto, si no conociera, para mi dolor, a innumerables personas que por algún horrible y extendido contagio de pecados no solo revelan a otras, mutuamente enojadas, cosas dichas en medio de la ira, sino que también añaden palabras nunca expresadas; cuando, por el contrario, a una persona con humanidad le debería parecer poco limitarse a no fomentar las enemistades, sino que debería proponerse aplacarlas con buenas palabras. Así era ella, porque Tú, su maestro interior, le enseñabas en la escuela del corazón.

Por último, también ganó para Ti a su marido hacia el fin de su vida terrenal; y de él, ya como creyente, no tuvo que lamentar las cosas que antes había soportado. También fue la sierva de Tus siervos; todos los que la conocían, te alababan, te honraban y te amaban mucho en ella, pues por el testimonio de los frutos de una conducta santa percibían Tu presencia en su corazón. Porque había sido esposa de un solo marido, había recompensado a sus padres, había gobernado su casa piadosamente, era bien conocida por sus buenas obras, había criado a sus hijos, y muchas veces había vuelto a sufrir dolores de parto por ellos, pues los veía desviarse de Ti. Por último, de todos nosotros, Tus siervos, oh Señor (a los que por Tu propio don permites hablar), que antes de que ella durmiera en Ti vivíamos unidos y habíamos recibido la gracia de Tu bautismo, de todos nosotros cuidó. Nos cuidó tanto como si hubiera sido nuestra madre, y nos sirvió tanto como si hubiera sido hija de todos nosotros.

Al acercarse el día en que ella debía partir de esta vida (día que Tú bien sabías, nosotros no), se dio la ocasión (a instancias Tuyas, según Tus secretos caminos, así lo creo) que ella y yo nos quedamos solos, asomados a cierta ventana que daba al jardín de la casa donde permanecíamos, en Ostia. Allí, alejados del bullicio, nos recuperábamos de las fatigas de un largo viaje para comenzar la travesía. Hablábamos entonces a solas, muy dulcemente; y nos olvidábamos de lo que quedaba atrás, y nos extendíamos a lo que estaba delante, y así nos preguntábamos en presencia de la verdad, que eres Tú, cómo sería la vida eterna de los santos, que el ojo no ha visto, ni el oído ha oído, ni ha entrado en el corazón humano. Jadeábamos con la boca de nuestro corazón en pos de esos arroyos celestiales de Tu fuente, la fuente de la vida, que está contigo; para que al recibir desde allí sus salpicaduras según nuestra capacidad, pudiéramos meditar en cierto modo sobre tan profundo misterio.

Y cuando nuestra charla llegó a la conclusión de que el más grande deleite de los sentidos terrenales, en la más pura luz material, no solo no era digno de comparación con la dulzura de esa vida, sino ni siquiera de mención, nos elevamos con un afecto más fervoroso hacia el «Mismísimo», pasamos gradualmente a través de todas las cosas corpóreas, incluso el mismo cielo desde donde el sol, la luna y las estrellas brillan sobre la tierra; sí, nos elevamos aún más, por la meditación interior, las palabras y la admiración de Tus obras; y llegamos a nuestras propias mentes, y fuimos más allá de ellas, para poder llegar a esa región de abundancia inagotable, donde Tú alimentas a Israel para siempre con el alimento de la verdad, y donde la vida es la Sabiduría por quien todas estas cosas fueron hechas, y lo que ha sido, y lo que será, y ella no es hecha, sino que es, como ha sido, y así será por siempre; más bien, «haber sido» y «ser de aquí en adelante» no están en ella, sino solo «ser», pues es eterna. Porque el «haber sido» y el «ser de aquí en adelante» no son eternos. Y mientras discurríamos y jadeábamos tras ella, llegamos a tocarla ligeramente con todo el esfuerzo de nuestro corazón; y suspiramos, y allí dejamos atadas las primicias del Espíritu; y volvimos a la expresión de nuestra boca, donde la palabra pronunciada tiene principio y fin. ¿Y qué es semejante a Tu Palabra, Señor nuestro, que perdura en sí misma sin envejecer, y hace nuevas todas las cosas?

Decíamos entonces: «Si a alguien se le acallara el tumulto de la carne, se le acallaran las imágenes de la tierra, de las aguas y del aire, se le acallaran también los cielos, si el alma misma se acallara a sí misma, y al no pensar en sí se trascendiera a sí misma, si se acallaran todos los sueños y las revelaciones imaginarias, toda lengua y toda señal, y todas las cosas que existen solo en transición, ya que si alguien pudiera oír, todas dicen: "No nos hicimos a nosotras mismas, sino que nos hizo el que permanece para siempre"; si entonces, luego de expresar esto también se callaran, habiendo aguzado nuestros oídos solo hacia Aquel que las hizo, y solo Él hablara, no por ellas sino por Sí mismo, para que pudiéramos oír su Palabra, no a través de ninguna lengua humana, ni voz de ángel, ni sonido de trueno, ni en el oscuro enigma de una alegoría, sino que pudiéramos oír a Quien en estas cosas amamos, pudiéramos oír Su mismo ser sin estas cosas (como ahora nos esforzamos nosotros dos, y en rápido pensamiento tocamos esa Sabiduría eterna que permanece sobre todas las cosas); ¿podría esto continuar, y apartarse otras visiones de tipo muy diferente, y esta embelesar, absorber y envolver a su espectador en medio de estas alegrías interiores, de modo que la vida podría ser eterna como ese momento de entendimiento por el que ahora suspiramos? ¿Acaso no es esto entrar en el gozo de Tu señor? ¿Y cuándo ocurrirá eso? ¿Acaso cuando todos resucitemos, aunque no todos seamos cambiados?».

Así hablaba yo, y aunque no fuera de esta misma manera, ni con estas mismas palabras, aun así, Señor, Tú sabes que el día que hablábamos de estas cosas (y mientras lo hacíamos, este mundo con todos sus deleites se volvía despreciable para nosotros) mi madre expresó: «Hijo, por mi parte no tengo más deleite en nada de esta vida. Lo que hago aquí ya, y para qué estoy aquí, no lo sé, ahora que mis esperanzas en este mundo se han cumplido. Había una cosa por la que deseaba quedarme un tiempo más, para poder verte cristiano católico antes de morir. Mi Dios me ha concedido esto abundantemente, pues ahora te veo despreciar la felicidad terrenal, convertido en Su siervo. ¿Qué hago entonces aquí?».

No recuerdo qué respuesta le di a sus palabras. Apenas cinco días después, o no mucho más, cayó enferma de fiebre; y en medio de esa enfermedad un día sufrió un desvanecimiento y quedó privada de los sentidos por un rato. Acudimos inmediatamente a su lado, pero pronto recobró el sentido. Entonces nos miró, a mí y a mi hermano, que estábamos junto a ella, y preguntó: «¿Dónde estaba?». Después, al vernos consternados por la tristeza añadió: «Aquí enterrarán a su madre». Guardé silencio y me abstuve de llorar; pero mi hermano manifestó algo sobre que deseaba para ella, como mejor suerte, que no muriera en un lugar extraño, sino en su propia tierra. Entonces, con expresión ansiosa, ella lo reprendió con la mirada por pensar de ese modo, y luego se dirigió a mí: «¿Escuchaste a tu hermano?». Y poco después nos dijo a los dos: «Pongan este cuerpo en cualquier parte; que su cuidado no los inquiete en absoluto. Solo pido esto, que se acuerden de mí ante el altar del Señor, dondequiera que estén». Después de expresar este sentimiento con las palabras que pudo, calló, agobiada por su creciente enfermedad.

No obstante, al considerar los dones que Tú, Dios invisible, infundes en los corazones de Tus fieles, de donde brotan frutos maravillosos, me alegré y te di las gracias al recordar lo que antes sabía, cuanta preocupación había siempre mostrado respecto a su lugar de sepultura, que había previsto y preparado para sí junto al cuerpo de su marido. Porque como habían vivido juntos en gran armonía, ella también deseaba (tan poco puede la mente humana abarcar las cosas divinas) tener esta adición a esa felicidad, y que la gente recordara que después de su peregrinaje más allá de los mares, se le había concedido que los restos de esta pareja unida se unieran bajo la misma tierra.

Sin embargo, cuándo fue que este vacío comenzó a desaparecer de su corazón, por la plenitud de Tu bondad, no lo supe, y me regocijé al escuchar lo que ella me había revelado. Aunque, ciertamente, en aquella conversación nuestra junto a la ventana, cuando ella manifestó: «¿Qué hago entonces aquí?», no parecía desear morir en su propio país. También supe después, que ya en Ostia, ella, con la confianza de una madre, cuando yo estaba ausente, discurrió un día con algunos de mis amigos sobre el desprecio de esta vida y la bendición de la muerte; y cuando ellos se asombraron de tal valor en una mujer, valor que Tú le habías dado, y le preguntaron si no temía dejar su cuerpo tan lejos de su ciudad, ella respondió: «Nada hay lejos para Dios; ni hay que temer que en el fin del mundo no reconozca el lugar de dónde resucitarme». Entonces, al noveno día de su enfermedad, a los 56 años de su vida y a los 33 de la mía, aquella alma religiosa y santa fue liberada del cuerpo.

Cerré sus ojos, y con ello mi corazón se inundó de una gran pena que se desbordó en lágrimas; y al mismo tiempo mis ojos, por una tajante orden de mi mente, dejaron su fuente totalmente seca; ¡ay de mí en tal lucha! Cuando exhaló su último aliento, el niño Adeodato prorrumpió en un fuerte llanto; pero luego, reprimido por todos nosotros, guardó silencio. De la misma manera, controlé y silencié en mí un sentimiento infantil que a través de la voz juvenil de mi corazón buscaba desahogarse en el llanto. Porque nos pareció que no era conveniente solemnizar aquel funeral con lamentos y gemidos; porque así se expresa en la mayoría de los casos el dolor por el difunto, como si fuera infeliz o estuviera totalmente muerto; mientras que ella no fue infeliz en su muerte, ni estaba totalmente muerta. De eso estábamos seguros tanto por el testimonio de sus buenas costumbres como por su fe no fingida. ¿Qué era entonces lo que me dolía por dentro, sino la herida causada por la repentina ruptura de aquella dulcísima y querida costumbre de vivir juntos? Ciertamente me alegré de su testimonio cuando durante su última enfermedad mezcló sus expresiones de cariño con mis actos de deber y me llamó piadoso, y mencionó, con gran afecto, que nunca había oído de mi boca ninguna palabra áspera ni reprobatoria contra ella. Sin embargo, oh Dios mío, que nos has hecho, ¿qué comparación hay entre mi comportamiento hacia ella y su esclavitud por mí? Al perder tan gran consuelo en ella, mi alma quedó herida, y se desgarró mi vida como si la suya y la mía hubieran sido una sola.

Cuando Adeodato hubo calmado su llanto, Evodio tomó el salterio y comenzó a cantar un salmo, y toda nuestra casa le respondía: «A ti, Señor, te cantaré misericordia y juicio». Al oír lo que hacíamos, se reunieron muchos hermanos y mujeres religiosas; y mientras ellos (que se encargaban de eso) preparaban el entierro, como es la costumbre, yo (en una parte de la casa donde podía hacerlo), junto con los que no creían conveniente dejarme, discurrí sobre asuntos adecuados al momento; y con ese bálsamo de la verdad alivié aquel tormento, que Tú conocías pero ellos ignoraban. Y escucharon atentamente y pensaron que yo no sentía ninguna pena. Sin embargo, en Tus oídos, donde ninguno de ellos escuchaba, me enfrenté a la debilidad de mis sentimientos y contuve mi torrente de dolor, que cedió un poco pero volvió a surgir, como una marea, aunque no me hizo estallar en lágrimas, ni cambiar de semblante; aun así, yo sabía lo que acallaba en mi corazón. Y como me disgustaba mucho que estas cosas humanas tuvieran tal poder sobre mí, algo que debe necesariamente suceder según el devenir de nuestra condición, me afligí con una nueva pena por mi dolor, y me vi angustiado por una doble pena.

Y he aquí que llevamos el cadáver a la sepultura; fuimos y volvimos sin lágrimas. Pues ni en las oraciones que te dirigimos, cuando ofrecimos por ella el sacrificio de nuestra redención, cuando el cadáver estaba junto a la tumba, como es costumbre, antes de ser depositado en ella, ni siquiera durante esas oraciones lloré; pero estuve todo el día muy triste en secreto, y te rogué con la mente turbada, como pude, que sanaras mi dolor, pero no lo hiciste; y creo que mediante este ejemplo grabaste en mi memoria cuán fuerte es la atadura de todo hábito, incluso en un alma, que ya no se alimentaba de ninguna palabra engañosa. También me pareció bien ir a tomar un baño, pues había oído decir que el nombre del baño (*balneum*) provenía del griego *balaneion* porque aleja la tristeza de la mente. Y esto también lo confieso ante Tu misericordia, «Padre de huérfanos» (Sal. 68:5), que me bañé, y fui el mismo que antes de bañarme. Porque la amargura de la pena no podía salir de mi corazón. Luego me dormí y desperté, y en parte vi mitigado mi dolor; y mientras estaba solo en mi cama, recordé aquellos versos de Tu Ambrosio, tan llenos de verdad. Porque Tú eres el

«Hacedor de todo, el Señor,
Y Gobernante de la altura,
Quien, al vestir de luz el día,
Dulces sueños derrama sobre la noche,
Para que a nuestros miembros
Se les renueve la fuerza del trabajo,

Y se levanten los corazones que se hunden y se angustian,
Y se aplaquen las penas».

Y entonces, poco a poco, recuperé mis antiguos pensamientos sobre Tu sierva, su santo comportamiento hacia Ti, su santa ternura y observancia hacia nosotros, de las que me vi repentinamente privado; y me propuse llorar ante Ti, por ella y por mí, en su nombre y en el mío propio. Y dejé que corrieran libremente las lágrimas que antes había contenido. Mi corazón reposó en ellas y allí encontró descanso, pues mi corazón estaba en Tus oídos, no en los de los hombres, que habrían interpretado con desprecio mi llanto. Y ahora, Señor, te lo confieso por escrito. Que lo lea quien quiera, que lo interprete como quiera; y si encuentra pecado en que lloré a mi madre por una pequeña fracción de una hora (la madre que por entonces estaba muerta a mis ojos, y que durante muchos años lloró por mí para que yo viviera a Tus ojos), que no se burle de mí; sino más bien, si es de gran caridad, que llore él mismo por mis pecados ante Ti, Padre de todos los hermanos de Tu Cristo.

Sin embargo, ya con el corazón curado de esa herida, de la que podría parecer culpable por un sentimiento terrenal, derramo ante Ti, Dios nuestro, una clase muy diferente de lágrimas en favor de esa Tu sierva. Lágrimas que fluyen de un espíritu que se sacude al pensar en los peligros de toda alma que muere en Adán. Y aunque ella, vivificada en Cristo incluso antes de su liberación de la carne, había vivido por su fe y comportamiento para alabanza de Tu nombre; aun así, no me atrevo a decir que desde el momento en que la regeneraste por el bautismo, no saliera de su boca ninguna palabra contraria a Tu mandamiento. Tu Hijo, la Verdad, había dicho: «Cualquiera que le diga: Fatuo, quedará expuesto al infierno de fuego» (Mat. 5:22). Y ay de la vida encomiable de los seres humanos, si la examinaras dejando a un lado Tu misericordia. Sin embargo, como no eres extremista en la indagación de los pecados, esperamos confiadamente encontrar algún lugar contigo. En cambio, quien te cuenta sus verdaderos méritos, ¿qué te cuenta sino Tus propios dones? Ojalá que los seres humanos se conozcan a sí mismos como seres humanos; y el que se gloríe, que se gloríe en el Señor.

Por eso, oh alabanza mía y vida mía, Dios de mi corazón, dejo de lado por un momento sus buenas obras, por las que te doy gracias con regocijo, y te suplico ahora por los pecados de mi madre. Escúchame, te lo ruego, por la medicina de nuestras heridas, que colgó en el madero, y ahora se sienta a Tu diestra e intercede por nosotros. Sé que ella obró con misericordia, y de corazón perdonó las deudas a sus deudores; ¿perdonas Tú también sus deudas, cualesquiera que haya contraído en tantos años, después de recibir el agua de la salvación? Perdónala, Señor, perdónala, te lo ruego; no entres en juicio con ella. Que Tu misericordia triunfe sobre Tu juicio, ya que Tus palabras son verdaderas, y has prometido misericordia a los misericordiosos, que lo han sido porque Tú se lo has permitido, ya que tendrás misericordia del que Tú tengas misericordia, y te compadecerás del que Tú te compadezcas (Rom. 9:15).

Y creo que ya has hecho lo que te pido; pero acepta, Señor, los sacrificios voluntarios de mi boca. Porque ella, al acercarse el día de su partida, no pensó en que su cuerpo fuera envuelto suntuosamente, ni embalsamado con especias; ni deseó una tumba de su elección, ni ser enterrada en su propia tierra. No nos encomendó estas cosas, solo deseó que recordáramos su nombre ante Tu altar, al que había servido sin faltar un solo día; desde donde sabía que se ofrecía el santo sacrificio, con el que se anuló el acta de los decretos que había contra nosotros y se triunfó sobre el enemigo, que sumaba nuestras ofensas y buscaba de qué acusarnos pero no pudo encontrar nada en Aquel en quien somos vencedores. ¿Quién le devolverá Su sangre inocente? ¿Quién le devolverá el precio con el que nos compró, para apartarnos de Él? Al sacramento de nuestro rescate, Tu sierva unió su alma con el vínculo de la fe. Que nadie la aparte de Tu protección; que se no interpongan ni el león ni el dragón, ni por la fuerza ni por el engaño. Porque ella no declarará que nada debe, para que el astuto acusador no la condene ni la aprese; sino que responderá que sus pecados le son perdonados por Aquel a quien nadie puede devolverle el precio que pagó por nosotros, sin deber nada.

Que descanse entonces en paz con su marido, antes y después del cual nunca tuvo otro; al que obedeció, y con paciencia dio fruto para Ti, al ganarlo también para Ti. E inspira, Señor Dios mío, inspira a Tus siervos mis hermanos, a Tus hijos, mis señores, a quienes sirvo con la voz, el corazón y la pluma, para que cuantos lean estas *Confesiones*, recuerden en Tu altar a Mónica, Tu sierva, junto con Patricio, en otro tiempo su esposo, por cuyos cuerpos me trajiste a esta vida, de una forma que no conozco. Que con piadoso afecto recuerden a mis padres en esta luz transitoria, mis hermanos debajo de Ti, nuestro Padre, en nuestra madre la Iglesia católica, y mis conciudadanos en esa Jerusalén eterna por la que suspira Tu pueblo peregrino desde su salida hasta su regreso a ella. Para que por mis confesiones, más que por mis oraciones, la última petición de mi madre se cumpla más abundantemente en las oraciones de muchos.

Libro X

Al haber hablado en los libros anteriores de sí mismo antes de recibir la gracia del bautismo, en este Agustín confiesa lo que era entonces. Pero primero se pregunta mediante qué facultad podemos conocer a Dios; aquí se extiende sobre el carácter misterioso de la memoria en la que Dios, al ser conocido, habita, pero que no podía descubrirlo. Luego examina sus propias pruebas ante las tres tentaciones, «los deseos de la carne, los deseos de los ojos, y la vanagloria de la vida» (ver 1 Juan 2:16); lo que la previsión cristiana prescribe para cada una. Acerca de Cristo, el único mediador, que sana y sanará todas las enfermedades.

Haz que te conozca, Señor, Tú que me conoces; haz que te conozca, como te soy conocido. Fuerza de mi alma, entra en ella, y adáptala a Ti, para que la tengas y la conserves sin mancha ni arruga. Esta es mi esperanza, por eso hablo; y en esta esperanza me gozo, cuando mi gozo es sano. Las demás cosas de esta vida, cuanto menos hay que llorarlas, más se lloran; y cuanto más hay que lamentarlas, menos se lamentan las personas por ellas. He aquí que Tú amas la verdad, y el que practica la verdad viene a la luz. Eso quiero hacer en mi corazón, ante Ti, en mi confesión; y también en mi escrito, ante muchos testigos. Y de Ti, Señor, a cuyos ojos está desnudo el abismo de la conciencia humana, ¿qué podría estar oculto en mí aunque no quisiera confesarlo? Pues lo que haría es ocultarte de mí, no ocultarme yo de ti. Sin embargo, ahora, que mis gemidos dan testimonio de que estoy disgustado conmigo mismo, Tú resplandeces, y eres agradable, amado y anhelado; para que me avergüence y renuncie a mí mismo y te elija a Ti, y no te complazca a Ti ni a mí mismo, sino es en Ti. A Ti, pues, Señor, me muestro tal cual soy; y con cuál fruto te confieso, ya lo he dicho. No lo hago con palabras ni con voces de la carne, sino con las palabras de mi alma y el clamor del pensamiento que Tu oído conoce. Porque cuando soy malvado, confesarme a Ti no es otra cosa que estar disgustado conmigo mismo; pero cuando soy piadoso, hacerlo no es otra cosa que no atribuírmelo; ya que Tú, Señor, bendices al piadoso, pero antes lo justificas cuando es impío. Pues mi confesión ante Tus ojos, oh Dios mío, la hago en silencio y en voz alta. Porque es silenciosa en el sonido; y en el afecto clama en voz alta. Toda vez que no digo nada justo a las personas que no hayas oído antes de mí; ni oyes Tú nada de mí que no me hayas dicho antes.

¿Qué tengo yo que ver con las personas, para que oigan mis confesiones, como si pudieran curar todas mis dolencias, una estirpe curiosa por conocer la vida de los demás, pero perezosa para enmendar la suya? ¿Por qué quieren oír de mí quién soy, y no desean oír de Ti quiénes son ellas mismas? ¿Y cómo saben si digo la verdad cuando me oyen hablar sobre mí mismo, pues nadie sabe las cosas del hombre, sino el espíritu del hombre que está en él? No obstante, si te escuchan a Ti hablar de ellas mismas, no pueden decir: «El Señor miente». Porque ¿qué es oírte a Ti hablar de nosotros, sino conocernos a nosotros mismos? ¿Y quién lo conoce y dice: «Es falso», si no miente él mismo? Sin embargo, como la caridad lo cree todo (es decir, entre aquellos que ella une y convierte en uno solo), también yo, Señor, me confesaré de tal manera contigo, para que también lo oigan las personas a las que no puedo demostrarles si confieso la verdad; pero me creerán aquellas a quienes la caridad abre sus oídos.

No obstante, aclárame Tú, médico de lo más íntimo de mi ser, qué fruto puedo cosechar al hacerlo. Porque cuando las confesiones de mis pecados pasados, que Tú has perdonado y cubierto, para bendecirme en Ti al cambiar mi alma por la fe y Tu sacramento, se leen y se escuchan, despiertan el corazón, para que no duerma en la desesperación y diga: «no puedo», sino que se despierte en el amor de Tu misericordia y en la dulzura de Tu gracia, por la que el débil, es fuerte, cuando mediante ella se hizo consciente de su propia debilidad. Y los buenos se deleitan al oír hablar de los males pasados de aquellos que ya están libres de ellos, no porque sean males, sino porque lo fueron y ya no lo son. ¿Con qué fruto, Señor Dios mío, a quien mi conciencia se confiesa diariamente, con más confianza en la esperanza de Tu misericordia que en su propia inocencia, con qué fruto, te ruego, confieso yo mediante este libro a las personas también en Tu presencia lo que ahora soy, no lo que he sido? Porque ese otro fruto lo he visto y he hablado de él. Sin embargo, lo que ahora soy, en el momento mismo de hacer estas confesiones, lo desean saber varios; personas que me han conocido o no, que me han oído hablar o que han escuchado de mí, pero cuyo oído no está en mi corazón donde soy lo que realmente soy. Desean, pues, oírme confesar lo que soy en mi interior; donde ni su ojo, ni su oído, ni su entendimiento pueden llegar; lo desean, como dispuestas a creer; pero ¿lo conocerán? Porque la caridad, por la que son buenas, les dice que en mis confesiones no miento; y la caridad que hay en ellas me cree.

Sin embargo, ¿para qué fruto desean oír esto? ¿Desean alegrarse conmigo, cuando oigan cuánto me acerco a Ti por Tu don? ¿Y orar por mí, cuando sepan cuánto me limita mi propio peso? A tales personas me mostraré. Porque no es un fruto insignificante, Señor Dios mío, que muchos te den gracias por nosotros, y que muchos te rueguen por nosotros. Que el espíritu fraternal ame en mí lo que Tú enseñas que debe amarse, y que lamente en mí lo que enseñas que se debe lamentar. Que el espíritu fraternal haga esto, no el extraño, no el de los hijos ajenos, cuya boca habla vanidades y su diestra es la diestra de la iniquidad, sino ese espíritu fraternal que cuando me aprueba, se alegra por mí, y cuando me desaprueba, se lamenta por mí; pues me ama en ambos casos, cuando me aprueba y cuando me desaprueba. A tales personas me mostraré. Respirarán libremente en mis buenas acciones, y suspirarán ante lo malo. Mis buenas acciones son las obras que vienen de Ti y Tus dones; lo malo son mis ofensas y Tus juicios. Que respiren libremente en estas, y suspiren ante lo otro; y que se eleven ante Tu vista himnos y llantos desde los corazones de mis hermanos, Tus incensarios. Y Tú, oh Señor, al deleitarte con el incienso de Tu santo templo, ten piedad de mí según Tu gran misericordia por amor a Tu propio nombre; y no abandones lo que has comenzado, perfecciona mis imperfecciones.

Ese es el fruto de mis confesiones, no de lo que he sido, sino de lo que soy. Que yo confiese esto, no solo ante Ti, con secreto regocijo y temblor, y con secreta tristeza y esperanza, sino también en los oídos de los hijos creyentes de los seres humanos, partícipes de mi alegría y mortales como yo, conciudadanos míos y peregrinos junto a mí, anteriores y posteriores, compañeros de mi camino. Estos son Tus siervos, mis hermanos, a quienes quisiste hacer hijos Tuyos; y mis señores, a los que me ordenaste servir, si quería vivir contigo, de Ti. No obstante, si Tu Palabra solo hubiera ordenado al hablar y no con el ejemplo, me habría servido de poco. Esto lo hago entonces de obra y de palabra, y lo hago bajo Tus alas; con un gran peligro, si mi alma no estuviera sometida a Ti bajo Tus alas, y no fueras conocedor de mi debilidad. Soy pequeño, pero mi Padre vive por siempre y Su protección me basta. Porque Él es el mismo que me engendró y me defiende; y Tú mismo eres todo mi bien; Tú, Todopoderoso, que estás conmigo, incluso desde antes de estar contigo. Mostraré entonces a esas personas que me ordenaste servir, no lo que he sido, sino lo que he llegado a ser y lo que aún soy. Sin embargo, tampoco me juzgo a mí mismo. Por lo tanto, así sería escuchado.

Porque Tú, Señor, me juzgas, pues aunque nadie sabe las cosas del hombre, sino el espíritu del hombre que está en él, sin embargo, hay algo del hombre que ni el propio espíritu del hombre que está en él conoce. En cambio Tú, Señor, lo sabes todo de él, porque lo creaste. Pero yo, aunque me desprecio a mí mismo y me considero polvo y ceniza, se algo de Ti que desconozco de mí. Y, en verdad, ahora vemos por espejo, oscuramente, todavía no cara a cara (1 Cor. 13:12). Por lo tanto, mientras estoy ausente de Ti, estoy más presente conmigo mismo que contigo; y sin embargo, sé que Tú no puedes padecer daño alguno; pero no sé cuáles tentaciones puedo resistir y cuáles no. Sin embargo, hay esperanza pues Tú eres fiel, y no nos dejas ser tentados más allá de lo que podemos resistir, sino que junto con la tentación nos darás una salida, para que podamos soportarla (1 Cor. 10:13). Confesaré, pues, lo que conozco de mí, y confesaré también lo que desconozco de mí. Y es que lo que sé de mí mismo, lo sé porque Tú me iluminas; y lo que no sé de mí lo desconoceré hasta que mis tinieblas sean como el mediodía en Tu semblante.

No hay duda en mi amor por Ti, Señor, te amo con conciencia segura. Atravesaste mi corazón con Tu Palabra, y te amo. También el cielo y la tierra, y todo lo que hay en ellos, he aquí que por todas partes me dicen que te ame; y no cesan de decírselo a todos, para que no tengan excusa. Sin embargo, más profundamente tendrás misericordia del que tengas misericordia, y te compadecerás de quien te compadezcas; de lo contrario, en oídos sordos el cielo y la tierra cantarían Tus alabanzas. Pero ¿qué es lo que amo, cuando Te amo? No es la hermosura de los cuerpos, ni la bella armonía del tiempo, ni el brillo de la luz, tan glorioso para nuestros ojos, ni las dulces melodías de variadas canciones, ni la fragancia de las flores, los ungüentos y las especias, ni el maná ni la miel, ni los miembros adecuados para los abrazos de la carne. Nada de esto amo cuando amo a mi Dios; y sin embargo, amo cierto tipo de luz, melodía, fragancia, carne y abrazo cuando amo a mi Dios, la luz, la melodía, la fragancia, la carne, el abrazo de mi ser interior, donde brilla para mi alma lo que el espacio no puede contener. Allí se escucha lo que el tiempo no se lleva, se huele lo que la respiración no dispersa, se saborea lo que el comer no disminuye y se adhiere lo que la saciedad no aparta. Esto es lo que amo cuando amo a mi Dios.

¿Y qué es esto? Pregunté a la tierra, y me respondió: «Yo no soy Él»; y todos los que en ella están confesaron lo mismo. Pregunté al mar y a las profundidades, y a los seres vivientes que se arrastran, y me respondieron: «No somos tu Dios, busca por encima de nosotros». Pregunté al aire en movimiento; y la totalidad del aire y sus habitantes respondió: «Anaxímenes se engañó, no soy Dios». Pregunté a los cielos, al sol, a la luna y a las estrellas: «Tampoco somos el Dios que buscas», expresaron. Y me dirigí a todas las cosas que abarcan la puerta de mi carne: «Me han dicho que ustedes no son mi Dios; díganme algo de Él». Y clamaron con voz fuerte: «Él nos hizo». Las interrogaba al pensar en ellas, y su belleza me daba la respuesta. Y me volví a mí mismo y me dije: «¿Quién eres tú?». Y respondí: «Un ser humano». Y he aquí que en mí están presentes un cuerpo y un alma, el cuerpo fuera y el alma dentro. ¿Mediante cuál debo buscar a mi Dios? Lo había buscado en el cuerpo, desde la tierra hasta el cielo, hasta donde pude enviar como mensajeros los rayos de mis ojos. Sin embargo, es mejor en el interior, pues allí acuden todos los mensajeros corporales para informar, como a un superior o un juez, sobre las respuestas del cielo y de la tierra, y de todas las cosas que hay en ellos, que expresaban: «No somos Dios, sino que Él nos hizo». Estas cosas las conoció mi ser humano interior por mediación del exterior. Yo, el interior, las conocía; yo, la mente, las conocía a través de los sentidos de mi cuerpo. Y pregunté a toda la gran estructura del mundo sobre mi Dios, y me respondió: «No soy Él, sino que Él me hizo». ¿No es esta figura corpórea evidente para todos los que tienen sentidos cabales? ¿Por qué no habla a todos lo mismo? Los animales pequeños y grandes la ven, pero no pueden preguntar, porque no hay una razón que presida sobre sus sentidos para juzgar lo que ellos informan. En cambio, los seres humanos pueden preguntar, de modo que las cosas invisibles de Dios se hacen claramente visibles, y se entienden por las cosas hechas; pero se someten a ellas por amor a ellas, y una vez sometidos no pueden juzgar. Ni tampoco estas responden a los que preguntan, a menos que puedan juzgar; ni cambian su voz (es decir, su apariencia), si una persona se limita a ver, y otra persona ve y pregunta, de modo que se muestren de forma diferente a ambas personas, sino que se muestran de la misma manera, y para una son mudas y hablan para la otra; en realidad, más bien hablan para ambas, pero solo entienden los que comparan la voz que perciben de fuera con la verdad que hay dentro. Porque la verdad me dice: «Ni el cielo, ni la tierra, ni ningún otro cuerpo eres Tú, Dios». Su propia naturaleza dice a aquel que las ve: «Son una masa; una masa es menor en una parte que en el todo». Ahora bien, a ti te hablo, oh alma mía, tú eres mi mejor parte, pues vivificas la masa de mi cuerpo y le das vida, lo que ningún cuerpo puede darle a otro cuerpo; pero tu Dios es incluso para ti la vida de tu vida.

¿Qué es entonces lo que yo amo cuando amo a mi Dios? ¿Quién es Él que está por encima de la cabeza de mi alma? Por esa alma mía ascenderé hasta Él. Iré más allá de esa fuerza por la que estoy unido a mi cuerpo y por la que lleno de vida todo su armazón. Tampoco puedo encontrar a mi Dios a través de ella; pues lo encontrarían también el caballo y el mulo, que no tienen entendimiento, al ser la misma fuerza que da vida a sus cuerpos. No obstante, hay otra fuerza, no solo aquella por la que cobro vida, sino aquella por la que imbuyo de sentidos a mi carne, que el Señor ha creado para mí, y que ordena al ojo que no oiga y al oído que no vea; sino que yo vea por el ojo y oiga por el oído; y ordena respectivamente a los demás sentidos cuál es su propia ubicación y sus funciones; las cuales, aunque son diversas, las hago yo, una única mente, a través de ellos. Iré también más allá de esta fuerza mía; pues de igual modo está presente en el caballo y el mulo, ya que ellos también perciben a través del cuerpo.

Iré entonces más allá de esta fuerza de mi naturaleza y me elevaré gradualmente hacia Aquel que me hizo. Y así llego a los campos y los espaciosos palacios de mi memoria, donde están los tesoros de innumerables imágenes, de cosas de todo tipo percibidas por los sentidos. Allí se almacena incluso todo lo que pensamos, y se amplían o se disminuyen, o se varían de cualquier otra forma, las cosas que los sentidos han percibido; y cualquier otra cosa que se haya guardado allí y que el olvido no haya borrado. Cuando entro allí, pido lo que quiero y algo viene al instante. Otras cosas hay que buscarlas por más tiempo, hasta que se sacan, por así decirlo, de algún receptáculo interior. Otras acuden en tropel mientras se busca algo, y se presentan como si dijeran: «¿Me buscas a mí?». Y con la mano de mi corazón las aparto de mi memoria, hasta que lo que busco salga de su lugar secreto. Algunas cosas emergen fácilmente, en orden ininterrumpido, a medida que las llamo; las que están delante se retiran al llegar las siguientes; y a medida que se retiran quedan ocultas a la vista, listas para venir cuando yo quiera. Todo esto ocurre cuando repito algo de memoria.

Allí se conservan todas las cosas diferenciadas, cada una según su vía de entrada: como la luz y todos los colores y las formas de los cuerpos que se perciben por los ojos; todos los diferentes tipos de sonidos que se escuchan a través de los oídos; todos los olores captados por las fosas nasales; todos los sabores por la boca; y por las sensaciones de todo el cuerpo aquello que es duro o blando, caliente o frío, suave o áspero, pesado o ligero; ya sea exterior o interior al cuerpo. Todas estas cosas las recibe el gran almacén de la memoria en sus innumerables y secretos recovecos, y quedan allí disponibles para cuando se necesiten; cada una entra por su propia vía, y allí se guarda. Sin embargo, las cosas mismas no entran, sino que las imágenes de las cosas percibidas están allí listas para que el pensamiento las recuerde. ¿Quién puede decir cómo están formadas estas imágenes, aunque es evidente a través de qué sentido han penetrado y se han almacenado? Porque incluso mientras permanezco en la oscuridad y el silencio, en mi memoria puedo reproducir colores a voluntad y distinguir el blanco del negro, y todos los demás colores que quiero. Y los sonidos no irrumpen ni perturban la imagen que llegó a través de mis ojos y que contemplo, aunque también están allí, latentes, como guardados aparte. Porque también los llamo y aparecen enseguida. Y aunque mi lengua esté quieta, y mi garganta muda, puedo cantar tanto como quiera; tampoco esas imágenes de colores, que no dejan de estar allí, se entrometen ni interrumpen cuando reviso lo que entró por los oídos. Del mismo modo recuerdo a mi gusto las demás cosas traídas y acumuladas por los otros sentidos. Y así, sin oler nada, distingo el aroma de los lirios del de las violetas; y prefiero la miel al vino dulce, y lo suave a lo áspero, tan solo con el recuerdo, sin tener que probar ni palpar nada.

Estas cosas las hago en mi interior, en ese vasto espacio de mi memoria. Porque allí están presentes conmigo, el cielo, la tierra, el mar y todo aquello en lo que pueda pensar, además de lo que he olvidado. Allí también me encuentro conmigo mismo y recuerdo lo que he hecho: cuándo y dónde lo hice y cómo me sentí al hacerlo. Allí está todo lo que recuerdo, ya sea de mi propia experiencia o de la de otros. De ese gran almacén, combino continuamente con el pasado similitudes nuevas y frescas de cosas que he experimentado, o que, a partir de lo que he experimentado, he creído; y de ahí deduzco acciones futuras, acontecimientos y esperanzas, todo lo cual lo pienso como presente. «Haré esto o aquello», me digo a mí mismo en ese gran receptáculo de mi mente, lleno de imágenes de tantas y tan grandes cosas, «y luego haré esto o lo otro». «¡Ojalá suceda esto o aquello!». «¡No quiera Dios que pase esto o lo otro!». Así me hablo a mí mismo, y cuando lo hago, las imágenes de todo lo que hablo están presentes, vienen a mí desde el tesoro de la memoria; y no podría decir ninguna de estas cosas si las imágenes faltaran.

Grande es este poder de la memoria, grande sobremanera, oh Dios mío; una cámara grande e ilimitada; ¿quién ha llegado a su fondo? Este poder es mío y pertenece a mi naturaleza; sin embargo, ni yo mismo comprendo todo lo que soy. Por tanto, la mente es demasiado estrecha para contenerse a sí misma. ¿Y dónde está lo que de sí misma no contiene? ¿Está fuera de ella y no dentro? ¿Cómo es que no puede abarcarse a sí misma?

Esto me causa una gran admiración, y el asombro se apodera de mí. Y las personas viajan para admirar las cumbres de las montañas, las poderosas olas del mar, el gran caudal de los ríos, la circulación del océano y el curso de las estrellas, y se olvidan de sí mismas; tampoco se extrañan de que al hablar yo de todas estas cosas no las viera con mis ojos, y sin embargo no hubiera podido hablar de ellas a no ser que viera internamente en mi memoria las montañas, las olas, los ríos y las estrellas que he visto, y ese océano que me han descrito, en esos vastos espacios, como si los viera en un viaje. Sin embargo, cuando mis ojos las contemplaron, no las introduje en mí por medio de la vista; ni ellas mismas están conmigo, sino solo sus imágenes. Y sé por medio de qué sentido del cuerpo cada una de ellas quedó grabada en mí.

Sin embargo, la inmensa capacidad de mi memoria no retiene solamente esto. Aquí también están todas las cosas aprendidas de las ciencias liberales, que todavía no he olvidado, y que se han movido como a algún lugar más interior, que en realidad no es un lugar; tampoco son las imágenes de ellas, sino las cosas mismas. Porque la literatura, el arte del debate, las diferentes clases de preguntas, todo cuanto sé de todo esto existe de tal manera en mi memoria que no he dejado fuera la cosa luego de retener la imagen, ni ha sonado y pasado como una voz que quedó grabada a través del oído y dejó una huella por la que podría ser recordada, como si sonara, cuando ya no suena; ni como un olor, que mientras pasa y se desvanece en el aire afecta al sentido del olfato, desde donde se transmite a la memoria una imagen suya, que al recordar, renovamos; ni como la comida, que cuando está en el vientre ya no tiene sabor, y sin embargo en la memoria todavía en cierto modo sabe; ni como las cosas que el cuerpo percibe por el tacto, y que cuando se alejan de nosotros la memoria todavía imagina. Porque estas cosas no se transmiten a la memoria, sino que sus imágenes solo son captadas con una rapidez admirable, y se almacenan como en compartimentos maravillosos, y de allí se sacan prodigiosamente al recordarlas.

Sin embargo, cuando oigo que hay tres clases de preguntas: si algo existe, qué es, y de qué clase es; en efecto, tengo las imágenes de los sonidos que componen esas palabras, y sé que han pasado por el aire con un ruido, y que ya no existen, pero las cosas que significan esos sonidos, nunca las percibí con ningún sentido de mi cuerpo, ni las discerní de otra manera que en mi mente; y en mi memoria no están guardadas sus imágenes, sino ellas mismas. Que digan, si pueden, cómo entraron en mí; porque he recorrido todas las avenidas de mi carne, pero no puedo encontrar por dónde entraron. Porque los ojos dicen: «Si esas imágenes tienen colores, nosotros informamos de ellas». Los oídos afirman: «Si tienen sonido, dimos aviso de ellas». Las fosas nasales declaran: «Si tienen olor, pasaron por nosotras». El gusto expresa: «Si no tienen sabor, no me pregunten de ellas». El tacto aclara: «Si no tienen tamaño, no las palpé; si no las palpé, no informé de ellas». ¿De dónde y cómo entraron estas cosas en mi memoria? No sé cómo. Porque cuando las aprendí, no di crédito a la mente de otro hombre, sino que las reconocí en la mía; y al comprobar que eran ciertas, las encomendé a mi mente, las guardé allí, de donde podría sacarlas cuando quisiera. Estaban entonces en mi corazón, incluso antes de aprenderlas, pero no estaban en mi memoria. ¿De dónde, pues, o por qué, cuando me las dijeron, las reconocí y manifesté: «Así es, es verdad», a no ser que estuvieran ya en mi memoria, pero tan relegadas y enterradas, por así decirlo, en recovecos tan profundos, que si la sugerencia de otro no las hubiera sacado a la luz, yo no habría podido concebirlas?

Por lo tanto, descubrimos que aprender estas cosas de las que no absorbemos las imágenes por nuestros sentidos, sino que las percibimos por sí mismas, sin imágenes, como son, no es otra cosa que reunir con el pensamiento las cosas que la memoria antes contenía al azar y sin arreglar, y al identificarlas tener el cuidado de que se coloquen al alcance de la mano en esa misma memoria donde antes yacían escondidas, dispersas y descuidadas, para que se presenten con facilidad a la mente familiarizada con ellas. Y cuántas cosas de este tipo están en mi memoria. Cosas que ya descubrí y puse al alcance de la mano, que ya he aprendido y llegado a conocer. Y si dejara de recordarlas por algún corto espacio de tiempo, se entierran de nuevo, se deslizan hacia recovecos más profundos, y hay que pensarlas otra vez, como si fueran nuevas, desde allí, ya que no tienen otra morada. Es necesario reunirlas de nuevo, para poder conocerlas; es decir, se deben recoger de su dispersión: de donde se deriva la palabra «cogitación». Porque *cogo* (recoger) y *cogito* (recordar) tienen la misma relación entre sí que *ago* y *agito*, *facio* y *factito*. Sin embargo, la mente se ha apropiado de esta palabra (cogitación), de modo que se dice propiamente que se cogita, o se piensa, no lo que se «recoge», sino lo que se «recuerda», es decir, lo que se reúne en la mente.

La memoria contiene también las razones y las leyes infinitas de los números y las dimensiones, ninguna de las cuales ha llegado a ella a través de los sentidos del cuerpo; ya que no tienen ni color, ni sonido, ni gusto, ni olor, ni tacto. He oído el sonido de las palabras con las que se denotan cuando se habla de ellas: pero los sonidos no son lo mismo que las cosas. Porque los sonidos no son iguales en griego y en latín; pero las cosas no son ni griegas, ni latinas, ni de ninguna otra lengua. He visto las líneas de los arquitectos, las más finas, como el hilo de una araña; pero estas son diferentes, no son las imágenes de esas líneas que el ojo de la carne me mostró; las conoce quien, sin pensar en cuerpo alguno, las reconoce en su interior. También he percibido los números de las cosas con los que contamos todos los sentidos de mi cuerpo; pero esos números con los que contamos son diferentes, tampoco son las imágenes de estos, y por tanto sí existen. El que no los vea, que se burle de mí por decir estas cosas, y yo me compadeceré de él, mientras él se burla de mí.

Conservo todas estas cosas en mi memoria, y recuerdo cómo las aprendí. También he oído, y recuerdo, muchas cosas que falsamente se han objetado contra ellas; que aunque sean falsas, no es falso que las recuerde. Y recuerdo también que he apreciado la diferencia entre esas verdades y estas falsedades objetadas contra ellas. Y percibo que el discernimiento actual de estas cosas es diferente del recuerdo de que las distinguí a menudo, cuando pensaba en ellas. Entonces recuerdo haber comprendido a menudo estas cosas; y lo que ahora distingo y comprendo, lo guardo en mi memoria, para que en lo sucesivo recuerde que ahora lo comprendo. Así, pues, me acuerdo también de haber recordado; como si de aquí en adelante recordara que ahora he podido recordar estas cosas, por el poder de la memoria lo recordaré.

La misma memoria contiene también los sentimientos de mi mente, no de la misma manera que mi mente los contiene cuando los siente; sino de otra manera, según su propio poder. Porque sin alegrarme me acuerdo de haberme alegrado; y sin afligirme recuerdo mi dolor pasado. Y lo que una vez temí, lo rememoro sin miedo; y sin deseo recuerdo un deseo pasado. A veces, por el contrario, con alegría recuerdo mis penas pasadas, y con tristeza la alegría. Lo cual no es extraño respecto al cuerpo; pues una cosa es la mente y otra el cuerpo. Por lo tanto, si recuerdo con alegría algún dolor pasado del cuerpo, no es cosa tan sorprendente. Pero ahora, al ver que este mismo recuerdo es mente (pues cuando encargamos guardar algo en la memoria, decimos: «Procura tenerlo en mente»; y cuando la olvidamos, decimos: «No me vino a la mente», o «Se me escapó de la mente», y llamamos mente a la propia memoria); al ser así, ¿cómo es que cuando recuerdo con alegría mi dolor pasado, la mente tiene alegría, la memoria tiene dolor; la mente por la alegría que hay en ella, es alegre, sin embargo la memoria por la tristeza que hay en ella, no está triste? ¿Acaso la memoria no pertenece a la mente? ¿Quién diría eso? Entonces la memoria es, por así decirlo, el vientre de la mente, y la alegría y la tristeza son como el alimento dulce y el amargo; que cuando se encomiendan a la memoria, son como si pasaran al vientre, donde pueden almacenarse pero no pueden probarse. Es ridículo imaginar que son iguales; y sin embargo, no son completamente diferentes.

Mas he aquí que cuando afirmo que hay cuatro perturbaciones de la mente: el deseo, la alegría, el miedo y la tristeza, lo saco de mi memoria; y todo lo que puedo debatir al respecto, al dividir cada una de estas perturbaciones en sus tipos subordinados y definirlas, lo encuentro en mi memoria y de allí lo saco. Sin embargo, cuando al recordarlas las rememoro, ninguna de estas perturbaciones me perturba; y en verdad, antes de recordarlas ya estaban allí, y por eso es posible traerlas desde allí mediante el recuerdo. Tal vez el recuerdo las saca de la memoria como los rumiantes regurgitan la comida del estómago al rumiar. ¿Por qué entonces el que las recuerda al debatir no saborea en la boca de su reflexión la dulzura de la alegría ni la amargura de la pena? ¿Acaso la diferencia está en que la semejanza no es completa? Porque, ¿quién hablaría de ello de buena gana, si tantas veces como nombramos la pena o el miedo, nos viéramos obligados a estar tristes o temerosos? Y, sin embargo, no podríamos hablar de ellas si no encontráramos en nuestra memoria no solo los sonidos de los nombres según las imágenes que los sentidos del cuerpo grabaron, sino las nociones de esas mismas cosas que nunca recibimos por ninguna vía del cuerpo, sino que la mente misma, que percibe por la experiencia de sus pasiones, encomendó a la memoria, o la memoria las retuvo para sí, sin que se las encomendaran.

Sin embargo, ¿quién puede decir fácilmente si esto ocurre por medio de imágenes o no? Así, hablo de una piedra o hablo del sol sin que estén presentes a mis sentidos, pero sus imágenes están en mi memoria. También hablo de un dolor corporal, sin que esté presente en mí, pues nada me duele; sin embargo, si su imagen no estuviera en mi memoria, no sabría qué decir al respecto, ni podría distinguir el dolor del placer al hablar. Hablo de la salud del cuerpo, y al estar mi cuerpo sano, la cosa misma está presente en mí; sin embargo, a menos que su imagen también estuviera presente en mi memoria, no podría recordar lo que significa el sonido de esa expresión. Tampoco los enfermos, cuando se les menciona la salud, reconocerían lo que se les dice, a menos que retuvieran esa imagen por la fuerza de la memoria, aunque la cosa misma estuviera ausente del cuerpo. Menciono los números por los que numeramos; y no sus imágenes, sino ellos mismos están presentes en mi memoria. Nombro la imagen del sol, y esa imagen está presente en mi memoria. Porque no recuerdo la imagen de su imagen, sino que la imagen misma está presente en mí, y así la recuerdo. Nombro la memoria, y reconozco lo que nombro. ¿Y dónde lo reconozco, sino en la propia memoria? ¿Está también presente a sí misma por mediación de su imagen, y no por sí misma?

¿Y cuando nombro el olvido y al mismo tiempo reconozco lo que nombro? ¿Cómo podría reconocerlo si no lo recordara? No hablo del sonido del nombre, sino de lo que significa, pues si lo hubiera olvidado, no podría reconocer el significado de ese sonido. Así que cuando recuerdo la memoria, la propia memoria está presente en sí misma a través de sí misma, pero cuando recuerdo el olvido, están presentes tanto la memoria como el olvido; la memoria por la que recuerdo y el olvido que deseo recordar. Sin embargo, ¿qué es el olvido, sino la privación de la memoria? ¿Cómo puede estar presente para que lo recuerde, si cuando está presente no puedo recordar? No obstante, si lo que recordamos lo retenemos en la memoria, y a menos que recordemos el olvido nunca podríamos reconocer lo que significa al oír su nombre, entonces la memoria retiene el olvido. Por lo tanto, está presente para que no olvidemos lo que olvidamos cuando está presente. De esto se deduce que el olvido, cuando lo recordamos, no está presente en la memoria por sí mismo, sino por su imagen, porque si estuviera presente por sí mismo, no nos haría recordar, sino olvidar. ¿Quién indagará ahora esto? ¿Quién comprenderá cómo es?

Señor, yo en verdad me esfuerzo en ello, y me esfuerzo en mí mismo; me he convertido en una tierra difícil que requiere mucho sudor de la frente. Pues ahora no exploramos las regiones del cielo, ni medimos las distancias de las estrellas, ni indagamos sobre los equilibrios de la tierra. Soy yo mismo quien recuerda, yo la mente. No es tan asombroso que lo que yo no soy esté lejos de mí. ¿Pero qué está más cerca de mí que yo mismo? Y no puedo entender la fuerza de mi propia memoria; aunque no puedo ni nombrarme a mí mismo sin ella. Porque, ¿qué voy a decir, cuando tengo claro que recuerdo el olvido? ¿Diré que no está en mi memoria lo que recuerdo? ¿O diré que el olvido está con ese fin en mi memoria, para que no olvide? Ambas cosas serían muy absurdas. ¿Qué tercera explicación hay? ¿Cómo puedo decir que mi memoria retiene la imagen del olvido, y no el olvido mismo, cuando lo recuerdo? ¿Cómo podría decir esto si cuando la imagen de cualquier cosa se graba en la memoria, la cosa misma debe estar necesariamente presente primero para que pueda quedar grabada esa imagen? Porque así recuerdo Cartago, así recuerdo todos los lugares donde he estado, y los rostros de las personas que he visto, y las cosas que he recibido a través de mis otros sentidos; así recuerdo la salud o la enfermedad del cuerpo. Porque cuando estas cosas estaban presentes, mi memoria recibía de ellas imágenes, que al estar presentes conmigo, podía revivirlas y recordarlas en su ausencia. Si este olvido se retiene en la memoria a través de su imagen, y no de sí mismo, entonces es evidente que debe haber estado presente una vez para que su imagen pudiera quedar grabada. Sin embargo, cuando estuvo presente, ¿cómo grabó su imagen en la memoria, si él con su presencia borra incluso lo que encuentra ya grabado? Y a pesar de todo, sea cual sea el modo, aunque no pueda comprenderse ni explicarse, estoy seguro de que también recuerdo el propio olvido, por el que se borra todo lo que recordamos.

Grande es el poder de la memoria, algo temible, oh mi Dios, una multiplicidad profunda e infinita; y esto es la mente, y esto soy yo mismo. ¿Qué soy entonces, oh Dios mío? ¿Cuál es mi naturaleza? Una vida variada y multiforme, y sumamente inmensa. He aquí que las llanuras, los antros y las cavernas de mi memoria son innumerables y están innumerablemente llenos de innumerables tipos de cosas, ya sea a través de imágenes, como las de todos los cuerpos; o por su presencia real, como en el caso de las artes; o por ciertas nociones e impresiones, como los sentimientos de la mente, que incluso cuando la mente no los siente, la memoria los retiene, mientras que, sin embargo, todo lo que está en la memoria está también en la mente; sobre todos estos espacios corro, vuelo, y me sumerjo aquí y allá, tan profundo como puedo, y no hay fin. Así de grande es la fuerza de la memoria, así de grande la fuerza de la vida, incluso en la vida mortal del ser humano. ¿Qué haré entonces, oh Tú mi verdadera vida, mi Dios? Iré incluso más allá de este poder mío que se llama memoria; sí, iré más allá de ella, para ser capaz de acercarme a Ti, oh dulce Luz. ¿Qué me dices? Heme aquí ascendiendo a través de mi mente hacia Ti, que estás por encima de mí. Sí, ahora iré más allá de este poder mío que se llama memoria, deseoso de llegar a Ti, desde donde se puede llegar a Ti; y de unirme a Ti, desde donde uno puede unirse a Ti. Porque incluso las bestias y las aves tienen memoria; de lo contrario, no podrían volver a sus guaridas ni a sus nidos, ni a muchas otras cosas que tienen por costumbre; ni tampoco podrían acostumbrarse a nada, si no fuera por la memoria. Iré, pues, también más allá de la memoria, para llegar a Aquel que me ha separado de las bestias de la tierra y me ha hecho más sabio que las aves del cielo, iré también más allá de la memoria, y ¿dónde te encontraré a Ti, dulzura verdaderamente buena y cierta? ¿Y dónde te encontraré? Si Te encuentro sin mi memoria, entonces no Te retengo en mi memoria. ¿Y cómo te encontraré, si no te recuerdo?

Porque la mujer que había perdido su dracma y la buscaba con una lámpara (Luc. 15:8), nunca la hubiera encontrado si no se hubiera acordado de ella. Pues cuando la encontró, ¿cómo iba a saber si era la misma, si no se acordaba? Recuerdo haber buscado y encontrado muchas cosas; y esto lo sé, ya que cuando buscaba alguna de ellas, me preguntaba: «¿Es esto lo que busco?». «¿Es acaso esto?». Y muchas veces dije: «No», hasta que encontré lo que buscaba. Lo cual, si no lo hubiera recordado (fuera lo que fuera), no lo encontraría aunque se me ofreciera, pues no podría reconocerlo. Y así es siempre, cuando buscamos y encontramos cualquier cosa perdida. Sin embargo, cuando algo desaparece de nuestra vista, no de la memoria (como los cuerpos visibles), aun así su imagen permanece en el interior, y lo buscamos hasta que lo volvemos a ver; y cuando lo encontramos lo reconocemos por la imagen que guardamos dentro. No decimos que encontramos lo que se perdió, a menos que lo reconozcamos; ni podemos reconocerlo, a menos que lo recordemos. Había desaparecido de la vista, pero permanecía en la memoria.

Sin embargo, ¿qué pasa cuando la memoria misma pierde algo, como sucede cuando olvidamos y tratamos de recordar? ¿Dónde buscamos sino en la propia memoria? Y si allí por casualidad se nos ofrece algo diferente, lo rechazamos, y seguimos hasta encontrar lo que buscamos. Y al encontrarlo decimos: «Esto es»; lo cual no podríamos hacer si no lo reconociéramos, ni podríamos reconocerlo si no lo recordáramos. Ciertamente, entonces lo habíamos olvidado. ¿O será que no se nos había escapado del todo, sino que reteníamos una parte y por ella buscábamos la parte perdida; pues la memoria sentía que le faltaba algo, y mutilada, por así decirlo, por la limitación de su antiguo hábito, exigía la devolución de lo que le faltaba? Por ejemplo, si vemos o pensamos en alguien conocido, y al haber olvidado su nombre, tratamos de recordarlo, no asociamos a esa persona con cualquier otro nombre que se nos ocurra, porque no estamos acostumbrados a pensar en ella con otro nombre, y por lo tanto lo rechazamos, hasta que se presente aquel que el conocimiento identifica como el habitual. ¿Y de dónde emerge este sino de la propia memoria? Y es que incluso cuando lo reconocemos porque alguien nos lo recuerda, es de allí de donde viene. Porque no lo entendemos como algo nuevo, sino que, al recordarlo, aceptamos que lo nombrado es correcto. Sin embargo, si se borrara por completo de la mente, no lo recordaríamos, ni siquiera cuando se nos recuerda. Porque todavía no hemos olvidado del todo aquello que recordamos haber olvidado. Lo que hemos olvidado por completo, aunque perdido, ni siquiera podemos buscarlo.

Entonces, ¿cómo te busco a ti, Señor? Porque cuando te busco a Ti, Dios mío, busco una vida feliz. Te buscaré para que viva mi alma. Porque mi cuerpo vive por mi alma, y mi alma por Ti. ¿Cómo busco una vida feliz, al ver que no la tengo, hasta que pueda decir, cuando deba decirlo: «es suficiente»? ¿Cómo la busco? ¿Por el recuerdo, como si la hubiera olvidado, y recordara aún que la he olvidado? ¿O mediante el deseo de aprender algo ignorado, que nunca conocí, o que olvidé de tal manera que ni siquiera recuerdo que lo he olvidado? ¿No es acaso una vida feliz lo que todos quieren, y no hay nadie que no la quiera? No sé de qué modo, pero lo cierto es que la tenemos. Además, hay otra manera en la que cuando uno la tiene, entonces es feliz; y la vemos en aquellas personas que son bienaventuradas en la esperanza. Estas la tienen en menor grado que los que la tienen de hecho, pero están en mejores condiciones que los que no son felices ni de hecho ni en esperanza. Sin embargo, incluso estos últimos, si no la tuvieran en cierto modo, no querrían ser felices, y no hay duda de que quieren serlo. La han conocido entonces, no sé cómo, y por algún tipo de conocimiento que desconozco la tienen. Y me lleno de dudas al pensar si está en la memoria, pues si lo está, entonces ya hemos sido felices una vez. Ahora no me pregunto si todos lo fuimos por separado, o en aquel hombre que pecó primero, en quien también todos morimos, y de quien todos nacemos con la desgracia; solo me pregunto si la vida feliz está en la memoria. Porque tampoco la amaríamos, si no la conociéramos. Oímos su nombre y todos reconocemos que deseamos la cosa en cuestión; ya que no es el simple sonido lo que nos deleita. Pues cuando un griego lo oye en latín, no se deleita, al no saber lo que se dice; pero los latinos nos deleitamos, como lo haría también el griego, si lo oyera en su idioma; porque la cosa en sí no es ni griega ni latina, eso que los griegos y los latinos, y los hombres de todas las demás lenguas, anhelan alcanzar. Todos la conocen, ya que si se les preguntara a una sola voz si desean ser felices, todos respondérían sin duda alguna que sí. Y eso no ocurriría a menos que la cosa en sí, cuyo nombre es este, estuviera en su memoria.

Sin embargo, ¿es así, como alguien que ha visto Cartago la recuerda? No. Porque una vida feliz no se ve con los ojos, ya que no es un cuerpo. ¿Es entonces del mismo modo en que recordamos los números? No. Porque el que tiene conocimiento de ellos no sigue intentando alcanzarlos; pero una vida feliz la tenemos en nuestro conocimiento, y por eso la amamos, y aún deseamos alcanzarla para ser felices. ¿Es acaso como recordamos la elocuencia? No. Porque aunque al oír este nombre se acuerden de ella algunos que todavía no son elocuentes, y muchos que desean serlo, por lo que parece que está en su conocimiento; sin embargo, estos han observado por sus sentidos corporales que otros son elocuentes, y han quedado encantados, y por eso desean serlo (aunque ciertamente no estarían encantados si no fuera por algún conocimiento interno de ello, ni desearían serlo, a menos que estuvieran encantados); mientras que una vida feliz no la experimentamos en otras personas por ningún sentido corporal. ¿Será entonces como recordamos la alegría? Tal vez; porque mi alegría la recuerdo incluso al estar triste, como una vida feliz cuando era infeliz; y nunca vi, ni oí, ni olí, ni probé ni toqué mi alegría con los sentidos del cuerpo; sino que la experimenté en mi mente, cuando me regocijé; y el conocimiento de ella se aferró a mi memoria, de modo que puedo recordarla, con disgusto algunas veces, y otras con anhelo, según la naturaleza de las cosas en las que recuerdo haberme alegrado. Porque incluso de las cosas sucias he recibido una especie de alegría; cosas que ahora detesto y execro al recordarlas; otras veces la obtuve de cosas buenas y honestas, que recuerdo con anhelo, aunque tal vez ya no estén presentes; y por lo tanto recuerdo con tristeza mi alegría anterior.

¿Dónde y cuándo experimenté mi vida feliz, para recordarla, amarla y anhelarla? No soy yo solo, ni algunos pocos, sino que todos quisiéramos ser felices; lo cual, si no lo supiéramos con certeza, no deberíamos desearlo con una voluntad tan cierta. Sin embargo, ¿cómo es que si se les pregunta a dos hombres si quieren ir a la guerra, uno puede responder que sí, y el otro que no; pero si se les pregunta si quieren ser felices, ambos dirían al instante, sin dudarlo, que sí; y por ninguna otra razón iría el uno a la guerra, y el otro no, sino para ser feliz? ¿Será acaso que mientras unos buscan su alegría en esto y otros en aquello, todos coinciden en su deseo de ser felices, como coincidirían, si se les preguntara, en el deseo de tener alegría, y llaman a esta alegría una vida feliz? Aunque unos obtienen esta alegría por una vía y otros por otra, todos tienen un fin, y se esfuerzan por alcanzarlo: la alegría. La cual, al ser algo que todos deben haber experimentado, se encuentra por tanto en la memoria, y se reconoce siempre que se menciona el nombre de una vida feliz. Lejos esté, Señor, lejos esté del corazón de Tu siervo que aquí te confiesa, lejos esté, que, sea la alegría que sea, me crea feliz por ella. Porque hay una alegría que no se da a los impíos, sino a los que te aman, cuya alegría eres Tú mismo. Y esta es la vida feliz, alegrarse para Ti, de Ti y por Ti; esta es, y no hay otra. Porque los que piensan que hay otra persiguen otra alegría y no la verdadera. Sin embargo, su voluntad no se aparta de alguna imagen de alegría.

Por lo tanto, no es cierto que todos deseen ser felices, ya que los que no quieren gozar de Ti, lo cual es la única vida feliz, no desean en verdad tener una vida feliz. ¿O acaso todos lo desean, pero como el deseo de la carne es contra el Espíritu, y el del Espíritu es contra la carne, al no poder hacer lo que quisieran, se aferran a lo que pueden, y se contentan con ello; porque, lo que no logran hacer, no lo quieren con la fuerza que bastaría para lograrlo? Pues si le pregunto a cualquier persona si prefiere alegrarse en la verdad o en la mentira, no dudará en decir que en la verdad, del mismo modo que no dudará en afirmar que desea ser feliz, ya que una vida feliz es la alegría en la verdad: porque esta es una alegría en Ti, que eres la verdad, oh Dios, luz mía, salud de mi rostro, Dios mío. Esta es la vida feliz que todos desean; esta vida, la única que es feliz, todos la desean; todos desean gozar en la verdad. He conocido a muchos que quisieran engañar, pero a nadie que quisiera ser engañado. ¿Dónde conocieron, pues, esta vida feliz, sino allí donde también conocen la verdad? Porque también la aman, ya que no quieren ser engañados. Y cuando aman la vida feliz, que no es otra cosa que gozar de la verdad, entonces también aman la verdad; la cual, sin embargo, no amarían, si no tuvieran alguna noción de ella en su memoria. ¿Por qué entonces no se gozan en ella? ¿Por qué no son felices? Pues porque se ocupan más de otras cosas que tienen más poder para hacerlos desdichados, que de aquello que tan débilmente recuerdan que los hace felices. Porque todavía hay un poco de luz en los seres humanos; que anden, que anden, para que las tinieblas no los sorprendan.

Sin embargo, ¿por qué si se ama una vida feliz, que no es otra cosa que el gozo en la verdad, «la verdad genera odio» y aquel que es Tuyo se convierte en un enemigo para ellos al predicarla? ¿Por qué es así, a no ser que se ame de tal manera esa verdad, que los que aman cualquier otra cosa quisieran de buena gana que lo que aman fuera la verdad, y como no quieren estar engañados, no quieren reconocer su error? Por eso odian la verdad, por aquello que aman en lugar de ella. Aman la verdad cuando ilumina, la odian cuando reprende. Pues como no quieren ser engañados, y quieren engañar, aman la verdad cuando ella se les manifiesta, pero la odian cuando los desenmascara. No obstante, ella les dará su merecido y los desenmascarará en contra de su voluntad, y no se les manifestará. Así, así, incluso así, ciega y enferma, sucia y poco agraciada, desea la mente humana ocultarse, pero no quiere que nada se le oculte. No obstante, le resulta lo contrario, pues queda descubierta ante la verdad, pero la verdad le queda oculta. Sin embargo, incluso así, tan desdichada, prefiere alegrarse en las verdades que en las falsedades. Feliz será entonces, cuando, sin que se interponga ninguna molestia, se alegre en esa única verdad, por la cual todas las cosas son verdaderas.

He aquí, Señor, cuánto he recorrido en mi memoria buscándote; y no te he encontrado fuera de ella. Ni tampoco he encontrado nada referente a Ti, sino aquello que he guardado en la memoria, desde que te aprendí. Porque desde que te aprendí, no te he olvidado. Pues donde encontré la verdad, allí encontré a mi Dios, la verdad misma; que no he olvidado desde ese momento en que la aprendí. Desde que te aprendí, Tú resides en mi memoria; y allí te encuentro, cuando me acuerdo de Ti y me deleito en Ti. Estos son mis santos deleites, que Tú me has dado en Tu misericordia al tener en cuenta mi pobreza.

Sin embargo, oh Señor, ¿dónde resides en mi memoria? ¿Qué tipo de alojamiento has preparado allí para Ti? ¿Qué tipo de santuario has construido para Ti? Le has dado a mi memoria el honor de residir en ella; pero voy a considerar en qué parte resides. Porque al pensar en Ti, fui más allá de esas partes de la memoria que también poseen las bestias, pues no te encontré allí entre las imágenes de las cosas corpóreas; y llegué a las partes a las que encomendé los sentimientos de mi mente, y no te encontré allí. Y penetré en la sede misma de mi mente (que se encuentra en mi memoria, ya que la mente se recuerda a sí misma también), y tampoco estabas allí; porque Tú no eres una imagen corpórea, ni el sentimiento que experimenta un ser vivo (como sucede al alegrarnos, condolernos, desear, temer, recordar, olvidarnos, o cosas parecidas); pero tampoco eres la mente misma; porque Tú eres el Señor Dios de la mente; y todas estas cosas cambian, pero Tú permaneces inmutable sobre todo, y sin embargo te has dignado a habitar en mi memoria, desde que te aprendí. ¿Y por qué busco el lugar de ella en que habitas, como si hubiera allí lugares? Estoy seguro de que en ella habitas, pues te he recordado desde que te aprendí, y allí te encuentro cuando te recuerdo.

Entonces, ¿dónde te encontré para aprenderte? Porque en mi memoria no estabas, antes de aprenderte. ¿Dónde, pues, te encontré para aprenderte, sino en Ti, por encima de mí? Y no es ningún lugar; retrocedemos y avanzamos, y no es ningún lugar. En todas partes, oh verdad, das audiencia a todos los que te piden consejo, y de inmediato respondes a todos, aunque te consulten sobre múltiples asuntos. Respondes con claridad, aunque no todos oyen con claridad. Todos te consultan sobre lo que quieren, aunque no siempre oyen lo que quieren. Es Tu mejor siervo aquel que busca no tanto oír de Ti lo que quiere, como querer lo que de Ti escucha.

¡Demasiado tarde te amé, oh Tú, belleza de los días antiguos, pero siempre nueva! ¡Demasiado tarde te amé! Y he aquí que Tú estabas dentro y yo fuera, y allí te buscaba; y deforme me sumergía entre aquellas bellas formas que Tú habías hecho. Tú estabas conmigo, pero yo no estaba contigo. Me retenían lejos de Ti aquellas cosas que si no existieran en Ti no existirían en absoluto. Me llamaste, me gritaste y deshiciste mi sordera. Brillaste, resplandeciste y eliminaste mi ceguera. Exhalaste olores, y respiré y suspiré por Ti. Te probé, y tuve hambre y sed. Me tocaste, y deseé ardientemente Tu paz.

Cuando con todo mi ser me adhiera a Ti, ya no habrá más pena ni trabajo para mí; y mi vida estará totalmente viva, llena por entero de Ti. Mas ahora, como levantas a quien Tú llenas, soy una carga para mí mismo porque no estoy lleno de Ti. Mis lamentables alegrías luchan con mis penas dignas de gozo, y no sé de qué lado está la victoria. ¡Ay de mí! Señor, ten piedad de mí. Mis pesares malos luchan con mis buenas alegrías; y no sé de qué lado está la victoria. ¡Ay de mí! ¡Señor, apiádate de mí! ¡Ay de mí! He aquí mis heridas, que no escondo; Tú eres el médico, yo el enfermo; eres misericordioso, yo desdichado. ¿Acaso no es la vida humana en la tierra toda una prueba? ¿Quién desea problemas y dificultades? Tú ordenas soportarlos, no amarlos. Nadie ama lo que soporta, aunque ame soportar. Porque, aunque se alegre de hacerlo, preferiría que no hubiera nada que soportar. En la adversidad anhelo la prosperidad, y en la prosperidad temo la adversidad. ¿Qué lugar intermedio hay entre ambas, donde la vida humana no sea una prueba? ¡Ay de las prosperidades del mundo, una y otra vez, por el temor a la adversidad y la corrupción de la alegría! ¡Ay de las adversidades del mundo, una y otra vez, y una tercera vez, por el anhelo de prosperidad, y porque la adversidad misma es dura, y para que no destroce la resistencia! ¿No es la vida humana en la tierra una prueba constante?

Y toda mi esperanza no está sino en Tu inmensa misericordia. Da lo que ordenas, y ordena lo que quieras. Tú nos ordenas la continencia; y cuando supe que ningún hombre puede ser continente, a menos que Dios lo conceda, según dice uno, comprendí que saber de quién es el don también era parte de la sabiduría. Ciertamente, por medio de la continencia se nos reúne y se nos devuelve a la unidad desde donde nos dividimos en muchos. Pues muy poco te ama quien junto contigo ama algo y no lo ama por ti. ¡Oh, amor, que siempre ardes y nunca te consumes! ¡Oh caridad, Dios mío, enciéndeme! Tú ordenas la continencia: dame lo que Tú ordenas, y ordena lo que Tú quieras.

En verdad, Tú me ordenas contenerme de los deseos de la carne, los deseos de los ojos y la ambición del mundo (ver 1 Jn. 2:16). Ordenas abstenerse del concubinato; y en cuanto al matrimonio mismo, has aconsejado algo mejor que lo que Tú has permitido. Y desde que lo concediste, se cumplió, incluso antes de hacerme dispensador de Tu sacramento. Sin embargo, todavía viven en mi memoria (de la que he hablado mucho) las imágenes de las cosas que mi mala costumbre fijó allí; imágenes que me persiguen, sin fuerza cuando estoy despierto, pero en los sueños, no solo llegan a dar placer, sino incluso a obtener consentimiento, y es muy parecido a la realidad. Y hasta tal punto prevalece la ilusión de la imagen en mi alma y en mi carne, que, cuando duermo, las falsas visiones persuaden a lo que, al despertar, la verdadera no puede. ¿No soy entonces yo mismo, Señor, mi Dios? Y, sin embargo, ¡hay tanta diferencia entre yo y yo mismo, durante ese momento en el que paso de la vigilia al sueño, o vuelvo del sueño a la vigilia! ¿Dónde está entonces la razón por la que al estar despierto resisto tales sugestiones? Y si se me presentan tales cosas, permanezco inamovible. ¿Acaso se cierra la razón con los ojos? ¿Se adormece con los sentidos del cuerpo? ¿Y cómo es que a menudo, incluso durante el sueño nos resistimos, y conscientes de nuestro propósito y permaneciendo castamente en él no cedemos a tales tentaciones? Y, sin embargo, hay tanta diferencia que cuando sucede lo contrario, al despertar volvemos a la paz de la conciencia, y por esta misma diferencia descubrimos que no hicimos lo que sin embargo lamentamos que de alguna manera se haya hecho en nosotros.

¿Acaso no tienes poder, Dios todopoderoso, para curar todas las enfermedades de mi alma, y por Tu gracia más abundante apagar incluso los impulsos impuros de mis sueños? Aumentarás, Señor, más y más en mí Tus dones, para que mi alma me siga en pos de Ti, libre de la trampa de la concupiscencia; para que no se rebele contra sí misma, y en los sueños no solo no cometa, por medio de imágenes de los sentidos, esas corrupciones degradantes, hasta la contaminación de la carne, sino que ni siquiera las consienta. Para que nada de este tipo tenga la más mínima influencia sobre los puros sentimientos incluso de uno que duerme, ni siquiera la influencia que un pensamiento podría frenar. Obrar esto, no solo durante la vida, sino incluso a esta edad, no es difícil para el Todopoderoso, que es capaz de hacer las cosas «mucho más abundantemente de lo que pedimos o entendemos» (Ef. 3:20).

No obstante, lo que todavía soy en este tipo de mal mío lo he confesado a mi buen Señor; y me alegro con temblor por lo que me has concedido, y lamento aquello en lo que todavía soy imperfecto. Espero que perfecciones Tus misericordias en mí, hasta la paz perfecta que mi ser exterior e interior tendrá contigo cuando sorbida sea «la muerte en victoria» (1 Cor. 15:54).

Hay otro mal del día, que ojalá le bastase. Porque al comer y al beber reparamos la decadencia diaria de nuestro cuerpo, hasta que Tú destruyas tanto el vientre como la carne, cuando elimines mi vacío con una maravillosa plenitud, y vistas a este cuerpo corruptible con una incorrupción eterna. Sin embargo, ahora me es grata la necesidad, contra cuya dulzura lucho para no ser su cautivo; y mantengo una guerra diaria mediante ayunos, con los que a menudo someto a mi cuerpo; y mis dolores se quitan con el placer. Porque el hambre y la sed son en cierto modo dolores; arden y matan como la fiebre, a menos que la medicina de los alimentos venga en nuestra ayuda. Y como están al alcance de la mano mediante los consuelos de Tus dones, con los que la tierra, el agua y el aire sirven a nuestra debilidad, llamamos gratificación a nuestra calamidad.

Esto me has enseñado, que debo proponerme tomar los alimentos como si fueran medicamentos. Sin embargo, mientras paso de la molestia del vacío a la satisfacción que provoca la refacción, en ese mismo tránsito me acosa la trampa de la concupiscencia. Porque ese tránsito es placentero, y no hay otra manera de pasar adonde debemos llegar por necesidad. Y al ser la salud la causa de que comamos y bebamos, nos acompaña entonces un placer peligroso, que casi siempre se esfuerza por señalar el camino, de modo que puedo hacer por él lo que digo que hago, o deseo hacer, por la salud. Y la medida no es la misma en ambos casos, porque lo que es suficiente para la salud, es demasiado poco para el placer. Por lo tanto, muchas veces no se sabe con certeza si es el cuidado necesario del cuerpo el que pide el sustento, o si es un engaño voluptuoso de la glotonería el que lo solicita. Ante esta incertidumbre se regocija el alma infeliz, y prepara su excusa con ella, alegre de que no quede claro lo que es suficiente para el mantenimiento de la salud, para poder ocultar la gratificación bajo el manto de la salud. Intento resistir estas tentaciones cada día, e invoco Tu diestra, y a Ti traslado mis perplejidades; porque todavía no tengo un parecer establecido sobre este asunto.

Escucho la voz de mi Dios que me ordena: «Que vuestros corazones no se carguen de glotonería y embriaguez» (Luc. 21:34). La embriaguez está lejos de mí; Tú tendrás misericordia para que no se acerque. Sin embargo, el deseo de comer hasta la saciedad a veces se introduce sigilosamente en Tu siervo; tendrás misericordia, para que esté lejos de mí. Porque nadie puede ser continente si Tú no lo concedes. Muchas cosas nos das, al orar por ellas; y cualquier bien que hayamos recibido antes de orar, de Ti lo recibimos; lo recibimos antes para que después sepamos esto. Nunca fui adicto al vino, pero he conocido a personas que sí lo han sido y se han vuelto abstemias por Ti. De Ti proviene que no lo sean los que nunca lo han sido, y de Ti proviene que no lo continúen siendo los que lo han sido, y también que unos y otros sepan de quién proviene. Escuché otra voz Tuya: «No vayas en pos de tus concupiscencias, y apártate de tu placer». Además, por Tu gracia oí lo que tanto he amado: «Ni porque comamos abundaremos; ni porque no comamos nos faltará»;

es decir, ni lo uno me hará abundante, ni lo otro miserable. Escuché también algo más, pues he aprendido a contentarme, cualquiera que sea mi situación; sé tener abundancia y cómo padecer necesidad. Todo lo puedo en Cristo que me fortalece (Fil. 4:11-13). He aquí un soldado del campamento celestial, no el polvo que somos. Pero recuerda, Señor, que somos polvo, y que del polvo has hecho al hombre (Gén. 2:7); y estaba perdido y ha sido hallado. No podía hacer esto por sí mismo, porque aquel a quien amé tanto, al decir esto por el soplo de Tu inspiración, era del mismo polvo. Todo lo puedo hacer (afirma él) en Aquel que me fortalece. Fortaléceme para que yo pueda; da lo que ordenas, y ordena lo que quieras. Él confiesa haberlo recibido, y cuando se gloría, en el Señor se gloría. Escuché a otro suplicar para recibirlo. Quita de mí (expresa) la concupiscencia del vientre; de donde se desprende, oh mi santo Dios, que Tú das cuando se hace lo que Tú mandaste hacer.

Me has enseñado, Padre bueno, que todas las cosas son puras para los puros; pero que es malo para el hombre comer con agravio; y, que todo lo que creaste es bueno, y nada es de desecharse, si se toma con acción de gracias; y que la comida no nos encomienda a Dios; y, que nadie nos juzgue en comida o en bebida; y que el que come, no menosprecie al que no come, y el que no come, no juzgue al que come. Estas cosas he aprendido, gracias a Ti, alabado seas, Dios mío, mi Maestro, que llamas a mis oídos, que iluminas mi corazón; líbrame de toda tentación. No temo la impureza de la comida, sino la impureza del deseo. Sé que a Noé se le permitió comer toda clase de carne que fuera buena para la alimentación; que Elías se alimentó de carne; que dotado de una admirable abstinencia, no se contaminó al alimentarse de seres vivos, de langostas. Sé además que a Esaú lo engañaron por su deseo de comer lentejas; y que David se culpó a sí mismo por desear un poco de agua; y que nuestro Rey no fue tentado con la carne como alimento, sino con el pan. Y por lo tanto, el pueblo en el desierto también mereció la reprensión, no por desear comer carne, sino porque murmuró contra el Señor por el deseo de comida.

Entonces, en medio de estas tentaciones, lucho diariamente contra la concupiscencia en el comer y en el beber. Porque no es algo que se pueda cortar de raíz, y no hacerlo nunca más, como pude hacer con el concubinato. Es necesario tensar y aflojar las riendas de la gula para buscar la moderación. ¿Y quién es, oh Señor, el que no se deja llevar un poco más allá de los límites de la necesidad? Quienquiera que sea, es grande; haz que engrandezca Tu nombre. Pero yo no soy tal, pues soy un hombre pecador. Sin embargo, yo también engrandezco Tu nombre; e intercede ante Ti por mis pecados Aquel que ha vencido al mundo; y me cuenta entre los miembros débiles de Su cuerpo; porque Tus ojos han visto lo que en él es imperfecto, y en Tu libro estará todo escrito.

Los atractivos de los olores no me preocupan mucho. Cuando están ausentes, no los echo de menos; cuando están presentes, no los rechazo; pero siempre estoy dispuesto a permanecer sin ellos. Así me veo; tal vez me engañe. Porque también debo lamentar esa oscuridad por la que se me ocultan mis capacidades internas; de modo que mi mente, al indagar sobre sus propias facultades, no se atreve a creerse a sí misma; porque incluso lo que hay en ella está mayormente oculto, a menos que la experiencia lo revele. Y nadie debe estar seguro en esta vida, completamente llena de pruebas, de que quien ha sido capaz de ir de lo peor a lo mejor, no pueda igualmente ir de lo mejor a lo peor. Nuestra única esperanza, nuestra única confianza, nuestra única promesa segura es Tu misericordia.

Los placeres del oído me habían atrapado y sometido más firmemente; pero me desataste y me liberaste. Ahora, en esas melodías a las que Tus palabras dan vida, cuando se cantan con una voz dulce y afinada, me deleito un poco; pero no me retienen, sino que puedo apartarme de ellas cuando quiera. Sin embargo, con las palabras que son su vida y por las que encuentran su entrada en mí, buscan ellas mismas un lugar de cierta importancia en mis sentimientos, y apenas puedo asignarles uno adecuado. Porque a veces me parece que les doy más importancia de lo debido, al sentir que nuestras mentes se elevan más santa y fervientemente a la llama de la devoción cuando esas mismas palabras sagradas se cantan, que cuando no; y que los diversos sentimientos de nuestro espíritu, de una dulce variedad, tienen sus propias medidas en la voz y el canto, por alguna correspondencia oculta con la que se estimulan. Sin embargo, esta satisfacción de la carne, a la que el alma no se debe entregar para enervarse, me engaña a menudo, pues el sentido no espera a la razón para seguirla pacientemente, sino que, al haber sido admitido por ella, se esfuerza incluso por correr delante de ella y guiarla. Así peco en estas cosas sin saberlo, pero después me doy cuenta de ello.

Otras veces, cuando eludo con excesiva cautela este mismo engaño, me equivoco al ser demasiado estricto; y a veces hasta tal punto, que deseo que se destierre de mis oídos, y de los de la iglesia, cualquier melodía de la placentera música que se emplea en el salterio de David. Y me parece más seguro aquello que a menudo escuché sobre Atanasio, obispo de Alejandría, quien hacía que el lector del salmo lo pronunciara con tan ligera inflexión de voz, que estaba más cerca de hablar que de cantar. Sin embargo, cuando recuerdo las lágrimas que derramé por la salmodia de Tu iglesia, al principio de recuperar mi fe; y cómo hoy me conmuevo, no con el canto, sino con las cosas cantadas, cuando se cantan con una voz clara y una modulación adecuada, reconozco la gran utilidad de esta costumbre. Así, me debato entre el peligro del placer y la utilidad demostrada; y me inclino más bien (aunque no para dar una opinión irrevocable) a aprobar el uso del canto en la iglesia; para que así, mediante el deleite de los oídos, las mentes más débiles se eleven al sentimiento de la devoción. Sin embargo, cuando me sucede que me conmueve más la voz que las palabras cantadas, confieso haber pecado con merecimiento de castigo, y entonces preferiría no oír la música. He aquí el estado en que me encuentro ahora; lloren conmigo, y lloren por mí, ustedes que regulan sus sentimientos en su interior, para que se produzca la buena obra. Porque a ustedes que no actúan, estas cosas no los conmueven. Pero Tú, Señor, mi Dios, escucha, mira, ve, ten piedad y sáname, Tú, en cuya presencia me he convertido en un problema para mí mismo; y esa es mi enfermedad.

Resta el placer de los ojos de mi carne, sobre el que confesaré para que lo escuchen los oídos de Tu templo, esos oídos fraternos y devotos; y concluir así con las tentaciones de la concupiscencia de la carne, que aún me acosan, mientras gimo y deseo ser revestido de aquella nuestra habitación celestial. Los ojos aman las formas bellas y variadas, y los colores brillantes y suaves. Que tales cosas no ocupen mi alma; que la ocupe Dios, que las hizo, muy buenas por cierto, pero Él es mi bien y no ellas. Y estas me afectan cuando estoy despierto, todo el día, no me dan descanso, como me lo da la música, a veces en silencio, y todas las voces. Porque la reina de los colores, la luz, que baña todo lo que contemplamos, se me presenta en variadas formas dondequiera que me encuentre a lo largo del día, y me calma cuando estoy ocupado en otras cosas y no la observo. Y se entrelaza con las cosas de tal manera, que si se retira repentinamente, se busca con anhelo, y si está ausente mucho tiempo, se entristece la mente.

Oh Tú, luz, la que veía Tobías cuando con ojos cerrados enseñó a su hijo el camino de la vida; y él mismo iba delante con los pies de la caridad, sin desviarse jamás. O la que vio Isaac, cuando al tener sus ojos carnales fatigados y apagados por la vejez, se le concedió no bendecir a sus hijos al reconocerlos, sino reconocerlos por la bendición (Gén. 27). O la que vio Jacob, cuando también ciego por su avanzada edad, con el corazón iluminado, anunció en sus hijos los linajes del futuro pueblo; y sobre sus nietos nacidos de José puso sus manos místicamente cruzadas, no como José lo corrigió por su ojo exterior, sino como él mismo discernió interiormente (Gén. 48:13-20). Esa es la luz, es solo una, y quienes la ven y la aman se vuelven uno. Sin embargo, la luz corpórea de la que antes hablé, con su dulzura tentadora y peligrosa condimenta la vida de este mundo para sus ciegos amantes. Pero los que saben alabarte por ella, «oh Señor, creador de todas las cosas», la recogen en Tus himnos, y no se dejan llevar por ella en su sueño. Así deseo ser. Me resisto a estas seducciones de los ojos, no sea que mis pies con los que ando por Tu camino queden atrapados; y alzo mis ojos invisibles hacia Ti, para que saques mis pies de la trampa. Tú los sacas siempre y pronto, porque están atrapados. No dejas de hacerlo, mientras caigo a menudo en las trampas que me tienden por todas partes; porque Tú, que guardas a Israel, no te adormeces ni duermes (Sal. 121:4).

Cuán innumerables son las cosas, hechas por diversas artes y manufacturas, en nuestros vestidos, zapatos, utensilios y en toda clase de obras, cuadros también y diversas imágenes, que exceden todo uso necesario y moderado y todo sentido piadoso y que los seres humanos han añadido para tentar sus propios ojos con ellas; ¡siguen exteriormente lo que ellos mismos hacen, abandonan interiormente a Aquel por quien ellos mismos fueron hechos, y destruyen lo que ellos mismos son! No obstante, Dios mío y Gloria mía, de aquí yo también te canto un himno, y consagro alabanzas a Aquel que me consagra, porque esos hermosos diseños que a través de las almas de los humanos se transmiten a sus hábiles manos, provienen de esa belleza que está por encima de nuestras almas, por la cual la mía suspira día y noche. Sin embargo, los artífices y seguidores de las bellezas exteriores extraen de allí la regla para juzgarlas, pero no de cómo usarlas. Y Él está allí, aunque no lo perciban, para que no se extravíen, sino que guarden sus fuerzas para Ti, y no las disipen en fatigas placenteras. Y mientras digo y veo esto, enredo mis pasos con esas bellezas exteriores; pero Tú me libras de ellas, oh Señor, me libras, porque Tu misericordia está ante mis ojos. Porque quedo atrapado miserablemente, y Tú me libras misericordiosamente; unas veces sin yo percibirlo, cuando solo me había fijado un poco en ellas; otras veces con dolor, pues ya estaba atrapado en ellas.

A esto se añade otra forma de tentación mucho más peligrosa. Porque además de esa concupiscencia de la carne que consiste en el deleite de todos los sentidos y placeres, en la que aquellos que son sus esclavos se alejan de Ti y perecen, el alma tiene a través de los mismos sentidos del cuerpo un cierto deseo vano y curioso, enmascarado con el nombre de conocimiento y aprendizaje, no de deleitarse en la carne, sino de hacer experimentos a través de ella. Al estar su sede en el apetito de conocer, y ser la vista el sentido principalmente utilizado para alcanzar el conocimiento, se denomina en lenguaje divino los deseos de los ojos. Porque ver pertenece propiamente a los ojos, sin embargo, usamos esta palabra también para los demás sentidos cuando los empleamos en la búsqueda del conocimiento. Pues no decimos: escucha cómo destella, ni huele cómo brilla, ni saborea cómo resplandece, ni palpa cómo reluce; sino que de todas estas cosas decimos que se ven. Y sin embargo, no solo decimos «mira cómo brilla», algo que solo los ojos pueden percibir; sino también: mira cómo suena, mira cómo huele, mira cómo sabe, mira qué duro es. Y así, a la experiencia general de los sentidos, como se ha dicho, la llamamos los deseos de los ojos, porque el oficio de ver, que es facultad de los ojos, los demás sentidos se lo atribuyen, a modo de similitud, cuando participan en la búsqueda de cualquier conocimiento.

No obstante, a partir de esto se puede distinguir con mayor claridad cuándo el objeto de los sentidos es el placer y cuándo la curiosidad; porque el placer busca las cosas bellas, melodiosas, fragantes, sabrosas, suaves; pero la curiosidad también busca lo contrario, no para sufrir molestias, sino por el deseo de experimentar y conocer. Pues ¿qué placer se obtiene al ver en un cadáver destrozado aquello que te hará estremecer? Y sin embargo, si se encuentra cerca, muchos acuden a ese lugar, para entristecerse y palidecer. E incluso temen verlo en sueños. ¡Como si cuando están despiertos alguien los obligara a verlo, o los comentarios sobre su belleza los persuadieran de ir a ese lugar! Así también sucede con los otros sentidos, lo cual sería muy largo de explicar. De esta enfermedad de la curiosidad provienen todas esas cosas extrañas que se exhiben en el teatro. De ahí que las personas vayan en busca de los poderes ocultos de la naturaleza (que está más allá de nuestro fin), de los que no se obtiene ningún beneficio y simplemente se desean conocer. De ahí también que se investiguen las artes mágicas con ese mismo fin de conocimiento pervertido; y también que en la religión misma se tiente a Dios, cuando se le exigen señales y prodigios, que no se desean para ningún fin bueno, sino simplemente para hacer la prueba.

En este laberinto tan vasto, lleno de asechanzas y peligros, he aquí que he arrancado muchos de ellos y los he expulsado de mi corazón, como Tú me has concedido, oh Dios de mi salvación. Y, sin embargo, ¿cuándo me atreveré a decir, ya que tantas cosas de este tipo aparecen por todas partes en nuestra vida cotidiana, cuándo me atreveré a decir que nada de este tipo atrae mi atención, ni causa en mí un interés ocioso? Es cierto que los teatros ya no me atraen, ni me interesa conocer el curso de las estrellas, ni mi alma consultó jamás a los fantasmas de difuntos; y detesto todos los misterios sacrílegos. Señor Dios mío, a quien debo un servicio humilde y sincero, ¡con cuantos ardides persuasivos trata el enemigo de convencerme para que desee alguna señal de Ti! Pero te suplico por nuestro Rey, y por nuestra pura y santa patria, Jerusalén, que así como está lejos de mí consentir estas cosas, lo esté cada vez más. Sin embargo, cuando te ruego por la salvación de alguien, mi fin e intención es muy diferente. Tú me concedes y me concederás el seguirte de buena gana, para hacer lo que Tú quieras.

Sin embargo, ¿quién podría contar la cantidad de cosas insignificantes y despreciables con que es tentada diariamente nuestra curiosidad, y cuántas veces cedemos? Cuántas veces empezamos por tolerar las historias vanas que se cuentan, como para no ofender a los débiles; luego, poco a poco, nos interesamos en ellas. No voy ahora al circo para ver cómo un perro persigue a una liebre; pero si se da esa persecución en el campo, posiblemente me distraerá incluso de algún pensamiento importante, y atraerá mi atención. No es que desvíe mi bestia por eso, pero mi mente sí se siente atraída hacia ese lugar. Y a menos que Tú me hagas ver mi debilidad y me amonestes rápidamente, ya sea a través de la vista misma, por alguna contemplación, para que me eleve hacia Ti, o al hacerme despreciarla y pasar de largo, me quedo dulcemente fijado en ella. ¿Y qué decir cuando, sentado en casa, a menudo llama mi atención una lagartija que atrapa moscas, o una araña que las enreda en su tela? ¿Es acaso diferente porque no son más que pequeñas criaturas? De esas cosas paso a alabarte a Ti, el maravilloso Creador y Ordenador de todo, pero esto no llama primero mi atención. Una cosa es elevarse rápidamente y otra no caer. Y de tales cosas está llena mi vida; y mi única esperanza es Tu maravillosa y gran misericordia. Porque cuando nuestro corazón se convierte en el receptáculo de tales cosas, y se sobrecarga con montones de esa abundante vanidad, entonces nuestras oraciones también son a menudo interrumpidas y distraídas por ellas, y mientras en Tu presencia dirigimos la voz de nuestro corazón a Tus oídos, algo tan grande como eso se interrumpe por la aparición de no sé qué pensamientos ociosos. ¿Debemos, pues, contar esto también entre las cosas de poca importancia, o nos hará volver a la esperanza algo que no sea Tu completa misericordia, ya que has comenzado a cambiarnos?

Y Tú sabes hasta qué punto me has cambiado, que primero me sanaste del deseo de vengarme, para que así pudieras perdonar el resto de mis iniquidades, y sanar todas mis flaquezas, y rescatar mi vida de la corrupción, y coronarme con misericordia y piedad, y satisfacer mi deseo con cosas buenas; Tú que frenaste mi orgullo con Tu temor y domaste mi cuello con Tu yugo. Y ahora lo llevo y me resulta ligero, porque así lo has prometido y cumplido; y en verdad era así, y no lo sabía cuando temía someterme a él.

Sin embargo, oh Señor, solo Tú eres Señor sin arrogancia, porque eres el único Señor verdadero, que no tiene señor; ¿acaso ha cesado también en mí esta tercera clase de tentación, o puede cesar a lo largo de esta vida? ¿La tentación de ser temido y amado por las personas, sin otro fin que el de tener en ello un gozo que no es tal? ¡Es una vida desdichada y una jactancia inmunda! De ahí se deriva mayormente que las personas no te amen ni te teman con pureza. Por eso resistes a los soberbios, y das gracia a los humildes (Sant. 4:6); y truenas contra las ambiciones del mundo, y tiemblan los cimientos de los montes (Jer. 4:24). Porque ahora ciertos oficios de la sociedad humana hacen necesario que las personas nos amen y nos teman, y el adversario de nuestra verdadera bienaventuranza nos acecha y extiende por todas partes sus trampas con el cebo de las palabras «bien hecho, bien hecho», para que cuando nos detengamos a recogerlas con avidez, caigamos en ellas desprevenidos, y apartemos nuestra alegría de Tu verdad y la pongamos en la falsedad de los seres humanos; y nos complazcamos en ser amados y temidos, no por Tu causa sino en Tu lugar; y así, al habernos hecho semejantes a él, pueda tenernos por suyos, no con los lazos de la caridad, sino con los del castigo, él que se propuso poner su trono en el norte, para que lo sirvan oscura y fríamente, y te imitó de una forma pervertida y torcida. En cambio nosotros, oh Señor, he aquí que somos Tu pequeño rebaño; poséenos como Tuyos, extiende Tus alas sobre nosotros y déjanos volar bajo ellas. Sé Tú nuestra gloria; haz que seamos amados por Ti, y que Tu Palabra sea temida en nosotros. Quien quiere ser alabado por la gente cuando Tú lo culpas, no será defendido por las personas cuando Tú lo juzgues; ni liberado cuando Tú lo condenes. No obstante, cuando no es el pecador quien es alabado en los deseos de su alma, ni es bendecido el que obra impíamente, sino que se alaba a un hombre por algún don que Tú le has dado, y este se alegra más de que lo alaben que de tener el don por el que lo alaban, también él es alabado mientras Tú lo censuras; y mejor es el que alaba que el que recibe la alabanza. Porque el uno se complace por el don de Dios en el hombre; el otro se complace más por el don del hombre, que por el de Dios.

Estas tentaciones nos acosan diariamente, oh Señor; nos acosan sin cesar. Nuestro horno cotidiano es la lengua humana. Y en esto también nos mandas a ser continentes. Da lo que ordenas, y ordena lo que quieras. Tú conoces los gemidos de mi corazón en este asunto, y los torrentes de mis ojos. Porque no puedo saber hasta qué punto estoy limpio de esta plaga, y temo mucho mis pecados secretos, que Tus ojos conocen pero los míos no ven. Y es que en otros tipos de tentaciones tengo algún medio de examinarme; pero en esta, casi ninguno. Pues, al refrenar mi mente de los placeres de la carne y de la curiosidad ociosa veo cuánto he alcanzado cuando prescindo de ellos; al renunciar a ellos, o al no tenerlos. Porque entonces me pregunto cuánto me molesta no tenerlos. Así, las riquezas que se desean alcanzar para que sirvan a alguna de estas tres concupiscencias, o a dos de ellas o a todas, si el alma no puede discernir si las desprecia o no cuando las tiene, puede desecharlas para hacer la prueba. Sin embargo, para carecer de alabanzas, y poner a prueba con ello nuestras facultades, ¿acaso no deberíamos vivir tan mal, tan abandonados y de una forma tan atroz, que todo el que nos conozca nos detestaría? ¿Qué mayor locura puede decirse o pensarse? Mas si la alabanza suele y debe acompañar a la vida buena y a las buenas obras, no debemos renunciar entonces a la vida buena ni a su compañera la alabanza. Sin embargo, solo sabré si puedo estar bien o mal sin algo luego de experimentar su falta.

¿Qué te confieso, oh Señor, en esta clase de tentación? ¿Qué te confieso sino que me complacen las alabanzas? Aunque me complace la verdad misma, más que la alabanza. Porque si me dieran a elegir entre ser una persona frenética y equivocada en todas las cosas, pero que recibe el halago de todos, o ser alguien consecuente y asentado en la verdad, pero que todos censuran, estoy seguro de lo que debería elegir. Sin embargo, de buena gana quisiera que la aprobación de otro no aumentara mi gozo por ningún bien que haya en mí. No obstante, reconozco que lo aumenta, y no solo eso, sino que la censura lo disminuye. Y cuando me siento turbado por esta desdicha mía, se me ocurre una excusa, que si es buena o mala Tú lo sabes, pues a mí me deja perplejo. Porque, ya que no solo nos has ordenado la continencia, es decir, de qué cosas apartar nuestro amor, sino también la justicia, esto es, en qué lo debemos depositar, y has querido que no solo te amemos a Ti, sino también a nuestro prójimo; a menudo, cuando me complace la alabanza inteligente, me parece que me complace la competencia de mi prójimo y lo prometedor que parece ser, y cuando lo oigo despreciar lo que no entiende o lo que es bueno, me apena el mal que hay en él. Porque a veces me afligen las alabanzas que recibo, ya sea cuando alguien alaba en mí aquellas cosas que me desagradan, o incluso cuando aprecia más de lo debido bienes que son menores e intrascendentes. Sin embargo, ¿cómo sé si me afecta de ese modo porque no deseo que quien me elogia difiera de mí en cuanto a mí mismo; no porque me preocupe por él, sino porque esas mismas cosas buenas que me agradan en mí, me agradan más cuando también agradan a otro? Porque de alguna manera no me alaban cuando no alaban el criterio que tengo sobre mí mismo; ya que, o bien elogian aquellas cosas que me desagradan, o estiman más aquellas que me agradan menos. ¿Acaso estoy inseguro de mí mismo en este asunto?

He aquí que en Ti, oh verdad, veo que de las alabanzas recibidas no debo alegrarme por mi propio bien, sino por el bien de mi prójimo. Y si sucede así conmigo, no lo sé. Porque en esto sé menos de mí mismo que de Ti. Te ruego ahora, oh Dios mío, que me muestres a mí mismo, para que pueda confesarlo a mis hermanos, que han de orar por mí, en qué me encuentro mutilado. Permíteme volver a examinarme con más diligencia. Si al recibir la alabanza me conmueve el bien de mi prójimo, ¿por qué me conmueve menos si calumnian injustamente a otra persona que si me calumnian a mí? ¿Por qué me duele más el reproche que se me hace, que el que se le hace a otro, con la misma injusticia, en mi presencia? ¿Será que también desconozco esto? ¿O es que finalmente me engaño a mí mismo, y no digo la verdad ante Ti, ni con el corazón ni con la lengua? Aleja de mí, Señor, esta locura, no sea mi propia boca el aceite de pecador para ungir mi cabeza. Soy pobre y necesitado; sin embargo, soy mejor cuando con gemidos ocultos me desagrado a mí mismo y busco Tu misericordia, hasta que se corrijan mis defectos, y así alcanzar esa paz que el ojo de los soberbios no conoce.

Sin embargo, la palabra que sale de la boca, y las obras que son conocidas por las personas, traen consigo una peligrosísima tentación debido al amor a la alabanza, que solicita y recoge las opiniones de la gente para establecer cierta excelencia propia. Tienta, incluso cuando lo reprendo en mí mismo, por la misma acción de haberlo reprendido; y a menudo se gloría más vanamente de haber despreciado la vanagloria; y así ya no es del desprecio de la vanagloria de lo que se gloría; porque no la desprecia cuando se gloría.

Dentro también, dentro hay otro mal, que surge de una tentación semejante; por el cual las personas se envanecen, y se sienten complacidas de sí mismas, aunque no agraden, sino más bien desagraden a los demás, ni tengan deseo alguno de agradarles. Sin embargo, al agradarse a sí mismas, te desagradan mucho, no solo cuando se complacen en las cosas no buenas como si fueran buenas, sino en las cosas buenas Tuyas como si fueran suyas; o incluso como si fueran Tuyas, pero como si las recibieran por sus propios méritos; o incluso como si fueran de Tu gracia, pero sin verlas con regocijo fraternal, sino que envidian esa gracia en los demás. En todos estos peligros y dificultades, y en otros similares, Tú ves el temblor de mi corazón; y prefiero que Tú sanes mis heridas, a no infligírmelas yo mismo.

¿Dónde no has caminado conmigo, oh Verdad, para enseñarme de qué debía cuidarme y qué debía desear; cuando te refería lo que podía descubrir aquí abajo y te consultaba? Inspeccioné el mundo como pude, con mis sentidos exteriores, y observé la vida, que mi cuerpo tiene de mí, y estos mis sentidos. Desde allí entré en los recovecos de mi memoria, esas múltiples y espaciosas cámaras, maravillosamente dotadas de innumerables almacenes; y consideré todas estas cosas y quedé atónito, sin poder discernir nada de ellas sin Ti, y no encontré que ninguna de ellas fuera Tú. Ni tampoco eras yo mismo, que descubría estas cosas, que las recorría todas y me esforzaba por distinguirlas y valorarlas según su excelencia, y recibía algunas a través de mis sentidos, y preguntaba sobre otras que sentía que estaban mezcladas conmigo, y clasifiqué y distinguí los propios sentidos trasmisores, y en el gran tesoro de mi memoria rebusqué ciertas cosas, almacené algunas y desenterré otras. Ni tampoco Tú eras yo mismo cuando hacía esto, es decir, que el poder por el que yo lo hacía no eras Tú, pues Tú eres la luz permanente, a quien consultaba sobre todas estas cosas, si existían, qué eran y cómo había que valorarlas; y te oía dirigirme y ordenarme; y esto lo hago a menudo, me deleita y en la medida en que puedo liberarme de los deberes necesarios, recurro a este placer. Y en ninguna de esas cosas que recorro cuando te consulto puedo encontrar un lugar seguro para mi alma, solo lo encuentro en Ti; en quien pueden reunirse mis miembros dispersos, y nada de mí se aparta de Ti. Y a veces provocas un sentimiento muy inusual en lo más íntimo de mi alma; que crece hasta convertirse en una extraña dulzura, y que si se perfeccionara en mí, creo que todo en ella pertenecería a la vida venidera. Sin embargo, por mis miserables lastres vuelvo a hundirme en estas cosas inferiores, y la costumbre anterior me arrastra y me retiene, y lloro mucho, pero mucho me retiene. Tanto pesa la carga de una mala costumbre. Aquí puedo quedarme, pero no quisiera; allí quisiera, pero no puedo; desdichado soy en ambos casos.

Por eso, he considerado las enfermedades de mis pecados en esa triple concupiscencia, y he llamado Tu diestra en mi ayuda. Porque con un corazón herido contemplé Tu resplandor, y deslumbrado expresé: «¿Quién puede llegar a ese lugar? Cortado soy de delante de Tus ojos». Tú eres la Verdad que preside sobre todas las cosas, pero yo, por mi codicia, no quise renunciar a Ti, sino que quise poseer contigo una mentira; de igual modo que nadie quisiera hablar la mentira hasta el punto de ignorar la verdad. Así pues, te perdí, porque no concedes que te posean con una mentira.

¿A quién podía encontrar para reconciliarme contigo? ¿Debía recurrir a los ángeles? ¿Con qué oraciones? ¿Con qué sacramentos? Muchos han tratado de volver a Ti, y al ser incapaces de hacerlo por sí mismos han intentado esto, según he oído, y han caído en el deseo de visiones curiosas, y los han considerado dignos de ser engañados. Porque, al ser altivos, te buscaron con el orgullo de la erudición, e hincharon su pecho en lugar de golpeárselo, y así, con el consentimiento de su corazón, atrajeron hacia sí al príncipe de la potestad del aire, compañero de conspiración de su orgullo, quien los engañó a través de influencias mágicas cuando buscaban a un mediador que los purificara, y no lo hubo. Pues era el diablo, que se transformaba en ángel de luz. Y mucho sedujo a la carne orgullosa, ya que él no tenía cuerpo de carne. Porque ellos eran mortales y pecadores; pero Tú, Señor, con quien ellos querían orgullosamente reconciliarse, eres inmortal y sin pecado. No obstante, un mediador entre Dios y los hombres debe tener algo de semejante a Dios, y algo de semejante a los hombres; no sea que si es en todo semejante a los hombres se aleje de Dios; o si en todo es semejante a Dios, sea entonces demasiado diferente a los hombres, y no sea mediador. Por lo tanto, ese mediador engañoso, por el que según Tu juicio secreto el orgullo mereció ser engañado, tendría una cosa en común con el hombre, que es el pecado; y parecería tener otra en común con Dios, y al no estar revestido de la mortalidad de la carne, se jactaría de ser inmortal. Aun así, como «la paga del pecado es muerte» (Rom. 6:23), esto es lo que tiene en común con los hombres, y con ellos debe ser condenado a muerte.

Sin embargo, el verdadero Mediador, a quien por Tu secreta misericordia revelaste a los humildes, y enviaste para que por Su ejemplo aprendan también esa misma humildad, ese Mediador entre Dios y los hombres, Jesucristo hombre, apareció entre los pecadores mortales y el Justo Inmortal; mortal con los hombres, justo con Dios, para que, puesto que la paga de la justicia es vida y paz, pudiera por la justicia unida a Dios anular esa muerte de los pecadores, ahora hechos justos, muerte que quiso tener en común con ellos. Por eso se mostró a los antiguos santos, para que fueran salvos por la fe en Su pasión venidera, como lo somos nosotros por la fe en la ya acontecida. Porque como hombre, fue mediador; pero como Verbo no está en medio de Dios y el hombre, porque es igual a Dios y es Dios con Dios, y junto con Él un solo Dios.

¡Cómo nos has amado, Padre bueno, que no perdonaste a Tu Hijo único, sino que lo entregaste por nosotros, los impíos!

¡Cómo nos has amado! A nosotros, por quienes Él, que no estimó el ser igual a Ti como cosa a que aferrarse (Fil. 2:6), se sometió hasta la muerte de cruz (Fil. 2:8). Él solo, libre entre los muertos, con el poder para dar Su vida, y poder para recuperarla. Por nosotros se hizo ante Ti vencedor y víctima, y por lo tanto vencedor por ser víctima; por nosotros se hizo ante Ti sacerdote y sacrificio, y por lo tanto sacerdote por el sacrificio; y de siervos que éramos nos hizo Tus hijos por haber nacido de Ti, y nos sirvió. Con razón mi esperanza es firme en Él, pues sé que sanarás todas mis dolencias, por aquel que está a Tu diestra e intercede por nosotros (Rom. 8:34); de lo contrario desesperaría. Porque mis dolencias son muchas y grandes, pero la medicina Tuya es más poderosa. Si Tu Palabra no se hubiera hecho carne y habitado entre nosotros podríamos haber imaginado que estabas lejos de cualquier unión con el ser humano, y desesperar de nosotros mismos.

Atemorizado por mis pecados y por el peso de mi desdicha, había meditado en mi corazón y me había propuesto huir al desierto; pero Tú me lo prohibiste, y me fortaleciste al decirme: «Por eso Cristo murió por todos, "para que los que viven, ya no vivan para sí, sino para aquel que murió y resucitó por ellos"» (2 Cor. 5:15). Mira, Señor, en Ti deposito toda preocupación, para poder vivir y contemplar las cosas maravillosas de Tu ley. Tú conoces mi impericia y mis debilidades; enséñame y sáname. Él, Tu único Hijo, en quien están escondidos todos los tesoros de la sabiduría y del conocimiento, me ha redimido con Su sangre. Que los soberbios no hablen mal de mí, porque pienso en mi rescate, y lo como, y lo bebo, y lo comunico; y pobre como soy deseo saciarme de Él, entre los que lo comen y se sacian, y alabarán al Señor los que le buscan.

Libro XI

Agustín interrumpe la historia de cómo Dios lo condujo a las órdenes sagradas, y «confiesa» las misericordias de Dios al abrirle la Escritura. No hay que entender a Moisés, sino a Cristo, ni siquiera las primeras palabras «En el principio creó Dios los cielos y la tierra». Responde a los detractores que preguntaron: «¿Qué hizo Dios antes de crear los cielos y la tierra, y por qué quiso finalmente hacerlos, y antes no los hizo?». Indaga sobre la naturaleza del tiempo.

Señor, ya que la eternidad es Tuya, ¿acaso ignoras lo que te digo? o ¿ves en el tiempo lo que ocurre en el tiempo? ¿Por qué entonces te relato en orden tantas cosas? No para que las conozcas a través de mí, sino para avivar mi propia devoción y la de mis lectores hacia ti, para que todos digamos: «Grande es Jehová, y digno de ser en gran manera alabado» (Sal. 48:1). Ya he expresado, y lo reitero, que por amor a Tu amor hago esto. Porque también oramos, y sin embargo la Verdad ha dicho:

«Vuestro Padre sabe de qué cosas tenéis necesidad, antes que vosotros le pidáis» (Mat. 6:8). Así pues, te expresamos nuestros afectos y confesamos nuestras desdichas y Tus misericordias con nosotros, para que nos liberes por completo, ya que has comenzado a hacerlo, y dejemos de ser desdichados en nosotros mismos y seamos bienaventurados en Ti; porque nos has llamado a ser pobres en espíritu y mansos, a sentir dolor, a estar hambrientos y sedientos de justicia, a ser misericordiosos, limpios de corazón y pacificadores (Mat. 5). He aquí que te he contado muchas cosas, como pude y según quise, porque Tú primero deseaste que te confesara, mi Señor Dios. Pues Tú eres bueno, ya que Tu misericordia es eterna.

Sin embargo, ¿cómo podré expresar con la lengua de mi pluma todas Tus exhortaciones, y todos Tus terrores, consuelos y guías, por los cuales me llevaste a predicar Tu Palabra y a dispensar Tu sacramento a Tu pueblo? Y aunque me baste con pronunciarlas en orden, las gotas de tiempo son preciosas para mí; y desde hace mucho ardo en deseos de meditar en Tu ley, y en ella confesarte mi habilidad y mi impericia, el amanecer de Tu iluminación y los restos de mis tinieblas, hasta que la fortaleza elimine la flaqueza. Y no quisiera que otra cosa me robara las horas que tengo libres de la necesidad de refrescar mi cuerpo y las capacidades de mi mente, y del servicio que debemos a los demás, o que llevamos a cabo aunque no lo debamos.

Señor, Dios mío, escucha mi oración, y que Tu misericordia atienda mi deseo, porque no está ansioso solo por mí, sino que quiere servir a la caridad fraterna; y Tú ves en mi corazón que así es. Quiero sacrificar para Ti el servicio de mi pensamiento y de mi lengua; dame Tú lo que pueda ofrecerte. Porque «estoy afligido y menesteroso» (Sal: 70:5), y Tú rico para todos los que te invocan; e inaccesible a los cuidados, cuidas de nosotros. Circuncida de toda imprudencia y de toda mentira mis labios interiores y exteriores; que Tu Escritura sea mi pura delicia, que no me engañe en ella, ni engañe yo con ella. Señor, escucha y compadécete, Señor Dios mío, luz de los ciegos y fortaleza de los débiles; y también luz de los que ven y fortaleza de los fuertes; escucha mi alma, y oye su clamor desde las profundidades. Porque si Tus oídos no están también con nosotros en las profundidades, ¿a dónde iremos? ¿A dónde clamaremos? Tuyo es el día y Tuya es la noche; a Tu señal pasan volando los momentos. Concédenos un espacio para nuestras meditaciones en las cosas ocultas de Tu ley, y no lo cierres ante nosotros que llamamos. Porque no en vano quisiste que se escribieran los oscuros secretos de tantas páginas; o no tienen estos bosques sus ciervos que se refugian en ellos y deambulan y se pasean; y pastan, se recuestan y rumian. Perfecciónname, oh Señor, y revélamelos. He aquí que Tu voz es mi alegría; Tu voz supera la abundancia de los placeres. Dame lo que amo, pues lo amo, y esto me lo has dado Tú: no abandones Tus propios dones, ni desprecies Tu hierba verde que tiene sed. Permíteme confesarte todo lo que encuentre en Tus libros, y escuchar la voz de la alabanza, y beber en Ti, y meditar en las maravillas de Tu ley; desde el principio en que hiciste los cielos y la tierra, hasta el reino de Tu santa ciudad, coeterno contigo.

Señor, ten piedad de mí y escucha mi deseo. Porque no es, según creo, de la tierra, ni de oro y plata, ni de piedras preciosas, ni de vestimentas hermosas, ni de honores y cargos, ni de placeres de la carne, ni de cosas necesarias al cuerpo ni a nuestra vida de peregrinación: todo lo cual se añadirá a los que buscan Tu reino y Tu justicia. He aquí, Señor, mi Dios, dónde está mi deseo. Los impíos me han hablado de delicias, pero no según Tu ley, oh Señor. He aquí en qué consiste mi deseo. Mira, Padre, mira, ve y aprueba; y sea agradable a los ojos de Tu misericordia que encuentre gracia delante de Ti, que se me abran al tocar su puerta las interioridades de Tus palabras. Te ruego por nuestro Señor Jesucristo, Tu Hijo, el Varón de Tu diestra, el Hijo de hombre que para Ti afirmaste como Tu mediador y el nuestro, por quien nos buscaste cuando no te buscábamos, pero nos buscaste para que te buscáramos; Tu Verbo, por medio de quien hiciste todas las cosas, y entre ellas también a mí; Tu Hijo único, por quien llamaste a la adopción al pueblo creyente, y entre ellos también a mí. Te lo suplico por Él, que está sentado a Tu diestra e intercede ante Ti por nosotros, en quien están escondidos todos los tesoros de la sabiduría y del conocimiento. Eso es lo que busco en Tus libros. De Él escribió Moisés; esto lo dice Él mismo; esto lo dice la Verdad.

Quisiera escuchar y entender, cómo «En el principio creó Dios los cielos y la tierra». Esto lo escribió Moisés, lo escribió y partió, pasó por lo tanto de Ti hacia Ti; tampoco está ahora ante mí. Porque si lo estuviera, lo abrazaría y le pediría, y le suplicaría por Ti que me aclarara estas cosas, y prestaría los oídos de mi cuerpo a los sonidos que salieran de su boca. Y si hablara en hebreo, en vano llamaría a mis oídos, ni nada de ello tocaría mi mente; pero si fuera en latín, sabría lo que dijo. Aun así, ¿cómo sabría si dice la verdad? Y si también lo supiera, ¿lo sabría por él? Ciertamente, dentro de mí, en la cámara de mis pensamientos, la Verdad, que no es ni hebrea, ni griega, ni latina, ni bárbara, sin los órganos de la voz ni de la lengua, ni el sonido de las sílabas me diría: «Es la verdad», e inmediatamente le expresaría con confianza a ese hombre Tuyo: «Dices la verdad». Sin embargo, como no puedo preguntarle a él, a Ti te suplico, oh Verdad, lleno de quien dijo él la verdad, a Ti, Dios mío, te suplico que perdones mis pecados; y a Ti, que le concediste a Tu siervo que hablara estas cosas, concédeme también a mí que las entienda.

He aquí que los cielos y la tierra existen; proclaman que fueron creados, pues cambian y varían. Mientras que todo lo que no ha sido hecho, y sin embargo existe, no tiene nada que antes no tenía; es decir, que cambie y varíe. También proclaman que no se hicieron a sí mismos; «así pues, existimos porque hemos sido hechos; no existíamos antes de existir para hacernos a nosotros mismos». Y la voz de los que así hablan es la evidencia de la cosa. Por lo tanto, Tú, Señor, los hiciste; que eres hermoso, porque son hermosos; que eres bueno, porque son buenos; que existes, porque ellos existen; sin embargo, no son hermosos ni buenos, ni existen como Tú su creador; comparado con quien no son ni hermosos, ni buenos, ni existen. Esto lo sabemos, gracias a Ti. Y nuestro conocimiento, comparado con Tu conocimiento, es ignorancia.

No obstante, ¿cómo hiciste el cielo y la tierra? y ¿cuál fue el medio que utilizaste para tan poderosa estructura? Porque no los hiciste como un artífice humano, que forma un cuerpo a partir de otro, según el criterio de su mente, la cual puede imponerle determinada forma que ve dentro de sí misma con su ojo interior. ¿Y cómo podría hacerlo, a menos que Tú hubieras creado esa mente? Y le da forma a lo que ya existe, y tiene un ser, como la arcilla, la piedra, la madera, el oro, o cosas similares. ¿Y de dónde provendrían estas cosas si Tú no las hubieras dispuesto? Hiciste el cuerpo del artífice, la mente que dirige sus miembros, la materia de la que hace cualquier cosa. Hiciste el ingenio por el que aprende su arte y ve interiormente lo que hace fuera. Hiciste el sentido de su cuerpo por el que, como por un intérprete, puede transmitir de la mente a la materia lo que hace, e informar a su mente de lo que se ha hecho, para que esta pueda consultar interiormente a la verdad, que la preside, si está bien hecho o no. Todas estas cosas te alaban a Ti, el Creador de todo. Sin embargo, ¿cómo las haces? ¿Cómo, oh Dios, hiciste el cielo y la tierra? En verdad, no hiciste el cielo y la tierra ni en el cielo, ni en la tierra; ni en el aire, ni en las aguas, ya que estas también pertenecen al cielo y a la tierra; ni hiciste la totalidad del mundo en la totalidad del mundo, porque no había lugar donde hacerlo, antes de que se creara para que existiera. Tampoco tenías nada en la mano de donde hacer el cielo y la tierra. Porque ¿de dónde tendrías algo que no habías creado, para a partir de eso crear algo? Pues ¿qué cosa existe, sino es porque Tú existes? Por eso hablaste y se hicieron las cosas, y en Tu Palabra las hiciste.

¿Pero cómo hablaste? ¿Fue acaso de la manera en que la voz salió de la nube cuando expresaste: «Este es mi Hijo amado» (Mat. 3:17)? Porque esa voz se escuchó y pasó, comenzó y terminó; las sílabas sonaron y pasaron, la segunda después de la primera, la tercera después de la segunda, y así en orden hasta la última después de las anteriores, y el silencio después de la última. De lo cual resulta bien claro y evidente que la expresaba el movimiento de una criatura, ella misma temporal, que servía a Tu eterna voluntad. Y el oído exterior trasmitió estas palabras Tuyas, pronunciadas en el tiempo, al alma inteligente, cuyo oído interior escuchaba Tu palabra eterna. Sin embargo, ella comparó estas palabras que sonaban temporalmente, con aquella Tu palabra eterna en el silencio, y manifestó: «Es diferente, muy diferente. Estas palabras están muy por debajo de mí, y no existen, porque huyen y desaparecen; pero la palabra de mi Señor permanece por encima de mí para siempre». Por lo tanto, si con palabras sonoras y pasajeras dijiste que se hicieran los cielos y la tierra, y así creaste los cielos y la tierra, antes de los cielos y la tierra había una criatura corpórea, por cuyos movimientos temporales podía aquella voz seguir su curso en el tiempo. Sin embargo, no había nada corpóreo antes de los cielos y la tierra; o si lo había, seguramente Tú lo habías creado sin esa voz transitoria, para de eso hacer la voz transitoria por la cual decir que se hicieran los cielos y la tierra. Porque cualquier cosa que fuera aquello de lo que se formó tal voz, no podía existir en absoluto a menos que fuera hecho por Ti. ¿Por qué palabra hablaste entonces para que se hiciera un cuerpo del cual surgieran después estas palabras?

Nos llamas, por tanto, a entender la Palabra, Dios, contigo Dios, la cual se habla eternamente, y por ella se hablan eternamente todas las cosas. Porque lo que se habló no se habló sucesivamente, de modo que una cosa concluyera para que se pudiera decir la siguiente, sino que todas se hablaron simultanea y eternamente. De lo contrario habría tiempo y cambio; y no una verdadera eternidad ni una verdadera inmortalidad. Esto lo sé, oh Dios mío, y te doy gracias. Lo sé, te lo confieso, Señor, y conmigo te conoce y te bendice todo aquel que no es ingrato para asegurar la verdad. Lo sabemos, Señor, lo sabemos; pues en la medida en que algo deja de ser lo que era, y es lo que no era, muere y nace. Por tanto, nada de Tu Palabra pasa ni cambia, porque es verdaderamente inmortal y eterna. Y por consiguiente, con la Palabra coeterna contigo, Tú dices a un tiempo y eternamente todo lo que dices, y se hace todo lo que dices que se haga. Y no lo haces de otra manera que al decirlo, y sin embargo no todas las cosas que haces al decirlo resultan simultaneas ni eternas. ¿Por qué, te lo suplico, Señor Dios mío? Lo veo de alguna manera, pero no sé cómo expresarlo. A menos que sea que todo lo que comienza a existir y deja de existir, comience y deje de existir cuando en Tu razón eterna, donde nada empieza ni acaba, se sabe que debe comenzar o acabar. Esta es Tu Palabra, que también es «Principio, porque también nos habla». Así habla en el evangelio por mediación de la carne; y así habló exteriormente en los oídos de los seres humanos, para que se creyera y se buscara interiormente, y se encontrara en la verdad eterna; donde el Maestro bueno y único enseña a todos Sus discípulos. Allí, Señor, oigo Tu voz que me habla; porque nos habla Aquel que nos enseña; pero el que no nos enseña, aunque hable, a nosotros no nos habla. ¿Quién nos enseña ahora, sino la verdad inmutable? Porque incluso cuando se nos amonesta por medio de una criatura mudable, se nos guía hacia la verdad inmutable; donde aprendemos de verdad cuando nos erguimos y lo oímos, y nos gozamos grandemente de la voz del esposo, que nos devuelve a Él, de quien somos. Y por lo tanto, es principio, porque si no permaneciera, cuando nos desviamos no habría lugar al que regresar. No obstante, cuando volvemos del error, es por medio del conocimiento; y para que sepamos, Él nos enseña, porque Él es el principio, y nos habla.

En este principio, oh Dios, creaste los cielos y la tierra, en Tu Palabra, en Tu Hijo, en Tu poder, en Tu sabiduría, en Tu verdad; hablaste maravillosamente y obraste de igual modo. ¿Quién lo comprenderá? ¿Quién lo declarará? ¿Qué es lo que resplandece a través de mí y golpea mi corazón sin herirlo, y me estremezco y enardezco? Me estremezco en la medida que no soy como ella; me enardezco por cuanto le soy semejante. Es la sabiduría, la sabiduría misma que brilla a través de mí; y corta mis nubes que de nuevo me cubren y me hacen desfallecer, a través de la oscuridad que por mi castigo se cierne sobre mí. Porque mi fortaleza se ha debilitado por la necesidad, de modo que no puedo soportar mis bendiciones, hasta que Tú, Señor, que has sido benévolo con todas mis iniquidades, sanes todas mis dolencias. Porque Tú también redimirás mi vida de la corrupción, y me coronarás de misericordia y compasión, y saciarás con bienes mi deseo, porque mi juventud se renovará como la del águila (Sal. 103:5). Porque en esperanza fuimos salvos, por lo que con paciencia aguardamos Tus promesas. Deja que el que pueda te escuche interiormente hablar desde Tu oráculo: yo clamaré con audacia cuán maravillosas son Tus obras, oh Señor, hiciste todas ellas con sabiduría (ver Sal. 104:24); y esta sabiduría es el principio, y en ese principio hiciste los cielos y la tierra.

¿No están llenos de su vieja levadura quienes nos preguntan?: «¿Qué hacía Dios antes de hacer los cielos y la tierra? Porque si estaba desocupado [dicen] y no obraba, ¿por qué no continuó siempre así, sin obrar, lo mismo que antes? Porque si surgiera en Dios un nuevo impulso y una nueva voluntad de crear algo, que nunca antes había hecho, ¿cómo puede haber entonces una verdadera eternidad donde surge una voluntad que antes no existía? Porque la voluntad de Dios no es algo creado, sino que es anterior a la creación; ya que nada podría ser creado si antes no existiera la voluntad del Creador. Por lo tanto, la voluntad de Dios pertenece a Su propia sustancia. Y si en la sustancia de Dios ha surgido algo que antes no existía, esa sustancia no puede llamarse verdaderamente eterna. Por otro lado, si la voluntad de Dios de que existiera la creación existe desde la eternidad, ¿por qué la creación no existe también desde la eternidad?».

Los que así hablan, no te entienden todavía, oh sabiduría de Dios, luz de las almas, no entienden todavía cómo se hacen las cosas que por Ti y en Ti se hacen; sin embargo, se esfuerzan por comprender las cosas eternas, mientras su corazón revolotea entre los movimientos de las cosas pasadas y las venideras, y sigue siendo inestable. ¿Quién lo frenará y lo fijará, para que se detenga un momento, y por un momento capte la gloria de esa eternidad que siempre permanece, y la compare con los tiempos que siempre pasan, y vea que es incomparable; y que un tiempo largo no puede hacerse largo, sino a partir de muchos movimientos que pasan, que no se pueden prolongar; pero que en lo eterno nada pasa, sino que el todo es presente; mientras que ningún tiempo puede ser todo a la vez presente; y que todo el tiempo pasado recibe el empuje del tiempo venidero, y todo lo venidero sigue al pasado; y todo lo pasado y lo venidero es creado y fluye de lo que es siempre presente? ¿Quién frenará el corazón del ser humano para que se detenga y vea cómo la eternidad siempre quieta, ni pasada ni por venir, dicta los tiempos pasados y por venir? ¿Puede mi mano hacerlo? ¿O puede la mano de mi boca por medio de la palabra realizar tamaña empresa?

He aquí lo que respondo al que pregunta: «¿Qué hizo Dios antes de crear el cielo y la tierra?». No respondo lo que se dice que alguien contestó jocosamente (para eludir la presión de la pregunta): «Estaba preparando el infierno [expresó] para los detectives de misterios». Una cosa es responder a las preguntas y otra es burlarse de los que preguntan. Así que no respondo eso; más bien respondería que no sé lo que no sé, antes que ridiculizar al que pregunta cosas profundas y ganar alabanza para el que responde cosas falsas. Pero yo digo que Tú, nuestro Dios, eres el Creador de toda creación; y si por el nombre «los cielos y la tierra» se entiende toda la creación, me atrevo a decir que antes de que Dios hiciera los cielos y la tierra, no hizo nada. Porque si hizo, ¿qué hizo sino una creación? Y ojalá yo supiera todo lo que deseo saber para mi beneficio como sé que ninguna creación se hizo antes de que se hiciera alguna creación.

Sin embargo, si algún cerebro digresivo recorre las imágenes de los tiempos pasados, y se pregunta si Tú, el Dios Todopoderoso, Creador y Sustentador de todo, hacedor del cielo y de la tierra, te abstuviste durante innumerables edades de realizar una obra tan grande, antes de hacerla; que despierte y considere que se maravilla con falsos conceptos. Porque ¿cómo podrían transcurrir innumerables edades que Tú no hiciste, Tú el Autor y Creador de todas las edades? ¿O qué tiempos habría que no fueran creados por Ti? ¿O cómo habrían de transcurrir si nunca existieron? Al ver, pues, que Tú eres el Creador de todos los tiempos, si existió algún tiempo antes de que hicieras los cielos y la tierra, ¿por qué dicen que Tú dejaste de obrar? Porque ese mismo tiempo lo hiciste Tú, y era imposible que transcurrieran los tiempos antes de que Tú hicieras esos tiempos. Pero si antes de los cielos y la tierra no había tiempo, ¿por qué preguntan qué hacías entonces? Pues al no haber tiempo no había «entonces».

Ni tampoco precedes temporalmente a los tiempos, de lo contrario no precederías a todos los tiempos. Sin embargo, Tú precedes a todas las cosas pasadas, por la excelsitud de una eternidad siempre presente; y sobrepasas todo lo futuro porque es futuro, y cuando llegue será pasado; pero Tú eres el mismo, y Tus años no acabarán. Tus años no vienen ni se van; mientras que los nuestros van y vienen, para que vengan todos. Tus años permanecen juntos, porque permanecen; y los años que vienen no desplazan a los que se van, porque no pasan; pero los nuestros estarán todos, cuando ya no existan. Tus años son un día; y Tu día no es cada día, sino un hoy, ya que Tu hoy no da lugar al mañana, porque tampoco sustituye al ayer (ver 2 Ped. 3:8). Tu hoy, es la eternidad; por eso engendraste coeterno a Aquel a quien dijiste: «Yo te engendré hoy». Tú has hecho todas las cosas; y existes antes de todos los tiempos; y tampoco hubo un tiempo en que no había tiempo.

Entonces no hubo tiempo alguno en que Tú no hicieras nada, porque el tiempo mismo lo creaste Tú. Y ningún tiempo es coeterno contigo, porque Tú permaneces, y si el tiempo permaneciera ya no sería tiempo. Pues, ¿qué es el tiempo? ¿Quién puede explicarlo de forma fácil y breve? ¿Quién puede comprenderlo con el pensamiento para luego hablar de él? Sin embargo, ¿qué otra cosa mencionamos más familiarmente y con mayor conocimiento de causa que el tiempo? Y entendemos lo que es cuando hablamos de él; y también lo entendemos cuando oímos a otros hablar de él. ¿Qué es entonces el tiempo? Si nadie me lo pregunta, lo sé; si quiero explicárselo a alguien que me lo pregunta, no lo sé; no obstante, afirmo sin vacilación que si nada transcurriera no habría tiempo pasado y que si nada sobreviniera no habría tiempo futuro, y que si nada existiera, no habría tiempo presente. Por lo tanto, esos dos tiempos, el pasado y el futuro, ¿cómo son si el pasado ya no existe, y que el futuro todavía no es? Por otro lado, el presente, si siempre fuera presente, y nunca se convirtiera en tiempo pasado, ciertamente no sería tiempo, sino eternidad. Si el tiempo presente (si ha de ser tiempo) solo existe porque pasa a ser tiempo pasado, ¿cómo podemos afirmar que existe aquello cuya razón de ser es dejar de existir; de modo que no podemos decir verdaderamente que el tiempo existe, sino porque tiende a no existir?

Y, sin embargo, decimos «mucho tiempo» y «poco tiempo»; lo cual solo podemos decirlo del pasado o del futuro. Llamamos mucho tiempo pasado (por ejemplo) a cien años transcurridos; y de aquí a cien años lo consideramos como mucho tiempo futuro. En cambio, llamamos poco tiempo pasado a, supongamos, hace diez días, y poco tiempo futuro a diez días después. Sin embargo, ¿en qué sentido es mucho o poco lo que no existe? Porque el pasado, no existe ahora; y el futuro, no existe todavía. No digamos entonces que «es mucho tiempo»; sino del pasado que «fue mucho tiempo»; y del futuro que «será mucho tiempo». ¡Oh, Señor mío, luz mía!, ¿no se burlará aquí también Tu verdad del ser humano? Porque ese tiempo pasado que fue mucho tiempo, ¿lo fue cuando ya era pasado, o cuando aún era presente? Porque podía ser mucho cuando existía lo que podía ser mucho; pero cuando había pasado, ya no existía; por lo que tampoco podía ser mucho lo que no existía en absoluto. No digamos entonces que «duró mucho el tiempo pasado», porque no encontraremos lo que duró mucho, pues desde que fue pasado, ya no existe; digamos entonces que «duró mucho ese tiempo presente»; porque, cuando era presente duraba mucho. Porque todavía no había pasado para dejar de existir; y por eso existía lo que podía durar mucho; pero después de pasar también dejó de durar mucho, pues dejó de existir.

Veamos, pues, alma humana, si el tiempo presente puede durar mucho; porque a ti te es dado sentir y medir la duración del tiempo. ¿Qué me responderás? ¿Son cien años, cuando son presentes, mucho tiempo? Mira primero si cien años pueden ser presentes. Porque si el primero de estos años está transcurriendo, es presente, pero los otros noventa y nueve están por venir, y por lo tanto no existen todavía, pero si el segundo año es el que transcurre, uno es pasado, otro presente y el resto está por venir. Y así, si suponemos que cualquier año intermedio de este centenar de años es presente, todos los anteriores a él son pasados y todos los posteriores están por venir; por lo que los cien años no pueden ser presentes. No obstante, veamos si al menos el año que está transcurriendo es presente; porque si el mes que transcurre es el primero, los demás están por venir; si es el segundo, el primero ya ha pasado y los demás aún no. Por lo tanto, tampoco es presente en su totalidad el año que transcurre; y si no es presente en su conjunto, entonces no es presente el año. Porque doce meses son un año, y de ellos el que está transcurriendo es presente, el resto es pasado, o futuro. Aunque tampoco es presente el mes que transcurre, sino solo un día; si es el primero, el resto está por venir; y si es el último, los demás son pasados; si es alguno intermedio, entonces se encuentra entre días pasados y futuros.

Vean cómo el tiempo presente, el único que consideramos que puede llamarse «mucho», se reduce a la duración de un solo día. No obstante, examinemos eso también; porque tampoco un día es del todo presente pues se compone de veinticuatro horas, nocturnas y diurnas, de las cuales la primera tiene el resto por venir, la última tiene las demás como pasadas, y las intermedias tienen las anteriores como pasadas y las posteriores como futuras. Y esa hora transcurre en fracciones voladoras. Lo que ha pasado volando, es pasado; lo que queda, es futuro. Si se concibe un instante de tiempo que no se pueda dividir en las más pequeñas fracciones de los momentos, eso es lo único que podría considerarse presente. El cual, sin embargo, pasa con tal velocidad del futuro al pasado que no puede alargarse con la menor permanencia. Porque si se extiende, se divide en pasado y futuro. El presente no tiene espacio. ¿Dónde está entonces el tiempo que podemos llamar «mucho tiempo»? ¿Está por venir? De él no decimos «es mucho», porque todavía no existe como para serlo, sino que decimos «será mucho». ¿Y cuándo lo será? Porque si incluso cuando todavía está por venir no puede ser mucho (pues todavía no existe lo que puede ser mucho), y entonces será mucho cuando desde el futuro que todavía no existe comience a existir, y se haya hecho presente, para que así exista lo que puede ser mucho; entonces el tiempo presente clama, con las razones antes dichas, que no puede ser mucho.

Y sin embargo, Señor, percibimos los intervalos de tiempo, y los comparamos, y decimos que unos son más cortos y otros más largos. También medimos cuánto más largo o más corto es este intervalo de tiempo que aquel; y expresamos que este dura el doble, o el triple de aquel, y que aquel es igual a este, o que solo dura tanto como aquel. Pero medimos los tiempos mientras pasan, percibiéndolos. Sin embargo, ¿quién puede medir el pasado, que ahora no existe, o el futuro, que todavía no existe? A menos que alguien se atreva a decir que se puede medir lo que no existe. Por lo tanto, el tiempo puede percibirse y medirse mientras transcurre, pero cuando ya ha pasado es imposible hacerlo porque no existe.

Pregunto, Padre, no afirmo, ¡Oh, Dios mío, gobiérname y guíame! Pregunto: «¿Quién me dirá que no hay tres tiempos (como aprendimos de niños, y enseñamos a los niños), pasado, presente y futuro; sino solo presente, porque los otros dos no existen? ¿O acaso también existen, y cuando el tiempo futuro se hace presente sale de algún lugar secreto, y así sucede también cuando el presente se hace pasado? Porque, los que predijeron cosas futuras ¿dónde las vieron, si todavía no existían? Y no se puede ver lo que no existe. Además, los que relatan cosas pasadas no podrían relatarlas si no las vieran en su mente, y si no existieran, no podrían verlas de ninguna manera. Entonces las cosas pasadas y futuras existen».

Permíteme, Señor, indagar más. ¡Oh, mi esperanza!, no dejes que mi propósito se confunda. Porque si los tiempos pasados y futuros existen, me gustaría saber dónde están. Pero si no puedo, al menos sé que dondequiera que estén no son futuros ni pasados, sino presentes. Porque si también allí son futuros, todavía no estarían allí; si allí también son pasados, ya no estarían allí. Por lo tanto, dondequiera que esté cualquier cosa, solo está como presente. Cuando se relatan hechos pasados, se extraen de la memoria, no las cosas mismas que son pasadas, sino las palabras concebidas mediante las imágenes de las cosas, que se grabaron en la mente al pasar por los sentidos. Así, mi infancia, que ya no existe, está en el tiempo pasado, que ya no está; pero ahora cuando recuerdo su imagen, y hablo de ella, la contemplo en tiempo presente, porque todavía existe en mi memoria. Ahora bien, si hay una causa semejante para predecir las cosas futuras, de forma que se puedan percibir con antelación imágenes ya existentes de cosas que todavía no existen, confieso, oh Dios mío, que no lo sé. Lo que sí sé es que por lo general premeditamos nuestras acciones futuras, y que esa premeditación es presente, aunque la acción que premeditamos aún no exista, porque es futura. En cambio, cuando nos pongamos en marcha y comencemos a hacer lo que pensábamos, entonces existirá esa acción, porque ya no será futura, sino presente.

De cualquier manera que se produzca esta misteriosa previsión de los acontecimientos futuros, solo se puede ver lo que existe. Sin embargo, lo que ahora existe, no es futuro, sino presente. Por tanto, cuando se dice que se ven hechos futuros, no se habla de lo que todavía no existe (es decir, lo que es futuro), sino que tal vez se vean sus causas o sus señales, que ya existen. Por lo tanto, estas no son futuras, sino presentes a los que las ven, y de ellas se predice el futuro, cuando en la mente se preconcibe. Estas ideas preconcebidas existen; y quienes hacen las predicciones las contemplan como presente ante ellos. Que la enorme variedad de cosas existentes me brinde un ejemplo. Contemplo la aurora y predigo que el sol está a punto de salir. Lo que contemplo es presente, lo que predigo es futuro. Lo futuro no es el sol, que ya existe, sino su salida, que aún no ha ocurrido. Y, sin embargo, si en mi mente no imaginara la salida del sol (como me sucede ahora, mientras hablo de ella), no podría predecirla. No obstante, la salida del sol no es ni la aurora que contemplé en el cielo, aunque la preceda, ni la imaginación de mi mente; ambas deben contemplarse como presentes para que con antelación se pueda decir que va a salir el sol. Por lo tanto las cosas futuras todavía no existen; y si todavía no existen, no existen; y si no existen, no se pueden ver; pero se pueden predecir a partir de las cosas presentes, que ya existen y se ven.

Tú, pues, gobernante de Tu creación, ¿con qué medios enseñas a las almas las cosas que han de venir? Porque Tú enseñaste a Tus profetas. ¿De qué manera Tú, para quien nada está por venir, enseñas las cosas venideras; o más bien enseñas las cosas presentes a partir de las futuras? Porque lo que no existe, tampoco puede enseñarse. Este camino está demasiado lejos de mi conocimiento: es demasiado grande para mí, no puedo alcanzarlo; pero de Ti puedo, cuando me lo concedas, oh dulce luz de mis ojos ocultos.

Lo que ahora es claro y evidente es que ni las cosas venideras ni las pasadas existen. Ni se puede decir con propiedad que hay tres tiempos: pasado, presente y futuro; sin embargo, tal vez sería más adecuado afirmar que hay tres tiempos: el presente de las cosas pasadas, el presente de las cosas presentes y el presente de las cosas futuras. Porque estos tres existen en cierto modo, en el alma, pero no los veo en otra parte; presente de las cosas pasadas, la memoria; presente de las cosas presentes, la vista; presente de las cosas futuras, la expectación. Si me es permitido expresarlo así, veo tres tiempos, y confieso que son tres. Que también se diga que son tres los tiempos: pasado, presente y futuro, según nuestra expresión incorrecta; que se diga. No me opongo a ello, ni lo contradigo, ni le encuentro falta, si se entiende lo que se dice, que no existe todavía lo que es futuro, ni existe lo que es pasado. Porque son pocas las cosas de las que hablamos con propiedad, la mayor parte las expresamos incorrectamente; sin embargo, se entiende lo que queremos decir.

Expresé poco antes que medimos el tiempo mientras pasa, para poder decir que este tiempo dura el doble de aquel, o que este tiene la misma duración; y así hacemos con cualquier otra fracción de tiempo que sea medible. Por lo tanto, como he dicho, medimos el tiempo a medida que pasa. Y si alguien me preguntara: «¿Cómo lo sabes?». Podría responder: «Lo sé porque lo medimos, y no podemos medir las cosas que no existen; y las cosas pasadas y futuras no existen». Pero el tiempo presente ¿cómo lo medimos, ya que no ocupa espacio? Se mide mientras pasa, pero cuando haya pasado no se mide, porque no habrá nada que medir. Sin embargo, ¿desde dónde, por dónde y hacia dónde pasa mientras se mide? ¿Desde dónde, sino desde el futuro? ¿Por dónde, sino a través del presente? ¿Hacia dónde, sino hacia el pasado? Por tanto, viene desde lo que todavía no existe, pasa a través de lo que no tiene espacio y va hacia lo que ya no existe. No obstante, ¿qué medimos, sino el tiempo en un espacio dado? Porque cuando nos referimos al tiempo y decimos que es simple, doble, triple, igual, o cualquier otra forma parecida, a lo que nos estamos refiriendo es a espacios de tiempos. ¿En qué espacio entonces medimos el paso del tiempo? ¿En el futuro, desde donde viene? Pero lo que aún no existe no lo podemos medir. ¿O en el presente, por el que pasa? Pero no podemos medir un espacio inexistente. ¿O en el pasado, hacia donde va? Pero tampoco medimos lo que ya no existe.

Mi alma arde por conocer este complicadísimo enigma. No lo cierres, Señor, Dios mío, Padre bueno; por medio de Cristo te suplico que no cierres a mi deseo estas cuestiones comunes pero ocultas, para que no pueda penetrar en ellas, en cambio, déjalas amanecer por Tu misericordia iluminadora, Señor. ¿A quién preguntaré acerca de estas cosas? Y ¿a quién confesaré mi ignorancia de manera más fructífera que a Ti, a quien no le desagradan mis razonamientos, tan vehementemente encendidos y centrados en Tu Escritura? Dame lo que amo; porque lo amo, y esto me lo has dado Tú. Dámelo, Padre, que en verdad sabes dar buenas dádivas a Tus hijos (Mat. 7:11). Dámelo, porque me he propuesto conocer, y el problema está ante mí hasta que Tú lo reveles. Por Cristo te ruego, en Su nombre, Santo de los santos, que nadie me perturbe en ello. Porque he creído, y por eso hablo. Esta es mi esperanza, para ella vivo, para contemplar las delicias del Señor. He aquí que has hecho envejecer mis días, y pasan, y no sé cómo. Y hablamos del tiempo, y del tiempo, y de los tiempos, y de los tiempos, «cuánto tiempo hace que dijo eso»; «cuánto tiempo hace que hizo esto»; y «cuánto tiempo hace que vi aquello»; y «esta sílaba dura el doble de tiempo que aquella sílaba corta». Estas palabras las pronunciamos y las oímos, y así nos entienden y entendemos. Son muy manifiestas y ordinarias estas cosas, y sin embargo están profundamente ocultas, y resulta novedoso su descubrimiento.

Una vez oí decir a un sabio que los movimientos del sol, la luna y las estrellas constituían el tiempo, y no estuve de acuerdo. ¿Por qué el tiempo no ha de ser más bien el movimiento de todos los cuerpos? Pues si los astros del cielo se detuvieran y el torno del alfarero diera vueltas, ¿acaso no habría un tiempo por el que pudiéramos medir esas vueltas, y decir que tardaba lo mismo en cada giro; o, si el giro era a veces más lento y otras más rápido, decir que unas vueltas duraban más y otras menos? Y al decir esto, ¿no hablamos nosotros también en el tiempo? ¿No habría en nuestras palabras algunas sílabas cortas y otras largas porque unas suenan durante un tiempo más corto y otras durante uno más largo? Dios, concede a los seres humanos ver en lo pequeño las nociones comunes de las cosas pequeñas y de las grandes. Las estrellas y las lumbreras en la expansión de los cielos sirven también de señales para las estaciones, y para los días y los años (Gén. 1:14); es así, sin embargo, ni yo diría que la vuelta de esa rueda de madera del alfarero era un día, ni tampoco él que dicha vuelta por lo tanto no era tiempo.

Deseo conocer la fuerza y la naturaleza del tiempo, por la cual medimos los movimientos de los cuerpos, y afirmamos (por ejemplo) que este movimiento dura dos veces lo que dura aquel. Porque al ver que «día» denota no solo la permanencia del sol sobre la tierra (según la cual el día es una cosa y la noche otra); sino también su recorrido completo de Este a Este; según el cual expresamos «pasaron tantos días», y la noche está incluida cuando decimos «tantos días», pues las noches no se cuentan aparte; al ver entonces que un día se completa por el movimiento del sol y por su recorrido de Este a Este, pregunto: «¿Es solo el movimiento lo que hace el día, o es lo que tarda ese movimiento en completarse, o ambos?». Porque si fuera lo primero, entonces tendríamos un día aunque el sol terminara ese recorrido en un espacio de tiempo tan breve como una hora. Si fuera lo segundo, entonces no debería ser un día si entre un amanecer y otro hubiera tan poco tiempo como una hora; y el sol tendría que dar veinticuatro vueltas para completar un día. Si fuera ambas cosas, entonces tampoco podría llamarse día si el sol hiciera todo su recorrido en el espacio de una hora; ni tampoco si mientras el sol estuviera quieto, pasara tanto tiempo como el que el sol suele demorar en ese recorrido, de mañana a mañana. Por lo tanto, no preguntaré ahora qué es eso que llamamos día, sino qué tiempo es aquel por el que, al medir el recorrido del sol, si lo ha completado en un espacio de tiempo tan breve como doce horas, decimos que lo hizo en la mitad del tiempo acostumbrado; y al comparar ambos tiempos, llamaremos a este un tiempo simple, a aquel un tiempo doble; incluso si suponemos que el sol haga su recorrido de Este a Este unas veces en ese tiempo simple y otras en ese tiempo doble. Por lo tanto, que nadie me diga que el movimiento de los cuerpos celestes es el tiempo, porque, cuando el sol se detuvo por la plegaria de alguien, para poder ganar su batalla, el sol se detuvo, pero el tiempo continuó. Pues en ese espacio de tiempo se libró y concluyó esa batalla. Percibo entonces que el tiempo es una extensión determinada. Sin embargo, ¿lo percibo o me da la impresión de que lo percibo? Tú, luz y verdad, me lo mostrarás.

¿Me ordenas que esté de acuerdo si alguien define el tiempo como «el movimiento de un cuerpo»? No me lo ordenas. Porque oigo que ningún cuerpo se mueve sino en el tiempo; esto lo dices Tú. Sin embargo, no oigo que el movimiento de un cuerpo es el tiempo; Tú no lo dices. Porque cuando un cuerpo se mueve, mido por el tiempo cuánto tiempo se mueve, desde que comienza a moverse hasta que termina. Y si no lo vi cuando comenzó a moverse, y continúa moviéndose de modo que no veo cuando termina, no puedo medir esta duración. Solo podría hacerlo desde el momento en que lo visualicé hasta que lo dejé de ver. Y si lo veo durante mucho tiempo, solo puedo decir que es mucho tiempo, pero no cuánto; porque cuando decimos «cuánto tiempo», lo hacemos por comparación; como al expresar que «esto dura tanto como aquello», o que «dura el doble que aquello», o cosas similares. Sin embargo, cuando podemos ubicar las distancias de los lugares, desde dónde y hasta dónde se mueve un cuerpo, o sus partes, si se moviera como en un torno, entonces podemos decir con precisión en cuánto tiempo se completó el movimiento de ese cuerpo o su parte desde un lugar hasta el otro. Por lo tanto, al ser una cosa el movimiento de un cuerpo y otra aquello con que medimos su duración, ¿quién no ve cuál de las dos debe llamarse tiempo con más razón? Porque si un cuerpo a veces se mueve y a veces permanece quieto, entonces no solo medimos en el tiempo su movimiento, sino también su reposo; y decimos que «permaneció en reposo tanto tiempo como el que estuvo en movimiento»; o que «estuvo inmóvil el doble o el triple de lo que se movió»; o cualquier otra cosa que nuestra medición haya determinado, o estimado; más o menos, como solemos decir. Por consiguiente, el tiempo no es el movimiento de un cuerpo.

Y te confieso, oh Señor, que todavía no sé lo que es el tiempo, y también te confieso, oh Señor, que sé que digo todo esto en el tiempo, que llevo largo rato hablando del tiempo, y que ese mismo «largo rato» no sería lo que es si no fuera por la duración del tiempo. ¿Y cómo sé esto, si no sé lo que es el tiempo? ¿Será acaso que no sé expresar lo que sé? ¡Ay de mí, que ni siquiera sé lo que no sé! He aquí, oh Dios mío, que ante ti no miento; pues tal como hablo, así es mi corazón. Tú encenderás mi vela; Tú, Señor Dios mío, iluminarás mis tinieblas.

¿No te confiesa mi alma que mido los tiempos? ¿Mido entonces, oh Dios mío, y no sé lo que mido? ¿Mido el movimiento de un cuerpo en el tiempo, y no mido el tiempo mismo? ¿O acaso puedo medir el movimiento de un cuerpo en cuanto a su duración, y en cuanto al espacio que recorre para ir de un lugar a otro, sin medir el tiempo en que se mueve? Pero el tiempo mismo, ¿cómo lo mido? ¿Acaso por un tiempo más corto medimos uno más largo, como medimos la longitud de un madero por la longitud de un codo? Pues medimos la extensión de una sílaba larga por la extensión de una sílaba corta, y decimos que una es el doble de la otra. Así medimos la extensión de las estrofas, por la extensión de los versos, y la de los versos, por la extensión de los pies, y la de los pies, por la extensión de las sílabas, y la de las sílabas largas, por la extensión de las sílabas cortas; no medimos por páginas (porque entonces mediríamos espacio, no tiempo); sino cuando pronunciamos las palabras y pasan, y decimos que es una estrofa larga, porque se compone de tantos versos; que son versos largos, porque se componen de tantos pies; pies largos, porque se extienden por tantas sílabas; una sílaba larga porque es el doble de una corta. No obstante, tampoco obtenemos de esta manera una medida precisa del tiempo; porque puede ser que un verso más corto, pronunciado más lentamente, ocupe más tiempo que uno más largo, pronunciado con prisa. Y así sucede con la estrofa, el pie y la sílaba. De ahí que me haya parecido que el tiempo no es otra cosa que una extensión; pero de qué, no lo sé; y me maravilla, si no es de la misma mente. Porque, ¿qué es lo que mido, oh Dios mío, cuando digo de un modo indeterminado que este tiempo es más largo que aquel, o cuando soy específico y afirmo que uno es el doble del otro? Sé que mido el tiempo, pero no mido el tiempo futuro, porque todavía no existe; ni el presente, porque no se extiende en ningún espacio; ni el pasado, porque ya no existe. ¿Qué mido entonces? ¿El tiempo que pasa, no el pasado? porque así lo he manifestado anteriormente.

Ánimo, mente mía, y sigue adelante con empeño. Dios es nuestra ayuda, Él nos hizo, y no nosotros mismos. Sigue adelante hacia donde la verdad comienza a amanecer. Supongamos que la voz de un cuerpo comienza a sonar, y suena y sigue sonando, y luego cesa y hay silencio, y la voz ha pasado, ya no es una voz. Antes de que sonara, estaba por venir, y no podía medirse porque todavía no existía, y ahora no puede medirse porque ya no existe. Entonces, mientras sonaba era posible hacerlo; porque existía lo que podía medirse. Pero incluso entonces no se detenía, pues pasaba y se iba. ¿Acaso podría medirse por eso? Porque mientras pasaba, se extendía en algún espacio de tiempo en el que podía medirse, ya que el presente no tiene espacio. Por lo tanto, si se puede, supongamos que otra voz ha comenzado a sonar y se mantiene sonando con un tono uniforme sin ninguna interrupción; midámosla mientras suena pues cuando haya dejado de sonar ya habrá pasado y no habrá nada que medir; midámosla de verdad y digamos cuánto dura. Sin embargo, sigue sonando, y no se puede medir sino desde el instante en que empezó hasta el momento en que termina. Porque lo que medimos es el intervalo entre ambos, es decir, desde el principio hasta el final. Por lo tanto, una voz que aún no ha terminado, no se puede medir de modo que pueda decirse cuán larga o breve es; ni puede decirse que es igual a otra, ni que dura el doble de otra, ni nada similar. Pero cuando haya terminado, ya no existirá. ¿Cómo puede entonces medirse? Y, sin embargo, medimos los tiempos; pero no los que aún no existen, ni los que ya no existen, ni los que no se alargan debido a alguna pausa, ni los que no tienen límites. Por lo tanto, no medimos los tiempos futuros, ni los pasados, ni los presentes, ni los que pasan; y sin embargo, medimos los tiempos.

Deus Creator omnium, este verso de ocho sílabas alterna entre sílabas cortas y largas. Las cuatro cortas (la primera, la tercera, la quinta y la séptima), son sencillas respecto a las cuatro largas (la segunda, la cuarta, la sexta y la octava). Cada una de estas últimas tiene un tiempo doble respecto a cada una de las primeras. Las pronuncio y me doy cuenta que es así en cuanto las percibo de forma manifiesta. Al percibirlas, mido una sílaba larga con una corta y encuentro que dura el doble; pero cuando una suena después de la otra, si la primera es corta y la segunda larga, ¿cómo retendré la corta? ¿Y cómo, al medirla, la aplicaré a la larga para determinar que esta dura el doble; pues la larga no empieza a sonar, a menos que la corta deje de hacerlo? ¿Y la que es muy larga la mido como presente, ya que no la mido hasta que finalice? Ahora bien, su final es su desaparición. ¿Qué es entonces lo que mido? ¿Dónde está la sílaba corta con la que mido? ¿Dónde la larga que mido? Ambas sonaron, volaron, pasaron y ya no están. No obstante, las mido y respondo con confianza (hasta donde uno puede fiarse de un sentido ejercitado) que en cuanto a su duración temporal una sílaba es simple y la otra doble. Y sin embargo, no podría hacer esto a menos que ya hubieran pasado y terminado. Entonces lo que mido no son las sílabas en sí, que ya no existen, sino algo que en mi memoria permanece fijo.

Es en ti, mente mía, que mido los tiempos. No me interrumpas, es decir, no te interrumpas con los tumultos de tus impresiones. En ti mido los tiempos. Mido la huella que dejan en ti las cosas al pasar, la cual permanece incluso cuando ya han pasado; esto es lo que todavía está presente, no las cosas que pasaron para dejar la huella. Esto es lo que mido, cuando mido los tiempos. Por lo tanto, o esto es el tiempo, o no mido los tiempos. ¿Qué pasa cuando medimos el silencio y decimos que este silencio ha durado tanto como aquella voz? ¿No extendemos nuestro pensamiento a la medida de una voz, como si sonara, para poder identificar los intervalos de silencio en un espacio de tiempo determinado? Porque aunque la voz y la lengua estén quietas, repasamos en el pensamiento los poemas, los versos y cualquier otro discurso, junto con las dimensiones de los movimientos, e identificamos los espacios de tiempo, cuánto es este con respecto a aquel, de igual manera que si los pronunciáramos vocalmente. Si alguien quiere pronunciar un sonido prolongado, y determina en su pensamiento lo largo que debe ser, ya ha pasado en silencio por un espacio de tiempo, y luego de encomendarlo a la memoria, comienza a pronunciar esa voz, que suena hasta que llega al final propuesto. En verdad, ha sonado, y sonará; porque lo que se ha terminado de ella, ya ha sonado, y el resto sonará. Y así transcurre, hasta que la intención presente traslada el futuro al pasado; el pasado aumenta por la disminución del futuro, y al agotarse el futuro, ya todo es pasado.

Sin embargo, ¿cómo se disminuye o se agota el futuro, que todavía no existe y cómo se incrementa el pasado, que ya no existe, a no ser que en la mente donde se ejecuta este proceso se hagan tres cosas? Porque allí se espera, se considera y se recuerda; de modo que lo que se espera, a través de lo que se considera, pasa a lo que se recuerda. ¿Quién niega, pues, que las cosas futuras todavía no existen? Y, sin embargo, hay en la mente una expectativa de las cosas futuras. ¿Y quién puede negar que el pasado ya no existe? Y, sin embargo, todavía hay en la mente un recuerdo de las cosas pasadas. ¿Y quién niega que el tiempo presente no tiene espacio, porque pasa en un momento? Y, sin embargo, nuestra consideración se mantiene, a través de la cual lo que será presente pasa y se ausenta. No es entonces mucho el tiempo futuro, porque todavía no existe, sino que mucho tiempo futuro es «una prolongada espera del futuro», tampoco es el tiempo pasado el que es mucho, pues ya no existe; sino que mucho tiempo pasado es «un largo recuerdo del pasado».

Voy a repetir un salmo que conozco. Antes de comenzar, mi expectativa se extiende sobre todo el salmo; pero cuando comienzo, cuanto de él hago pasar al pasado, se extiende a lo largo de mi memoria; así la vida de esta acción mía se divide entre mi memoria en cuanto a lo que he repetido, y la expectativa en cuanto a lo que voy a repetir; pero la «consideración» está presente conmigo, para que a través de ella lo que era futuro pueda trasladarse de modo que se convierta en pasado. Y cuanto más se hace esto, una y otra vez, tanto más se acorta la expectación, y se amplía la memoria, hasta que toda la expectación se agota, cuando la acción ha terminado y todo ha pasado a la memoria. Esto que ocurre en el salmo como un todo, ocurre también en cada una de sus partes, y en cada una de sus sílabas. Y sucede lo mismo en una acción más larga, de la cual este salmo puede ser parte; también en toda la vida del ser humano, de la que forman parte cada una de sus acciones; y en la vida de la humanidad, de la que todas las vidas humanas son parte.

No obstante, como Tu misericordia es mejor que todas las vidas, he aquí que mi vida no es más que una distracción, y Tu diestra me sustentó, en mi Señor, el Hijo del Hombre, el mediador entre Tú, el único, y nosotros los muchos, muchos también por nuestras múltiples distracciones en medio de muchas cosas, para que por Él pueda yo asir en quien he sido asido, y pueda recuperarme de mi antigua conducta, para seguir al Único, y olvidar lo que queda atrás, y no distendido sino extendido, no a las cosas que serán y pasarán, sino a lo que está delante, no distraído sino atento, sigo por el premio de mi llamamiento celestial, donde pueda oír la voz de Tu alabanza y contemplar Tus deleites, que ni vienen ni pasan. Sin embargo, ahora mis años se han consumido de dolor. Y Tú, oh Señor, eres mi consuelo, mi Padre eterno, pero he sido cortado en medio de los tiempos, cuyo orden desconozco; y mis pensamientos, incluso las entrañas de mi alma, están desgarrados y destrozados con variedades tumultuosas, hasta que fluya en Ti, purificado y fundido por el fuego de Tu amor.

Y ahora me mantendré firme en Ti, en mi molde, Tu verdad; y no soportaré las preguntas de las personas que enfermas de su propio castigo tienen más sed que lo que pueden beber y dicen: «¿Qué hizo Dios antes de crear los cielos y la tierra?». O: «¿Cómo se le ocurrió hacer algo si nunca antes había hecho nada?». Concédeles, oh Señor, que piensen bien lo que dicen y que descubran que no se puede hablar de «nunca» cuando no existe el «tiempo». Cuando se dice que Él «nunca había hecho»; ¿qué otra cosa se dice sino que «en ningún tiempo había hecho»? Que vean, pues, que el tiempo no puede existir sin la creación, y dejen de hablar esa vanidad. Que también se extiendan a las cosas que están delante; y te conciban a Ti antes de todos los tiempos, Creador eterno de todos los tiempos, y que ningún tiempo es coeterno a Ti, ni ninguna creación, aunque haya alguna creación antes de todos los tiempos.

Oh, Señor, Dios mío, ¡qué profundo es ese recoveco de Tus misterios, y cuán lejos de él me han arrojado las consecuencias de mis transgresiones! Sana mis ojos, para que pueda compartir la alegría de Tu luz. Ciertamente, si hay una mente dotada de tan vasto conocimiento y presciencia, como para conocer todas las cosas pasadas y futuras del mismo modo que yo conozco un salmo aprendido de memoria, en verdad esa mente es sobremanera admirable y pavorosamente asombrosa; puesto que para Él nada está oculto, nada del pasado, ni nada por venir en la posteridad, tal y como no lo está para mí ese salmo, que cuando lo canto sé qué y cuánto ha transcurrido de él desde el principio, qué y cuánto queda hasta el final. Sin embargo, lejos de mí pensar, Creador del universo, Creador de las almas y de los cuerpos, lejos de mí pensar que conozcas así todas las cosas pasadas y futuras. Mucho, mucho más maravillosamente, y mucho más misteriosamente las conoces. Porque no, no es como los sentimientos variables de alguien que canta lo que sabe, o escucha alguna canción bien conocida, y que tiene la expectativa de las palabras que vienen y el recuerdo de las que ya han pasado, y así sus sentidos se dividen; nada semejante te sucede a Ti, que eres inmutablemente eterno, es decir, el eterno creador de las mentes. Así como en el principio conociste los cielos y la tierra, sin ninguna variación de Tu conocimiento, así creaste en el principio los cielos y la tierra, sin ninguna distracción de Tu acción. El que entienda, que te confiese; y el que no entienda, que te confiese. ¡Oh, qué excelso eres Tú!, y sin embargo los humildes de corazón son Tu morada; porque Tú levantas a los abatidos, y no caen aquellos cuya elevación eres Tú.

GRATIAS TIBI DOMINE

La ciudad de Dios (Libros XI-XIII)

Contenido

Libro XI

Aquí comienza la segunda parte de esta obra, la cual trata sobre el origen, la historia y los destinos de las dos ciudades: la terrenal y la celestial. En primer lugar, Agustín expone en este libro cómo se originaron las dos ciudades por la separación entre los ángeles buenos y malos. También aprovecha a tratar el tema de la creación del mundo como se la describe en las Sagradas Escrituras al principio del libro de Génesis.

1. En cuanto a la presente parte de la obra, en la que comenzamos a exponer sobre el principio y el fin de las dos ciudades.

Llamamos «ciudad de Dios» a aquella de la que da testimonio la Escritura, la cual supera todos los escritos de todas las naciones por su autoridad divina, y ha sometido toda clase de inteligencia humana. Evidentemente, esto no es por un movimiento intelectual casual, sino por disposición expresa de la Providencia. Pues allí está escrito: «Cosas gloriosas se han dicho de ti, Ciudad de Dios» (Sal. 48:1-2). Más adelante, en otro salmo, leemos: «Grande es Jehová, y digno de ser en gran manera alabado en la ciudad de nuestro Dios, en su monte santo. [...] [extendiendo] el gozo de toda la tierra». (Sal. 48:1-2). Y luego, un poco más adelante, en el mismo salmo: «Como lo oímos, así lo hemos visto en la ciudad de Jehová de los ejércitos, en la ciudad de nuestro Dios; La afirmará Dios para siempre» (v. 8). Asimismo en otro: «Del río sus corrientes alegran la ciudad de Dios, el santuario de las moradas del Altísimo. Dios está en medio de ella; no será conmovida. Dios la ayudará al clarear la mañana» (Sal. 46:4-5). A partir de estos testimonios y otros similares, cuya enumeración resultaría tediosa, hemos aprendido que existe una ciudad de Dios, de la cual deseamos ser ciudadanos a causa del amor que nos ha inspirado su Fundador. Los ciudadanos de la ciudad terrenal prefieren sus propios dioses antes que a este Fundador. Ignoran que Él es el Dios de los dioses; no de los dioses falsos (es decir, de los dioses impíos y orgullosos que, privados de Su luz inalterable y común a todos, y reducidos por ello a un poder devaluado, buscan con impaciencia satisfacer sus propios intereses privados y obtener honores divinos de sus engañados súbditos). Él, por el contrario, es el Dios de los dioses piadosos y santos, quienes se complacen más al someterse ante uno solo, que si muchos se sometieran a ellos, y quienes prefieren adorar a Dios antes que recibir adoración como dioses. Sin embargo, con la ayuda de nuestro Señor y Rey y en la medida de nuestras posibilidades, ya respondimos a los enemigos de esta ciudad en los diez libros precedentes. Sé qué se espera de mí y no me olvido de lo que prometí: ahora, confiando en el mismo socorro, trataré de exponer sobre el origen, el progreso y los destinos que merecen las dos ciudades (es decir, la celestial y la terrenal). Como ya dijimos, se hallan en este mundo mezcladas, como si estuvieran entrelazadas entre sí. Y, en primer lugar, explicaré cómo las bases de estas dos ciudades tuvieron como origen a la diferenciación que se levantó entre los ángeles.

2. En cuanto al conocimiento de Dios, que nadie puede alcanzar salvo a través del Mediador entre Dios y la humanidad: el hombre Cristo Jesús.

Es un mérito grande y excepcional que alguien, al contemplar la creación en su totalidad (corporal e incorporal) y entender su mutabilidad, la trascienda y, al elevar constantemente su mente, alcance la sustancia inmutable de Dios y, ante una contemplación tan elevada, aprenda del propio Dios que solo Él es el creador de todas las cosas, excepto de Él mismo. Pues Dios, para hablarle al ser humano, no hace que una criatura haga ruido en los oídos humanos para que las vibraciones de la atmósfera conecten al que habla y al que escucha. Tampoco hace uso de seres espirituales con aspecto humano, como los que vemos en sueños o en otros estados similares. Pues aun en ese caso, Él habla como si lo hiciera a los oídos del cuerpo, ya que habla como por medio de un cuerpo y como si usara un intervalo de lugares reales. En efecto, las visiones representan con gran exactitud los objetos corporales. No habla, entonces, por estos medios, sino por la verdad misma, si es que hay alguien listo para oír con la mente en lugar del cuerpo. Efectivamente, Él le habla a aquella parte del ser humano que es mejor que todas las otras, y que solo se ve superada por el propio Dios. Pues si hay motivos para entender (o si eso no es posible, al menos para creer) que el ser humano ha sido creado a imagen de Dios, no cabe duda de que la mente es la parte que más acerca al ser humano hacia el ser Supremo, y que se eleva por sobre las otras partes inferiores, las cuales también poseen los animales. No obstante, aunque la mente está equipada por naturaleza con la razón y la inteligencia, se ha debilitado por ciertos vicios obsesivos y arraigados. A fin de disfrutar, morar e incluso para soportar Su luz inmutable, la mente debe primero impregnarse y purificarse en la fe. Al sanar gradualmente y renovarse, será capaz de tan gran felicidad. Para avanzar en esta fe con más seguridad hacia la verdad, la mismísima verdad, Dios, el hijo de Dios, que había asumido la humanidad sin destruir Su divinidad (ver Fil. 2:6-7), estableció y fundó esta fe para que el hombre pudiera acercarse al Dios del hombre a través del hombre Dios. Pues este es el Mediador entre Dios y el hombre: el hombre Cristo Jesús. Dado que es hombre, es Mediador y también Camino. Puesto que si existe un camino entre aquel que avanza y el lugar adonde va, hay esperanza de llegar. Pero si no existe un camino, o si no sabe por dónde ir, ¿de qué le sirve conocer el lugar al que debe dirigirse? Ahora bien, existe solo un camino asegurado contra todo tipo de errores: que la misma persona sea a la vez Dios y hombre. Dios es la meta; el hombre es el camino.

3. En cuanto a la autoridad de las Escrituras canónicas, obra del Espíritu Santo.

Este Mediador, luego de hablar en la medida que juzgó suficiente, primero mediante los profetas, después con Su propia boca, y más adelante a través de los apóstoles, es también el autor de la Escritura de suprema autoridad a la que llamamos «canónica». En ella depositamos nuestra fe sobre aquellas cuestiones que no debemos ignorar y que, sin embargo, no podríamos conocer por nuestra cuenta. En efecto, llegamos a conocer los objetos presentes gracias al testimonio de nuestros sentidos, ya sean internos o externos. Entonces, para conocer los objetos fuera del alcance de nuestros sentidos, buscamos a otras personas que sí los pudieron o pueden percibir con sus sentidos. Les damos crédito a sus testimonios, pues no podemos valernos de los nuestros para conocer los objetos. Por consiguiente, tal como confiamos en quienes vieron los objetos visibles que nosotros no vimos (e igualmente con todos los objetos perceptibles), confiamos en que las cosas que se perciben con la mente y el espíritu (es decir, cosas alejadas de nuestro propio sentido interior) fueron captadas por otras personas. Nos conviene creer a quienes han conocido estas cosas dispuestas en aquella luz incorpórea, o a quienes las contemplan en su existencia actual.

4. Sobre la creación del mundo, que ni carece de principio ni fue creado por un nuevo decreto de Dios, como si hubiera deseado después lo que no había deseado antes.

De todas las cosas visibles, el mundo es la más grande. De las invisibles, la más grande es Dios. Pero mientras que a la existencia del mundo la vemos, a la de Dios, la creemos. Creemos con seguridad que Dios creó el mundo por el testimonio del propio Dios. ¿Pero dónde le hemos oído? En ningún lugar más claro que en las Sagradas Escrituras, donde el profeta dice: «En el principio creó Dios los cielos y la tierra» (Gén. 1:1). ¿Acaso estuvo presente el profeta cuando Dios creó los cielos y la tierra? No, pero estuvo allí la sabiduría de Dios (Prov. 8:27), a través de la cual fueron hechas todas las cosas (Juan 1:3). Y la sabiduría también se transmite a las almas santas, las convierte en amigas de Dios y Sus profetas, y de forma silenciosa les da a conocer Sus obras. También les enseñan los ángeles de Dios, quienes siempre contemplan el rostro del padre (ver Mat. 18:10) y anuncian Su voluntad a quienes corresponde. Uno de estos profetas fue aquel que dijo y escribió: «En el principio creó Dios los cielos y la tierra» (Gén. 1:1). Y fue tal su aptitud para atestiguar sobre Dios que el mismo Espíritu de Dios, quien le reveló estas cosas a él, le permitió predecir con mucho tiempo de antelación nuestra propia fe futura.

Pero entonces, ¿por qué quiso Dios crear los cielos y la tierra cuando no los había creado antes? Si quienes preguntan esto pretenden argumentar que el mundo es eterno, sin principio y que, en consecuencia, no puede haber sido hecho por Dios, se engañan de una forma extraña y deliran por la enfermedad mortal de la impiedad. Pues, aunque las voces de los profetas eran silenciosas, el mundo mismo, con sus cambios y movimientos tan ordenados, y con la hermosa apariencia de todas las cosas visibles, da testimonio por su propia cuenta de que ha sido creado y, también, de que no podría haber sido creado excepto por Dios, cuya grandeza y belleza son inefables e invisibles. Hay también quienes reconocen, en efecto, que el mundo fue creado por Dios, y sin embargo le atribuyen a esto un principio meramente creacional y no temporal. De este modo, el mundo tiene que haber estado creado siempre, de una forma apenas comprensible. Quienes aseguran esto lo hacen de forma que parezca que están defendiendo a Dios ante la acusación de actuar por un impulso arbitrario, o de concebir repentinamente la idea de crear el mundo como si fuera una nueva idea, o de cambiar casualmente Su voluntad, aunque Él sea inmutable. Sin embargo, yo no veo cómo podrán sostener esta teoría en otros respectos, y principalmente con respecto al alma, pues si afirman que es coeterna con Dios, no podrán explicar de modo alguno de dónde vino su nueva miseria, que no estuvo antes en la eternidad. Pues si afirmasen que la felicidad y la miseria siempre han estado alternando, deben ir más lejos y reconocer que irán alternándose siempre. Esto los lleva al absurdo de que incluso cuando al alma se la llame «dichosa», en realidad no lo será, ya que prevé su propia miseria y desgracia. Aun si no lo prevé, y supone que nunca será ni desgraciada, ni miserable, sino que siempre será dichosa, entonces es dichosa porque se engaña. No puede decirse nada más ridículo. No obstante, hay también quienes piensan que la miseria del alma se ha ido alternando con la dicha durante los años de la eternidad pasada, pero que a partir de ahora, una vez que el alma ha sido liberada, nunca más retornará a la miseria. Sin embargo, se ven obligados a reconocer que el alma nunca ha sido completamente dichosa antes: comienza a disfrutar de una felicidad nueva e indefinida en el fin. Es decir, deben reconocer que algo nuevo, importante y notable le sucede al alma; algo que no sucedió nunca antes, en ningún punto de la eternidad pasada. Si niegan que en el propósito eterno de Dios haya estado incluida esta nueva experiencia para el alma, niegan que Él haya sido el Autor de esta dicha, cosa que sería una atroz impiedad. Por otro lado, si afirman que la dicha futura del alma es el resultado de un nuevo designio de Dios, ¿cómo demostrarán que a Dios no se le puede acusar de esa mutabilidad que a ellos les disgusta? Por último, hay quienes admiten que el alma fue creada en el tiempo, pero jamás perecerá en el tiempo (es decir, como los números: con principio pero sin final), y que, por lo tanto, tras conocer y liberarse de la miseria una vez, jamás volverá a ser desgraciada. Sin duda alguna, estas personas admitirán que esto sucede sin violar de forma alguna el inmutable designio de Dios. Crean, entonces, que el mundo pudo crearse también en el tiempo, y que aun así, Dios, al crearlo, no alteró Su designio eterno.

5. No debe buscarse comprender las infinitas extensiones de tiempo o de espacio anteriores al mundo.

A continuación, veremos qué se puede responder a quienes están de acuerdo con que Dios es el Creador del mundo y, sin embargo, hallan el tiempo de la creación cuestionable. También veremos qué respuestas podrían darnos ante las dificultades que podríamos manifestar sobre el lugar de su creación. Pues así como ellos nos preguntan por qué fue creado en ese entonces y no antes, nosotros podemos preguntar por qué fue creado aquí donde está y no en otro lugar. En efecto, así como se imaginan extensiones infinitas de tiempo anteriores al mundo, durante las cuales Dios no podría haber dejado de obrar, podrían concebir también extensiones infinitas de espacio por fuera del mundo. Y si afirmaran que el

Omnipotente no puede impedir que su mano obre también en esos espacios, ¿acaso no se verán obligados, en consecuencia, a soñar junto a Epicuro innumerables mundos? Habrá una única diferencia y es que, para él, estos mundos se crean y destruyen por los movimientos fortuitos de los átomos, mientras que ellos han de afirmar que se crean por obra de Dios. Si no afirman esto, no podrán seguir sosteniendo que en la inmensidad sin límites del espacio, que se extiende eternamente, por doquier y alrededor del mundo, Dios no puede permanecer ocioso, y que los mundos que ellos suponen que creó no pueden destruirse. Por ello tratamos con quienes creen, al igual que nosotros, que Dios es espiritual, y quien creó todo lo que existe, excepto a Él mismo. Resultaría demasiado indigno incluir a los demás en este debate sobre religión, pues tienen fama de ofrecer honores divinos a un buen número de dioses, y se han destacado entre los demás filósofos por un solo motivo: si bien aún están alejados, se encuentran más cerca de la verdad que los demás. A la sustancia de Dios no la incluyen, ni delimitan, ni extienden en ningún lugar, sino que, como es digno de pensar sobre Dios, reconocen que se encuentra presente en su totalidad, en espíritu y en todas partes. ¿Se atreverán, entonces, a afirmar que esta sustancia no se encuentra presente en esos inmensos espacios fuera del mundo, y que ocupa un único lugar (y uno muy pequeño, si se lo compara con el infinito del más allá), que es aquel en que se halla el mundo? No creo que vayan a afirmar algo tan absurdo. Ellos sostienen que hay un solo mundo, que es finito a pesar de contar con una masa corporal enorme, que tiene un lugar propio determinado y que fue creado por obra de Dios. Entonces, así como tienen una respuesta para el no-obrar de Dios en las infinitas extensiones de espacio fuera del mundo, usen esa misma respuesta para el no-obrar de Dios en los tiempos infinitos anteriores al mundo. No resultaría lógico que Dios, por casualidad en lugar de por plan divino, haya situado al mundo en el lugar que ocupa hoy y ningún otro, aunque ninguna razón humana pueda comprender por qué lo situó allí, y a pesar de que el punto elegido no tenga más mérito que los otros puntos infinitos. Del mismo modo, tampoco resultaría lógico suponer que Dios haya actuado al azar cuando creó el mundo en ese tiempo y en ningún otro, aunque el tiempo había transcurrido durante el pasado infinito, y a pesar de que no existía diferencia alguna para elegir y preferir un tiempo en lugar de otro. Sin embargo, si afirman que son vanos los pensamientos del ser humano que concibe espacios infinitos cuando el único lugar que existe es el mundo, contestamos que, del mismo modo, es en vano pensar en los tiempos pasados en los que Dios fue inactivo, ya que no existe el tiempo antes del mundo.

6. El mundo y el tiempo tuvieron un solo comienzo, y ninguno es anterior al otro.

Pues si se establece la distinción correcta entre la eternidad y el tiempo, según la cual el tiempo no existe sin el movimiento y la transición, mientras que en la eternidad no hay cambio alguno, ¿quién podría negar que el tiempo no habría existido si no hubiera sido formada la criatura, capaz de producir algún movimiento y dar lugar al cambio? Los distintos estadios entre ese cambio y movimiento se suceden el uno al otro, ya que no pueden ocurrir en simultaneidad. Ergo, en estos intervalos más breves o más largos, el tiempo se origina. Puesto que Dios, en cuya eternidad no hay cambios en absoluto, es el Creador y Ordenador del tiempo, no veo cómo puede decirse que creó el mundo después de los espacios de tiempo, a menos que se diga que antes de la existencia del mundo ya existía alguna criatura cuyos movimientos permitieron el paso del tiempo. Y si las Escrituras infalibles y sagradas afirman que en el principio Dios creó los cielos y la tierra, dando a entender que no creó nada antes de eso (pues si lo hubiera hecho, las Escrituras dirían que «en el principio» se creó tal cosa), entonces puede asegurarse que el mundo no fue creado en el tiempo, sino con el tiempo. En efecto, todo lo que se hace en el tiempo se hace tanto después de algún tiempo como antes de otro: después de lo que es pasado y antes de lo que es futuro. Sin embargo, nada podía ser el pasado, ya que no existía criatura alguna cuyos movimientos permitieran medir la duración del tiempo. Por tanto, si la creación del mundo dio origen al cambio y al movimiento, como parece evidenciar el orden de los primeros seis o siete días, entonces, el mundo fue creado en simultaneidad con el tiempo. Pues en esos días se cuenta la mañana y la tarde hasta que, en el sexto día, todas las cosas que hizo Dios quedaron completas, y en el séptimo día se señaló el descanso de Dios de forma misteriosa y sublime. ¿Qué clase de días eran estos? Para nosotros es extremadamente complejo o quizás imposible imaginarlo. ¡Cuánto más lo es expresarlo!

7. Sobre la naturaleza de los primeros días, que tuvieron mañana y tarde antes de que exista el sol (Gén. 1:3-5).

Observamos, ciertamente, que nuestros días comunes no tendrían tardes si no fuera porque se pone el sol, y no tendrían mañanas si no fuera porque sale el sol. En cambio, los tres primeros días transcurrieron sin sol, pues, según el relato de las Escrituras, el sol fue creado en el cuarto día (Gén. 1:14-19). En primer lugar, leemos que por la palabra de Dios fue hecha la luz, que Dios la separó de las tinieblas, llamó a la luz, Día, y a las tinieblas, Noche. Pero, ¿qué clase de luz era esta? ¿Con qué movimientos periódicos dio origen a la tarde y a la mañana? Estas cuestiones escapan a nuestros sentidos. No podemos comprender cómo sucedía esto y, sin embargo, debemos creerlo sin duda alguna. Pues, o se trataba de una luz material (ya sea proveniente de las regiones superiores del mundo, fuera del alcance de nuestra vista, o proveniente del lugar del que el sol tomó luego su luz), o bien, el nombre de la luz se utiliza para significar a la ciudad santa, que está compuesta de ángeles santos y espíritus dichosos. Esa es la ciudad de la que el apóstol dice: «Mas la Jerusalén de arriba, la cual es madre de todos nosotros, es libre» (Gál. 4:26) y luego, en otro lugar: «Porque todos vosotros sois hijos de luz e hijos del día; no somos de la noche ni de las tinieblas» (1 Tes. 5:5). No obstante, podríamos hablar de la mañana y la tarde de ese día entendiéndolos de ciertas maneras. Pues el conocimiento de la criatura, al compararlo con el conocimiento del Creador, viene a ser como el crepúsculo; el amanecer y nacer de la mañana viene a ocurrir cuando la criatura es atraída a la alabanza y el amor del Creador, y la noche no llega nunca si no se abandona al Creador por el amor de la criatura. En definitiva, en el relato ordenado de estos días, nunca se menciona la palabra «noche». En ninguna parte dice: «fue la noche», sino: «fue la tarde y la mañana un día». Así también con el segundo día y el resto. En efecto, cuando se conoce a las cosas creadas contemplándolas por ellas mismas, se ven más descoloridas, por decirlo de algún modo, que cuando se las ve desde la sabiduría de Dios, como en el arte por el que han sido hechas. Por lo tanto, la tarde es una figura más adecuada que la noche. Sin embargo, como dije antes, cuando la criatura vuelve a la alabanza y el amor del Creador, la mañana regresa. Cuando hace esto en conocimiento de sí misma, es el primer día; cuando lo hace en conocimiento del cielo, que es el nombre que se le da al firmamento entre las aguas de arriba y las de abajo, es el segundo día; cuando lo hace en conocimiento de la tierra, el mar y todas las cosas que crecen de la tierra, es el tercer día; cuando lo hace en conocimiento de las lumbreras mayor y menor y de las estrellas, es el cuarto día; cuando lo hace en conocimiento de los animales que nadan por las aguas y los que vuelan por los aires, es el quinto día; cuando lo hace en conocimiento de los animales que viven en la tierra y del hombre en sí mismo, es el sexto día (ver Gén. 1).

8. Cómo debemos entender el descanso que tomó Dios en el séptimo día luego de trabajar por seis jornadas.

Al leer que Dios descansó de todas Sus obras en el séptimo día y que lo santificó (Gén. 2:2-3), no debemos entenderlo de manera infantil, como si Dios se hubiera cansado de trabajar. Dios, quien «dijo y fue hecho», no usó palabras audibles y temporales, sino espirituales y eternas. Sin embargo, el descanso de Dios simboliza el descanso de aquellos que descansan en Dios, del mismo modo en que la alegría de la casa simboliza el gozo de quienes se alegran en la casa, aun si el motivo de alegría no es la casa en sí, sino otra cosa. ¡Y cuánta más razón tiene esa fraseología si es la casa, por su propia hermosura, la que alegra a sus habitantes! Pues en ese caso, cuando decimos que la casa es alegre, no se trata solamente de una figura retórica en la que nos referimos al contenido de algo por su contenedor (como cuando decimos: «los teatros aplauden» o «los campos mugen» en lugar de decir que la gente aplaude o que los toros mugen). También estamos hablando metafóricamente de una causa como si fuera el efecto (como cuando se dice que una carta es alegre porque alegra a sus lectores). Por tanto, cuando el relato sagrado afirma que Dios descansó, simboliza de manera apropiada el reposo de quienes están en Él y a quienes Él hace descansar. Y este relato profético también les hace una promesa a los destinatarios, para quienes fue puesto por escrito: luego de las buenas obras que Dios realiza en ellos y a través de ellos, ellos mismos podrían disfrutar del descanso eterno en Dios si se hubieran acercado a Él durante esta vida. Para el antiguo pueblo de Dios, a ese descanso lo prefigura el reposo al que obliga la ley del sábat, tema sobre el que me expandiré más en su momento.

9. Qué creer, según las Escrituras, sobre la creación de los ángeles.

Me comprometí a tratar el tema del origen de la ciudad santa y, antes de ello, de los ángeles santos, quienes conforman una parte muy grande de esta ciudad (y la más dichosa también, dado que nunca han vivido lejos de ella). Ahora, entonces, me dedicaré a explicar, con la ayuda de Dios y hasta el punto que parezca conveniente, lo que dicen las Escrituras en este respecto. Cuando la Escritura se refiere a la creación, no menciona claramente si los ángeles fueron creados y en qué momento. No obstante, si es que se los menciona, lo hace implícitamente con el nombre de «cielo» cuando dice: «En el principio creó Dios los cielos y la tierra», o más bien, con el nombre de la luz de la que vengo hablando. Sin embargo, no creo que se los haya omitido completamente, pues está escrito que en el séptimo día, Dios descansó de todas las obras que había realizado. El mismo libro comienza diciendo: «En el principio creó Dios los cielos y la tierra», lo que sugiere que antes de crear esas cosas, Dios no había creado nada. Por lo tanto, Él comenzó por los cielos y la tierra, la cual estaba desordenada y vacía, según narra la Escritura después. La luz aún no había sido hecha y las tinieblas estaban sobre la faz del abismo (es decir, cubrían el caos indefinido que eran la tierra y las aguas, pues donde no hay luz, tienen que estar las tinieblas). Después se describe cómo se crearon, completaron y dispusieron todas las otras cosas durante los seis días siguientes. ¿Cómo, entonces, podrían omitirse los ángeles, como si no fueran parte de las obras de Dios, de las que descansó en el séptimo día? Ahora bien, aunque aquí no se haya omitido que los ángeles son obra de Dios, tampoco se lo menciona explícitamente. Sin embargo, otras partes de las Sagradas Escrituras lo dicen de la forma más clara. En el Cántico de los tres jóvenes, se lee: «Obras todas del Señor, bendecid al Señor» (Daniel 3:57, BJ) y entre esas obras, que luego se mencionan en detalle, se nombra a los ángeles. También el salmo dice: «Alabad a Jehová desde los cielos; Alabadle en las alturas. Alabadle, vosotros todos sus ángeles; Alabadle, vosotros todos sus ejércitos. Alabadle, sol y luna; Alabadle, vosotras todas, lucientes estrellas. Alabadle, cielos de los cielos, y las aguas que están sobre los cielos. Alaben el nombre de Jehová; Porque él mandó, y fueron creados» (Sal. 148:1-5). Aquí se nos dice de la forma más clara y por autoridad divina que los ángeles fueron hechos por Dios, puesto que después de mencionarlos a ellos entre los otros seres espirituales, se afirma que «Él mandó, y fueron creados». Entonces, ¿quién tendría la audacia de sugerir que los ángeles fueron creados despúes de todas las cosas descritas en los seis días? Si alguien dijera tal ridiculez, quedaría refutado por una escritura de la misma autoridad en la que Dios dice: «... mientras cantaban a coro las estrellas matutinas y todos los ángeles gritaban de alegría» (ver Job 38:7, NVI). Los ángeles, por tanto, ya existían antes de las estrellas, que fueron hechas en el cuarto día. ¿Diremos, entonces, que los ángeles fueron creados en el tercer día? En absoluto, pues sabemos qué cosas fueron hechas ese día. Se separó la tierra de las aguas, ambos elementos tomaron sus formas diferenciadas y la tierra produjo todo lo que crece en ella. ¿Fue en el segundo día, entonces? Tampoco, pues ese día se creó el firmamento entre las aguas de arriba y de abajo y se lo llamó «cielo». En este firmamento se crearon las estrellas el cuarto día. Entonces, si los ángeles fueron creados por Dios durante esos seis días, no cabe duda de que ellos son aquella luz a la que se llamó «Día». Sin duda, la escritura señala su unidad al referirse a este día como el «un día» en lugar del «primer día». En efecto, ni el segundo, ni el tercero, ni los días restantes son otro día; es el mismo día uno el que se repite para completar el número seis o siete, de modo tal que se conozcan tanto las obras de Dios como Su descanso. Dios dijo: «Sea la luz» (Gén. 1:3) y hubo luz. Entonces, si estamos en lo correcto al entender que esta luz indica la creación de los ángeles, ciertamente los ángeles fueron hechos partícipes de la luz eterna. Esta luz es la inmutable sabiduría de Dios, por la cual todas las cosas fueron creadas, y a la que llamamos Hijo unigénito de Dios. Así, cuando a los ángeles los ilumine la Luz que los creó, podrán convertirse en luz, ser llamados «Día» y participar de esa Luz y Día que es la Palabra de Dios, por la cual tanto ellos como todo lo demás fue creado. «Existía la luz verdadera que, al venir al mundo, alumbra a todo hombre» (Juan 1:9). Esta Luz ilumina también a todo ángel puro para que no sea luz en sí mismo, sino en Dios. Si el ángel se aparta de Dios, se vuelve impuro como aquellos a los que se llama «espíritus inmundos». Dejan de ser luz en el Señor para ser tinieblas en sí mismos, privados de participar en la Luz eterna. En efecto, el mal no existe en su propia naturaleza, sino que a la pérdida del bien se le dio el nombre del mal.

10. En cuanto a la simple e inmutable Trinidad del Padre, el Hijo y el Espíritu Santo: un solo Dios de idénticas sustancia y calidad.

Existe, por consiguiente, un bien que es solamente simple y, por lo tanto, solamente inmutable: Dios. Por este bien fueron creados todos los demás, pero no son simples y, por ello, tampoco inmutables. Y digo: «creados», es decir, hechos; no engendrados. Pues lo que es engendrado de un Bien simple, es simple por sí mismo, y es igual a aquel del que fue engendrado. A estos dos los llamamos «Padre» e «Hijo». Ambos, junto al Espíritu Santo, son un solo Dios. A este Espíritu se lo llama «Santo» en las Escrituras, como era apropiado. Y se trata de alguien distinto al Padre y al Hijo, pues no es ninguno de ellos. Digo «alguien» en lugar de «algo» porque es, al igual que los otros, el Dios simple, inmutable y eterno. Esta Trinidad es un Dios, y no deja de ser simple por ser una Trinidad. Pues no afirmamos que la naturaleza del bien sea simple porque solo se encuentre en el Padre, o solo en el hijo, o solo en el Espíritu Santo. Tampoco sostenemos, como los herejes sabelianos, que se trate de una Trinidad puramente nominal sin distinción real de personas. Decimos que es simple porque eso es lo que es, excepto por la relación que cada persona tiene con la otra. En cuanto a esta relación, es cierto que el Padre tiene un Hijo, y sin embargo, Él no es el Hijo en sí mismo. Así también, el Hijo tiene un Padre y, no obstante, Él no es el Padre en sí mismo. En cuanto a la relación consigo mismo y no con los otros, cada uno es lo que tiene. Así, Él es en sí la vida, por cuanto tiene vida, y es en sí mismo, la vida que tiene.

Es por esa razón, entonces, que a la naturaleza de la Trinidad se la llama «simple»: no tiene nada que pueda perder, y no contiene nada distinto a lo que es. En cambio, el vaso no es el licor que contiene; el cuerpo no es su color; el aire no es su luz o calor, y la mente no es la sabiduría. Así, pueden dejar de tener estas cosas, cuyas cualidades y apariencias pueden cambiar. El vaso podría dejar de tener el líquido que lo llena; el cuerpo podría quedar descolorido; el aire podría oscurecerse, y la mente podría entontecerse. El cuerpo incorruptible que se le promete a los santos en la resurrección (1 Cor. 15:52) no puede, en cambio, perder esa cualidad incorruptible. Empero, la sustancia corporal y la cualidad incorruptible no son la misma cosa: la última se encuentra completa en cada una de las partes del cuerpo y no es mayor aquí y menor allí, pues no hay ninguna parte más incorruptible que otra. El cuerpo, en cambio, es mayor en su conjunto que en sus partes, y aunque tiene partes más grandes que otras, las más grandes no son más incorruptibles que las más pequeñas. Por tanto, una cosa es el cuerpo, que no está completo en cada una de sus partes, y otra cosa es la cualidad incorruptible, que está completa en todas ellas, porque cada parte del cuerpo incorruptible, aunque no es igual a las demás, es igualmente incorruptible. Por ejemplo, no es más incorruptible la mano que el dedo a pesar de ser de mayor tamaño. Así, aunque el dedo y la mano no sean iguales, son igualmente incorruptibles. En consecuencia, aunque la cualidad incorruptible no se pueda separar de un cuerpo incorruptible, una cosa es la sustancia del cuerpo, y otra es la calidad incorruptible. Por tanto, el cuerpo no es lo que tiene. El alma misma, también, aunque siempre sea sabia (tal como lo será eternamente cuando sea redimida), lo será por participar de la sabiduría inmutable, que es una cosa distinta a ella. Pues aunque el aire nunca se vea privado de la luz que lo inunda, aire y luz no son la misma cosa. No quiero decir con esto que el alma sea aire, como sostienen algunos que no pueden imaginar una naturaleza espiritual. Sin embargo, aunque tienen muchas diferencias, ambas cosas comparten cierta similitud. Eso hace que resulte apropiado decir que el alma inmaterial es iluminada por la luz inmaterial de la sabiduría simple de Dios en el mismo modo en que el aire material es iluminado por la luz material. Y así como el aire se oscurece al verse privado de la luz (puesto que la oscuridad material no es otra cosa que aire necesitado de luz), también el alma se oscurece al verse privada de la sabiduría.

Por consiguiente, aquellas cosas esencial y verdaderamente divinas son las que se llaman «simples», pues tienen idéntica sustancia y cualidad, y son divinas, o sabias, o dichosas por sí mismas, sin que sea necesaria la participación de elementos externos. Es cierto que en las Sagradas Escrituras, al espíritu de sabiduría se le llama «multiforme» (ver Efe. 3:10) porque contiene muchas cosas en sí mismo. Sin embargo, es también lo que contiene y, aunque es uno, es todas esas cosas. Pues no existen muchas sabidurías sino una sola, en la que se encuentran los tesoros infinitos y sin revelar de las cosas intelectuales. Allí se hallan todas las razones invisibles e inmutables de las cosas visibles y mutables, las cuales fueron creadas por la sabiduría. Pues Dios lo hizo todo a sabiendas, cosa que no puede decirse de un obrero humano. Pero si Él conocía todo lo que hizo, entonces hizo aquellas cosas que conocía. De esto se desprende una conclusión sorprendente pero verdadera: que nosotros no podríamos conocer este mundo a menos que existiera, pero no podría haber existido si no lo hubiera conocido Dios.

11. Si debe creerse que los ángeles caídos fueron partícipes de la dicha que los ángeles santos han disfrutado siempre, desde que fueron creados.

Puesto que así son las cosas, aquellos espíritus a los que llamamos «ángeles» en ningún momento y de ningún modo estuvieron en las tinieblas, sino que en cuanto fueron creados, fueron hechos luz. Sin embargo, no fueron creados para ser o vivir de cualquier manera, sino que fueron iluminados para poder vivir de forma sabia y dichosa. Algunos de ellos, por apartarse de la luz, no obtuvieron esta vida sabia y dichosa que, ciertamente, es eterna y viene acompañada por la confianza segura de su eternidad. No obstante, aún poseen la vida racional, aunque a esta la ha oscurecido la necedad. A esa no pueden perderla aunque quisieran. Pero ¿quién puede determinar el punto hasta el que fueron partícipes de aquella sabiduría antes de caer? ¿Cómo podremos afirmar que participaron en la misma medida que aquellos que son cierta y plenamente dichosos y descansan en la seguridad verdadera de su eterna felicidad? Pues si hubieran participado de la misma manera en este conocimiento verdadero, entonces, los ángeles malos habrían pasado la eternidad igual de dichosos con el bien, ya que lo habrían estado esperando en la misma medida. En efecto, por más larga que sea la vida, no es eterna a menos que esté destinada a no tener fin, pues se le llama «vida» porque se la vive, pero «eterna» porque no tiene final. Así que, aunque no todo lo que es eterno es por ello dichoso (pues también el fuego del infierno es eterno), la vida no puede ser verdadera y perfectamente dichosa a menos que sea eterna. La vida de esos ángeles no era dichosa ya que estaba condenada a terminar y, por lo tanto, no era eterna, ya sea que ellos lo hayan sabido o no. No podrían haber sido dichosos, ya sea por el temor de saber que la vida no era eterna, o por la ignorancia de no saberlo. Y aun si su ignorancia no era tan grande como para darles una expectativa completamente falsa, sino que les hacía dudar sobre la eternidad o temporalidad de ese bien suyo, esta duda respecto a un destino de tal magnitud habría sido incompatible con la plenitud de la dicha que creemos que disfrutaron los ángeles santos. En efecto, no reducimos ni restringimos el término «dicha» para que solo aplique a Dios, aunque no cabe duda de que no puede existir una dicha mayor a la de Él. En comparación con esa, ¿qué dicha es la que tienen los ángeles que, sin embargo, en la medida de su capacidad, son perfectamente dichosos?

12. Comparación entre la dicha de los justos, quienes aún no han recibido el premio de la divina promesa, y la de nuestros primeros padres en el Paraíso.

Y los ángeles no son los únicos miembros racionales e intelectuales de la creación a quienes llamamos «dichosos». ¿Quién, pues, se atrevería a negar que los primeros seres humanos fueron dichosos en el Paraíso antes del pecado, aunque no sabían con certeza cuánto tiempo duraría su dicha? Claro que habría sido eterna si no hubieran pecado. Es más: aun hoy, y no sin razón, llamamos «dichosos» a quienes llevan una vida justa y santa con la esperanza de la inmortalidad. A ellos no les atormenta el remordimiento de consciencia, sino que obtienen fácilmente el perdón divino por los pecados de su debilidad presente. Aunque ellos están seguros de que recibirán el premio si perseveran, no saben con certeza si perseverarán. Pues ¿quién puede saber que perseverará hasta el fin en la práctica y el aumento de la gracia? Ningún ser humano puede saberlo, a menos que Él, según su juicio justo y oculto, se lo asegure por medio de una revelación. Aunque Él no engaña a nadie, solo les informa de esto a unos pocos. Por consiguiente, en lo que se refiere al disfrute del presente, el primer ser humano en el Paraíso fue más dichoso que cualquier otro justo que se encontrara en un estado dubitativo. Sin embargo, en cuanto a la esperanza del bien futuro, es más dichoso quien tenga la seguridad (y no la mera suposición) de que disfrutará eternamente del Dios supremo en la compañía de los ángeles.

Por muchas que sean sus molestias y sufrimientos corporales, la dicha de esta persona será mayor que la del hombre en el Paraíso, quien no tenía certezas sobre su destino.

13. Si todos los ángeles fueron creados con el mismo estado de felicidad, de modo que los que cayeron no sabían que iban a caer, y los que permanecieron recibieron la certeza de su propia perseverancia después de la ruina de la caída.

A partir de todo esto, cualquiera podría afirmar que son dos los elementos que hacen a la dicha, objeto al que legítimamente aspira el ser inteligente: por un lado, el disfrute ininterrumpido del bien inmutable, que es Dios, y por el otro, la certeza sin rastros de duda o error de que permanecerá eternamente en esa dicha. Creemos con fe piadosa que ese fue el caso de los ángeles de luz, pero concluimos por un razonamiento lógico que los ángeles caídos, quienes por su propia maldad perdieron aquella luz, no disfrutaron de la dicha antes de pecar. Sin embargo, si vivieron por un tiempo antes de caer, deben haber tenido cierta dicha, aunque no se haya tratado de la dicha por saber algo de antemano. Puede que cueste creer que algunos ángeles, al ser creados, hayan recibido la certeza absoluta de su eterna felicidad, mientras que otros hayan vivido sin saber si perseverarían o caerían. Cuesta creer que en el comienzo no todos hayan estado en igualdad de condiciones, hasta que aquellos ángeles que ahora son malos se apartaron por voluntad propia de la luz de bondad. De ser así, sin duda costaría mucho más creer que los ángeles santos no tengan ahora certezas sobre su dicha eterna y que no sepan las cosas de ellos mismos que nosotros hemos podido saber gracias a las Sagradas Escrituras. Pues ¿qué cristiano ignora que ningún diablo nuevo surgirá jamás de entre los ángeles buenos, o que el diablo presente jamás volverá a tener comunión con el bien? La Verdad, en efecto, promete en el Evangelio que los santos y los fieles serán iguales a los ángeles de Dios y que irán a «la vida eterna» (Mat. 25:46). Sin embargo, si nosotros tenemos la certeza de que nunca nos caeremos de aquella felicidad eterna, mientras que ellos no lo saben con seguridad, entonces no seremos iguales a ellos, sino mejores. No obstante, como la verdad nunca miente y nosotros seremos iguales a ellos, ellos deben tener la certeza de su dicha. Y puesto que los ángeles malos no podían tener esta certeza (pues su dicha estaba destinada a terminarse), pueden deducirse dos cosas: o los ángeles no eran iguales entre sí, o bien, en el caso de que sí lo hayan sido, los ángeles buenos supieron con certeza que serían dichosos eternamente recién cuando se perdieron los otros, a menos que alguien mencionara las palabras del Señor sobre el diablo: «Él ha sido homicida desde el principio, y no ha permanecido en la verdad» (Juan 8:44). Estas palabras no solo quieren decir que fue homicida desde el principio de la raza humana (desde la creación del ser humano, a quien podía matar mediante el engaño), sino también que no permaneció en la verdad en el tiempo de su propia creación y, en consecuencia, nunca fue dichoso junto a los ángeles. Puesto que se rehusó a someterse a su Creador y se regocijó con soberbia en su propio señorío privado, se volvió engañado y engañador. Pues nadie puede escaparse del dominio del Todopoderoso. Aquel que no quiera someterse piadosamente a estas cosas, con orgullo, finge y se engaña a sí mismo con cosas que no existen. Es así también como deben entenderse las palabras del dichoso apóstol Juan: «el diablo peca desde el principio» (1 Jn. 3:8). Es decir, desde que fue creado, rechazó la justicia que solo puede disfrutarse con una voluntad sujeta piadosamente a Dios. Quien esté de acuerdo con esta opinión, discrepa con los herejes de los maniqueos y de cualquier otra secta pestilente, según la cual el diablo tiene su propia naturaleza en el mal originado en cierto principio contrario. Estas personas se engañan tanto erróneamente que, a pesar de reconocer la autoridad de los Evangelios al igual que nosotros, no notan que el Señor no dijo: «el diablo era naturalmente ajeno a la verdad» sino: «el diablo [...] no ha permanecido en la verdad» (Juan 8:44). Con esto, entendemos que el diablo se cayó de la verdad y que, si se hubiera mantenido allí, hecho partícipe de la verdad, permanecería dichoso junto a los ángeles santos.

14. Explicación de por qué se dice que el diablo no permaneció en la verdad, pues la verdad no estaba en él.

Como si hubiéramos estado preguntando por qué el diablo no permaneció en la verdad, nuestro Señor nos proporciona una respuesta al decir «no hay verdad en él». Ahora, la verdad sí estaría en él si él hubiera permanecido en ella. Sin embargo, empleó una expresión menos utilizada: «No ha permanecido en la verdad, porque no hay verdad en él», como si el motivo por el que no permaneció en la verdad fuera que ella no estaba en él. Más bien, el motivo por el que la verdad no estaba en él fue que él no permaneció en ella. Este modo de decir se encuentra también en el salmo: «Yo te he invocado, por cuanto tú me oirás, oh Dios» (Sal. 17:6), donde esperaríamos que dijera: «Tú me oirás, por cuanto yo te he invocado». Sin embargo, luego de decir: «Yo te he invocado», como si le hubieran pedido pruebas al respecto, demuestra que su sincera oración fue efectiva porque Dios la escuchó. Es como si dijera: «La prueba de que oré es que Tú me escuchaste».

15. Cómo interpretar las palabras «… el diablo peca desde el principio».

Dice Juan que «… el diablo peca desde el principio» (1 Jn. 3:8). Algunos creen que eso significa que el diablo fue creado con una naturaleza pecaminosa, pero se equivocan, pues si el pecado fuera natural, no sería pecado en absoluto. Los profetas nos dan las pruebas. ¿Qué responderán ante ellas? Cuando Isaías representa al diablo bajo la figura del príncipe de babilonia, exclama: «¡Cómo caíste del cielo, oh Lucero, hijo de la mañana!» (Isa. 14:12). Ezequiel afirma: «En Edén, en el huerto de Dios estuviste; de toda piedra preciosa era tu vestidura» (Ezeq. 28:13), dando a entender que durante un tiempo estuvo libre de pecado, pues un poco después dice aun más explícitamente: «Perfecto eras en todos tus caminos». Y si no se pudieran interpretar estas palabras de otro modo más apropiado, al leer «no ha permanecido en la verdad» debemos entender que alguna vez estuvo en la verdad, pero no permaneció en ella. El pasaje que afirma que «el diablo peca desde el principio» no debe interpretarse como que el diablo pecó desde el principio de su existencia y creación, sino desde el principio del pecado, cuando por su propio orgullo comenzó a pecar. También hay un pasaje en el libro de Job que trata sobre el diablo: «Este es el comienzo de la criatura del Señor, hecho para ser acariciado por sus ángeles» (Job 40:14, BSE), que concuerda con el salmo que afirma: «Allí este leviatán que hiciste para que jugase en él». Sin embargo, estos pasajes no deben hacernos creer que el diablo fue hecho originalmente para que los ángeles jugaran con él, sino que ese fue el castigo al que fue condenado luego de pecar. Por consiguiente, su comienzo fue como hechura de Dios, pues no existe naturaleza alguna, ni siquiera entre las últimas y más bajas de las bestias, que no haya sido obra de Dios, de quien procede toda medida, forma y orden, sin lo cual nada puede planearse o concebirse. ¡Cuánto más es, entonces, la naturaleza angélica, que aventaja en dignidad a todas las otras creaciones de Dios, hechura del Altísimo!

16. En cuanto a los grados y diferencias entre las criaturas, juzgadas según su utilidad o según el orden de la razón.

En efecto, entre los seres que existen y se diferencian de la esencia del Dios Creador, son superiores los vivientes a los no vivientes, y los que tienen la capacidad de engendrar o aun de desear, a los que carecen de esa facultad. Y entre los vivientes, son superiores los que sienten a los que no sienten, como los animales a los árboles. Y entre los que sienten, son superiores los que tienen inteligencia a los que no la tienen, como los seres humanos al ganado. Y entre los inteligentes, son superiores los inmortales, como los ángeles, a los mortales, como los seres humanos. Estos son los grados según el orden de la razón. Sin embargo, cada persona tiene su propia escala de valores en cuanto a la utilidad de cada ser. Así, preferimos algunas cosas incapaces de sentir ante otros seres capaces de sentir. Tanto es así que, si tuviéramos el poder para hacerlo, eliminaríamos a estos últimos de la naturaleza, ya sea porque ignoramos el lugar que ocupan allí o porque, aunque lo conocemos, elegimos sacrificarlos para nuestra propia conveniencia. ¿Quién, por ejemplo, no preferiría tener pan en su casa antes que ratones, u oro antes que pulgas? No obstante, no resulta sorprendente que el propio ser humano, cuya naturaleza es sin duda la más digna, muchas veces le dé más valor a un caballo que a un esclavo, o a una joya antes que a una sirvienta. Por consiguiente, existen grandes diferencias de juicios entre la razón del de naturaleza contemplativa y la necesidad del indigente o el deseo del que busca el placer. Pues el primero considera qué valor tienen las cosas en la escala de la creación, mientras que la necesidad considera qué tan necesario es. La razón mira lo que parece verdadero a la luz de la mente, mientras que el placer busca lo que agrade a los sentidos del cuerpo. Sin embargo, para las criaturas racionales tienen tanto peso, por así decirlo, la voluntad y el amor, que aunque según el orden natural los ángeles sean superiores a los seres humanos, según la escala de justicia, las personas buenas tienen más valor que los ángeles malos.

17. El defecto de la maldad no es propio a la naturaleza, sino contrario a ella, y no tiene su origen en el Creador, sino en la voluntad.

A la expresión «Este es el principio de la obra de Dios» debemos interpretarla en relación a la naturaleza, no a la maldad del diablo. Pues, sin duda, para que exista el defecto o vicio de la maldad, primero debe existir una naturaleza libre de vicios. El vicio también es tan contrario a la naturaleza que lo único que puede hacerle es daño. En consecuencia, apartarse de Dios no sería un vicio si no fuera tan propio de la naturaleza permanecer en Dios. Así, incluso la voluntad mala es prueba contundente de la naturaleza buena. Sin embargo, así como Dios es el Creador bueno y supremo de las naturalezas buenas, también es el más justo ordenador de las voluntades malas. Así, cuando utilizan mal las naturalezas buenas, Él utiliza bien las voluntades malas. Por consiguiente, hizo que el diablo (creado bueno por Dios pero hecho malvado por su propia voluntad) perdiera su posición superior y pasara a ser objeto de burla de Sus ángeles, es decir, que sus tentaciones beneficiaran a los que él quería dañar. Cuando Dios lo creó, sin duda no ignoraba su futura malignidad y preveía el bien que Él mismo obtendría de su maldad, pues el salmo afirma: «Allí este leviatán que hiciste para que jugase en él» (Sal. 104:26). Podamos ver, entonces, que aun cuando Dios, en Su bondad, lo hizo bueno, ya había previsto y planeado el modo en que haría uso de él cuando se volviera malo.

18. En cuanto a la belleza del universo que, por ordenanza de Dios, se vuelve más brillante cuando los contrarios se oponen.

Pues Dios no habría creado a nadie (no hablo de los ángeles, sino incluso de los seres humanos) cuya futura maldad hubiera previsto, si no hubiera conocido igualmente los beneficios que el bien obtendría de ello, embelleciendo así el curso de los años, como si se tratara de un exquisito poema de variadas antítesis. En efecto, las llamadas antítesis decoran el discurso de la forma más elegante. En latín se las conoce como «oposiciones» o, para ser más exactos, «contraposiciones», aunque nosotros no usamos ese término con frecuencia. Sin embargo, la lengua latina y, en efecto, las lenguas de todas las naciones, sí se valen de estos ornamentos del estilo. En Segunda Corintios el apóstol Pablo hace uso de la antítesis con elegancia cuando dice: «en palabra de verdad, en poder de Dios, con armas de justicia a diestra y a siniestra; por honra y por deshonra, por mala fama y por buena fama; como engañadores, pero veraces; como desconocidos, pero bien conocidos; como moribundos, mas he aquí vivimos; como castigados, mas no muertos; como entristecidos, mas siempre gozosos; como pobres, mas enriqueciendo a muchos; como no teniendo nada, mas poseyéndolo todo» (2 Cor. 6:7-10). Entonces, así como las oposiciones entre estos contrarios embellecen el discurso, de igual modo la belleza en el curso del mundo se logra oponiendo contrarios, arreglados, por así decir, por una elocuencia no de palabras, sino de cosas.

19. Cómo podríamos interpretar las palabras «separó Dios la luz de las tinieblas».

Por consiguiente, la complejidad de la palabra divina sin duda tiene la ventaja de despertar múltiples opiniones y discusiones sobre la verdad, pues cada lector encuentra un significado nuevo en ella. Sin embargo, lo que sea que se interprete en un pasaje complejo debe confirmarse, ya sea con el testimonio de hechos evidentes o con afirmaciones de otros textos menos ambiguos. Esta complejidad resulta beneficiosa: al discutir sobre otras interpretaciones, se descubre el sentido de las palabras del autor o, cuando el sentido permanece oculto, se descubren otras verdades. No me parece que sea incongruente con el obrar de Dios la interpretación de que los ángeles se crearon con la primera luz, y que los ángeles santos se separaron de los inmundos cuando se dijo: «Separó Dios la luz de las tinieblas. Y llamó Dios a la luz Día, y a las tinieblas llamó Noche» (Gén. 1:4-5). Lo cierto es que a esta separación solo la podía hacer Él, quien podía prever tanto que caerían antes de que lo hicieran, como que, privados de la luz de la verdad, permanecerían en la oscuridad del orgullo. Pues él ordenó que las lumbreras del cielo, tan conocidas para nuestros sentidos, dividieran la luz de la oscuridad, es decir, que separaran el día y la noche, que nos son tan familiares. «Haya lumbreras —dijo—, en la expansión de los cielos para separar el día de la noche», y un poco después añadió: «E hizo Dios las dos grandes lumbreras; la lumbrera mayor para que señorease en el día, y la lumbrera menor para que señorease en la noche; hizo también las estrellas. Y las puso Dios en la expansión de los cielos para alumbrar sobre la tierra, y para señorear en el día y en la noche, y para separar la luz de las tinieblas». (ver Gén. 1:14-18). No obstante, solamente Dios podía separar a esa luz, que es la compañía santa de los ángeles brillando espiritualmente por la iluminación de la verdad, y a las tinieblas opuestas a ella, es decir, a la abominable maldad de la condición espiritual de esos ángeles apartados de la luz de justicia. Pues para Él no podía permanecer oculta o incierta su maldad (no por naturaleza, sino por voluntad), aunque fuera futura.

20. En cuanto a las palabras que siguen a la separación entre la luz y las tinieblas: «Y vio Dios que la luz era buena».

En fin, no podemos leer el pasaje de la Escritura en que Dios dice: «Sea la luz; y fue la luz», sin notar que inmediatamente después añade: «Y vio Dios que la luz era buena». Ninguna expresión como esa le sigue al pasaje en el que Él separó la luz de las tinieblas, y llamó a la luz Día y a las tinieblas Noche; no sea que el sello de su aprobación parezca ir tanto en las tinieblas como en la luz. Pues cuando las tinieblas no fueron objeto de reproche (cuando los cuerpos celestiales las separaron de la luz que nuestros ojos disciernen), recién luego de esta división, y no antes, se añade que Dios vio que era bueno. «Y las puso Dios en la expansión de los cielos para alumbrar sobre la tierra, y para señorear en el día y en la noche, y para separar la luz de las tinieblas. Y vio Dios que era bueno» (vv. 17-18). En efecto, ambas eran de su agrado, pues las dos estaban libres de pecado. En cambio, no es este el caso cuando Dios dice: «Sea la luz; y fue la luz. Y vio Dios que la luz era buena» y, a continuación en la narrativa: «… y separó Dios la luz de las tinieblas. Y llamó Dios a la luz Día, y a las tinieblas llamó Noche». Luego de este pasaje, no añade: «Y vio Dios que la luz era buena»; no sea que se llame a ambas cosas buenas, pues una de ellas era mala, no por su naturaleza, sino por culpa suya. Por lo tanto, en este caso, solo la luz fue aprobada por el Creador: aunque las tinieblas angélicas habían sido ordenadas, no contaban con la aprobación.

21. En cuanto al conocimiento eterno e inmutable de Dios, por el que todo lo que hizo fue de su agrado, tanto en el diseño eterno como en el resultado que obtuvo.

Pues, ¿de qué otra forma puede entenderse la invariable expresión: «Y vio Dios que era bueno», sino como la aprobación de la obra en el diseño, es decir, en la sabiduría de Dios? En efecto, Dios no descubrió que algo era bueno al momento de hacerlo realidad: por el contrario, nada habría sido creado si Él no lo hubiera conocido primero. Por consiguiente, cuando Él ve que es bueno algo que nunca hubiera hecho de no haberlo visto antes de su creación, es claro que no está descubriendo, sino enseñándonos que es bueno. En efecto, Platón llevó su audacia más lejos al decir que, cuando el universo estuvo completo, Dios estaba exultante de gozo. Y Platón no era tan insensato como para decir con esto que Dios se volvió más dichoso con la novedad de su creación; en cambio, quiso decir que la obra ahora completa de Dios contó con la aprobación de su Hacedor, como lo había hecho cuando se trataba de un diseño. No es como si el conocimiento de Dios tuviera varias formas y conociera de formas distintas las cosas que aún no son, las que son, y las que fueron. Pues Él no mira el futuro como si estuviera delante, ni mira el presente, ni el pasado como si estuviera atrás, como es nuestra costumbre, sino que los ve de una forma diferente, lejana y profundamente alejada de nuestro modo de pensar. Efectivamente, él no pasa de una cosa a la otra con transiciones del pensamiento, sino que todo lo ve de una forma absolutamente inmutable, de modo tal que lo que sucede en el tiempo (el futuro que aún no es, el presente que es ahora y el pasado que ya dejó de ser), Él lo abarca todo con su presencia estable y eterna. Tampoco ve de cierta forma con los ojos y de otra forma con la mente, pues no está compuesto por mente y cuerpo. Su conocimiento actual tampoco es distinto del que habrá de tener, pues las variaciones temporales que afectan nuestro conocimiento (a saber, el pasado, el presente y el futuro) no afectan el de Dios, «en el cual no hay mudanza, ni sombra de variación» (Sant. 1:17). Sus pensamientos tampoco pueden crecer, pues su visión espiritual abarca al mismo tiempo todo lo que conoce. En efecto, Él mismo mueve las cosas temporales sin ningún movimiento que el tiempo pueda medir, por lo que conoce todos los tiempos con un conocimiento que no puede ser medido temporalmente. Por tanto, Él vio que lo que hizo era bueno cuando vio que era bueno hacerlo. Y no por verlo hecho se duplicó o aumentó el conocimiento que tenía de eso, como si antes de hacer lo que veía hubiera sido menor su conocimiento. Pues Él no obraría con tal perfección si Su conocimiento no fuera tan perfecto que sus obras completas nada pueden añadir. Por lo tanto, si su único objetivo hubiera sido informarnos quién hizo la luz, habría bastado con decir: «Dios hizo la luz». Si solo hubiera querido brindar más información sobre el medio por el que se hizo la luz, habría bastado con decir: «Y dijo Dios: Sea la luz, y fue la luz», pues así habríamos sabido no solo que hizo el mundo, sino que lo hizo mediante el verbo. Sin embargo, lo correcto era que se nos anunciaran tres verdades sobre la creación: quién la hizo, por qué medio y por qué. Es por ello que está escrito: «Y dijo Dios: Sea la luz, y fue la luz. Y vio Dios que la luz era buena». Entonces, si la pregunta es quién la hizo, la respuesta es: «Dios». Si es por qué medio, Él dijo: «Sea», y fue. Si es por qué lo hizo: porque «era buena». No existe autor más excelente que Dios, ni técnica más eficiente que el Verbo de Dios, ni motivo mejor que la creación del bien por el Dios bueno. También Platón consideraba que la causa más justa de la creación del mundo era que obras buenas fueran hechas por un Dios bueno. Quizá leyó este pasaje, o tal vez las personas que lo leyeron le informaron al respecto, o gracias a su agudísima inteligencia conoció las cosas espirituales invisibles a través de las cosas creadas, o quizás las aprendió de quienes las discernieron.

22. En cuanto a los que desaprueban ciertas partes de la creación buena de un Dios bueno y piensan que existe cierto mal por naturaleza.

No obstante, la causa tras la creación buena, a saber, la bondad de Dios, esta causa, digo yo, tan justa y apropiada que al considerarla piadosa y cuidadosamente pone fin a todas las controversias de quienes indagan sobre el origen del mundo, no ha sido reconocida por algunos herejes. Pues existen, en efecto, muchas cosas, como el fuego, las heladas y las bestias salvajes, entre otras, que son contrarias a la frágil y vulnerable mortalidad de nuestra carne y le hacen daño, aunque procedan del justo castigo. No consideran lo admirables y excelentes que son estas cosas en sus propios lugares y naturalezas; la hermosa manera en que se acomodan al resto de la creación; la gracia con que cada una contribuye con lo suyo al universo, como si fuera un Estado comunitario, y lo útiles que nos son incluso a nosotros si sabemos utilizarlas apropiadamente. Aun los venenos, tan destructivos cuando se los usa sin juicio, se convierten en saludables medicamentos al usarlos según sus cualidades y diseño. Y, por otro lado, las cosas que nos dan placer, como la comida, la bebida y la luz del sol, nos hacen daño cuando no se las usa con moderación o en el momento oportuno. Así, la divina providencia nos exhorta a no reprobar las cosas neciamente, sino a investigar con cuidado la utilidad que puedan tener y, cuando nos falle nuestra capacidad mental o nuestra debilidad, a creer que existe una utilidad oculta, pues sabemos por experiencia que hay ciertas cosas que casi no pudimos descubrir. En efecto, cuando la utilidad de algo está oculta, ejercitamos nuestra humildad o nivelamos nuestro orgullo, pues no hay nada en la naturaleza que sea un mal (y por «mal» nos referimos exclusivamente a la privación del bien). Sin embargo, desde las cosas terrenales hasta las celestiales y de las visibles hasta las invisibles, algunas son mejores que otras; no son iguales para que todas puedan existir. Ahora, es tan grande la labor de Dios en las cosas grandes, que no es menor en las cosas pequeñas. Pues estas no deben medirse según su propia grandeza (que no existe), sino según la sabiduría del Diseñador, como sucede con el aspecto visible del ser humano: si se le rasura una ceja, es poquísimo lo que se le quita del cuerpo, pero es mucho lo que se le quita a su belleza, que no depende de su tamaño, sino de la proporción y el orden de sus miembros. No obstante, no nos resulta sorprendente que quienes creen en la existencia de una naturaleza maligna nacida y propagada por cierto principio contrario a ella, se nieguen a admitir como causa de la creación que el Dios bueno creara cosas buenas. En cambio, para ellos, lo que condujo a Dios a hacer esto fue la necesidad urgente de repeler el mal que se revelaba contra Él. Creen también que mezcló Su naturaleza buena con el mal a fin de reprimirlo y vencerlo; que trabaja para purificar y liberar Su naturaleza, contaminada de forma vergonzosa y oprimida y capturada con crueldad; y que no logra tener éxito del todo con sus dolores, sino que las partes cuyas manchas no pudieron ser purificadas se convertirán en la prisión y la atadura del enemigo vencido y aprisionado. Los maniqueos no manifestarían tal insensatez o, mejor dicho, tal locura, si creyeran, como es el caso, que la naturaleza de Dios es inmutable y absolutamente incorruptible, y que nada la puede perjudicar. Tampoco lo dirían si consideraran, con sensatez cristiana, que el alma (que ha demostrado ser capaz de cambiar para peor por su propia voluntad, de corromperse por el pecado y verse así privada de la luz de la eterna verdad), que el alma, digo yo, no es parte de Dios, ni es de la misma naturaleza que Dios, sino que fue creada por Él y difiere mucho de su Creador.

23. En cuanto al error relacionado con la doctrina de Orígenes.

Sin embargo, resulta mucho más sorprendente que aun algunos de los que creen, al igual que nosotros, que existe solo un principio para todas las cosas, y que ninguna naturaleza distinta a Dios puede existir a menos que Él la cree, se hayan negado a aceptar con una fe buena y simple que hay una causa buena y simple para la creación del mundo, y esto es, que un Dios bueno creó las cosas buenas, y que aunque las cosas creadas son inferiores a Dios (por ser distintas a Él), son buenas, pues fueron creadas por Él y ningún otro. Afirman, en cambio, que las almas, aunque no son partes de Dios, sino creaciones Suyas, pecaron y abandonaron a Dios; que según lo merecieran por la variedad de sus pecados, descendieron distintos niveles desde el cielo a la tierra y recibieron diferentes cuerpos a modo de prisiones; y que ese es el mundo y esa es la causa por la que fue creado: no para la creación de cosas buenas, sino para la represión de las malas. De esto se acusa, y con razón, a Orígenes. Pues en los libros que él titula «Sobre los principios», eso es lo que expone. Y me asombra más de lo que puedo expresar que un hombre tan erudito y versado en la literatura eclesiástica no haya observado, en primer lugar, cuán contraria es su idea a la intención de la autoridad de las Escrituras. Pues, al narrar las obras de Dios, las Escrituras añaden con frecuencia: «Y vio Dios que era bueno» y, cuando todas las obras estuvieron completas, aparecen las palabras: «Y vio Dios todo lo que había hecho, y he aquí que era bueno en gran manera» (Gén. 1:31). ¿Acaso eso no da a entender, evidentemente, que no había otra causa para la creación del mundo, sino que criaturas buenas fueran hechas por un Dios bueno? En esta creación, si nadie hubiera pecado, el mundo se habría llenado y embellecido exclusivamente de naturalezas buenas. Sin embargo, no porque el pecado haya tenido lugar, todas las cosas están llenas de pecado, pues la mayoría de los habitantes celestiales preservan la integridad de su naturaleza. Y la voluntad pecaminosa, si bien violó el orden propio a su naturaleza, no por ello escapó de las leyes de Dios, quien ordena todas las cosas para bien y con justicia. Pues así como el ojo que tiene la habilidad para discernirlo halla más belleza en un cuadro cuando las sombras se acomodan apropiadamente, también el universo se embellece incluso por los pecadores, aunque ellos consideren que su deformidad es un triste defecto.

En segundo lugar, Orígenes y todos quienes comparten su forma de pensar debieron ver lo siguiente: si esta opinión fuera cierta, si el mundo hubiera sido creado para encerrar a las almas a modo de prisión en cuerpos en los que deben hacer silencio, según la gravedad de sus pecados, de forma tal que los que cometieran pecados menores reciban cuerpos más ligeros y etéreos y, quienes cometieron pecados más burdos y graves, cuerpos más bajos y vulgares, en consecuencia los demonios, los seres más malvados que hay, deberían haber recibido, y con más razón que los hombres malvados, cuerpos terrenales, pues esos son los más burdos y los menos etéreos que existen. Ahora bien, para que entendiéramos que los méritos de las almas no deben estimarse según las cualidades de los cuerpos, el demonio, que es el más malvado de todos, recibió un cuerpo eterno, mientras que el ser humano, que si bien es malvado, lo es de forma mucho menor y más leve que el demonio, recibió incluso antes de pecar un cuerpo de barro. ¿Acaso hay algo más absurdo que afirmar que el sol, único para un único mundo, no fue creado por Dios para que la creación material se beneficiara o para darle brillo a la belleza, sino que todo sucedió porque una sola alma pecó de tal forma que merecía ser encerrada en ese cuerpo? De ser así, si hubiera sucedido que no uno, sino dos, sí, o diez, o cien pecaron de forma similar y con un grado de culpa semejante, entonces este mundo tendría cien soles. Que ese no sea el caso no se debe a que el Creador sea un notable previsor que haya planeado la seguridad y belleza de las cosas materiales, sino a que solo se halló pecado de características tan exactas en una sola alma, por lo que solo ella mereció semejante cuerpo. Ciertamente, quienes comparten estas opiniones no deben intentar confinar almas, de las cuales no saben lo que dicen, sino a sí mismos, para que no caigan, y con razón, tan lejos de la verdad. Y en cuanto a lo que recomendé anteriormente acerca de las tres cuestiones que deben plantearse con cada criatura (quién la creó, por qué medios y por qué), lo que debe responderse es: «Dios, por la palabra y porque era bueno». Estas respuestas plantean cierta cuestión cuya explicación tomaría más que un solo volumen, y no puede esperarse otra cosa: si se nos insinúa místicamente la mismísima Trinidad, esto es, el Padre, el Hijo y el Espíritu Santo, o si hay alguna buena razón para interpretar de tal modo este pasaje de las Escrituras.

24. En cuanto a la Trinidad divina y las indicaciones de Su presencia que ha dejado en Sus obras.

Creemos, sostenemos y predicamos con fidelidad que el Padre engendró al Verbo, es decir, la Sabiduría, por la cual fueron creadas todas las cosas, el Hijo unigénito, uno así como el Padre es uno, eterno así como el Padre es eterno y, al igual que el Padre, supremamente bueno; que el Espíritu Santo es a la vez el Espíritu del Padre y del Hijo y que es consustancial y coeterno con ambos; y que todo esto es una Trinidad por la individualidad de las tres personas, un solo Dios por la sustancia divina indivisible y un solo Omnipotente por la omnipotencia indivisible. Así y todo, si se pregunta por cada uno en particular, la respuesta es que cada uno de ellos es Dios y Omnipotente, pero si hablamos de ellos en su conjunto, decimos que no hay tres Dioses, ni tres Omnipotentes, sino un solo Dios Omnipotente. Tan fuerte es la unidad indivisible entre ellos Tres que quiso manifestarse de esa forma. Otro tema, sobre el cual no me atrevo a dar una respuesta apresurada, es si sería correcto llamar al Espíritu Santo del Padre bueno y del Hijo bueno «bondad de ambos», pues Él es común a los dos. Sin embargo, no vacilaría tanto para afirmar que Él es la santidad de ambos, no porque sea un mero atributo divino, sino porque Él mismo es también la sustancia divina y la tercera persona de la Trinidad. Puedo atreverme a afirmar esto porque, aunque el Padre y el Hijo sean santos, a la tercera persona se la distingue por el nombre de Espíritu Santo, como si Él fuera la santidad sustancial y consustancial de ambos. Sin embargo, si la bondad divina no es más que la santidad divina, entonces, sin duda respondemos a un esfuerzo racional y no a la audacia presuntuosa cuando nos preguntamos si la misma Trinidad no pone a prueba nuestra atención y se nos insinúa mediante ciertas expresiones enigmáticas cuando se narra quién hizo cada criatura, por qué medios y por qué. En efecto, es el Padre del Verbo quien dijo: «Sea». Aquello que se hizo cuando Él habló, ciertamente se hizo por medio del Verbo. Y las palabras: «vio Dios que era bueno» dan a entender claramente que Dios no hizo lo que hizo por necesidad o para satisfacer un deseo, sino meramente por Su bondad, es decir, porque era bueno. Eso se afirma luego de que la creación tuviera lugar, para que no hubiera duda alguna de que la cosa hecha satisfizo la bondad por la que fue hecha. Si acertamos al interpretar que esta bondad es el Espíritu Santo, entonces toda la Trinidad nos es revelada en la creación. De allí viene el origen, el conocimiento y la dicha de la ciudad santa, que se halla en las alturas entre los ángeles santos. Pues, si preguntamos cuándo fue hecha, decimos que Dios la creó; si por qué es sabia, que Dios la iluminó; y si por qué es dichosa, que se goza en Dios. Al subsistir en Él, tiene su forma; al contemplarlo, es iluminada; y al permanecer en Él, es dichosa. En la eternidad de Dios está su vida; en la verdad de Dios, su luz; en la bondad de Dios, su gozo.

25. En cuanto a la división de la filosofía en tres partes.

Que yo sepa, es por ese mismo motivo que los filósofos buscaron dividir esta ciencia en tres partes, o más bien, pudieron ver que existe una división tripartita (pues no la inventaron; tan solo la descubrieron), según la cual hay una parte física, una lógica y una ética. Los equivalentes en latín a estos nombres ya se han naturalizado en los escritos de muchos autores, de modo tal que a estas divisiones se las llama natural, racional y moral. Estas partes se encuentran ya resumidas en el octavo libro. No es que vaya a concluir que los pensamientos de los filósofos, al descubrir la división tripartita, hayan sido sobre la trinidad de Dios, aunque se dice que Platón fue el primero en descubrir y promulgar esta distribución. Para él, solo Dios podía ser el autor de la naturaleza, el dador de inteligencia y el que infunde amor, gracias al cual la vida es buena y dichosa. Cierto es que, si bien los filósofos difieren sobre la naturaleza de las cosas, el modo de investigar la verdad y el bien hacia el que deben tender todos nuestros actos, toda su energía intelectual se gasta en esas tres cuestiones grandes y generales. Y aunque exista una confusa diversidad de opiniones y cada uno luche para establecer la suya respecto a estas cuestiones, ninguno pone en duda que la naturaleza tenga cierta causa; la ciencia, cierto método y la vida, cierto fin y propósito. También son tres los elementos con los que todo artífice debe contar para llevar a cabo cualquier cosa: la naturaleza, que debe ser juzgada según la capacidad; el espíritu, que debe ser juzgado según el conocimiento; y la práctica, que debe ser juzgada según su fruto. Estoy al tanto de que el fruto, propiamente dicho, es algo que uno disfruta, mientras que el uso (la práctica), es algo que uno utiliza. La diferencia parece radicar en que decimos disfrutar de las cosas que nos deleitan por sí mismas y no por sus otros fines, mientras que usamos las cosas porque tienen un fin superior. Es por este motivo que a las cosas temporales las usamos en lugar de disfrutarlas, a fin de que merezcamos disfrutar de las cosas eternas. No actuamos como las criaturas perversas que quieren disfrutar del dinero y usar a Dios, y en lugar de gastar el dinero para Dios, adoran a Dios con vistas en el dinero. Sin embargo, en el lenguaje cotidiano, decimos tanto que usamos los frutos como que disfrutamos de los usos, pues con razón hablamos de los «frutos del campo» que ciertamente usamos en la vida temporal. De acuerdo con este uso, dije que hay tres cosas que deben considerarse en el ser humano: la naturaleza, la educación y la práctica. A partir de ellas, como dije, los filósofos dividieron esa ciencia en tres partes a fin de tener una vida dichosa: la natural lo logra respetando la naturaleza; la racional, la educación y la moral, la práctica. Por tanto, si nosotros fuéramos los autores de nuestra naturaleza, sin duda también habríamos generado nuestro conocimiento y no necesitaríamos adquirirlo mediante la educación, es decir, aprendiendo de los demás. Así también nuestro amor, al proceder de nosotros y regresar a nosotros, sería suficiente para que nuestra vida sea dichosa, y no tendríamos necesidad de ningún disfrute externo. No obstante, ya que para que nuestra naturaleza exista, Dios tiene que ser el autor, sin lugar a dudas Él debe ser también el maestro que nos hace sabios y el dador de dulzura espiritual que nos hace dichosos.

26. En cuanto a la imagen de la suprema Trinidad, que en cierto modo hallamos en la naturaleza del ser humano, aun en su estado actual.

En efecto, reconocemos en nosotros mismos la imagen de Dios, es decir, de la suprema Trinidad. No es una imagen igual a Dios, sino más bien muy distante de Él; tampoco es coeterna y, en pocas palabras, no tiene la misma sustancia que Dios. Sin embargo, entre todas Sus obras, no existe ninguna más cercana a Él en Su naturaleza, y eso que aún debe ser perfeccionada para que pueda guardar una semejanza incluso mayor. Pues existimos, sabemos que existimos y nos deleita tanto existir como saber que lo hacemos. En estas tres cosas no hay falsedad alguna con apariencia de verdad que pueda perturbarnos. Pues no percibimos estas cosas con los sentidos del cuerpo, como sí ocurre con las cosas del exterior: los colores con la vista, los sonidos con el oído, los olores con el olfato, los sabores con el gusto, las texturas duras y blandas con el tacto. En nuestra memoria no quedan guardados los objetos sensitivos que percibimos, sino imágenes que se les parecen y que percibimos con la mente, lo cual nos incita a desear los objetos. No obstante, tengo la seguridad absoluta de que existo, de que lo sé y de que me deleito en eso, y todo eso lo hago sin la engañosa representación de imágenes o espectros. En cuanto a estas verdades, no siento temor alguno por los argumentos de los académicos, quienes preguntan: «¿Y si te engañas?». Pues si me engaño, existo. En efecto, quien no existe no puede ser engañado y, por este mismo motivo, si me engaño, existo. Por consiguiente, ya que para engañarme debo existir, ¿cómo puede engañarme la creencia de que existo? Pues estoy seguro de que si me engaño, entonces existo. Entonces, puesto que yo, la persona engañada, debo existir aun si me engaño, ciertamente no me engaño al conocer que existo. Y en consecuencia, tampoco me engaño al conocer que conozco. Pues conozco que existo, así que conozco también esto mismo: que conozco. Y al amar estas dos cosas, les añado un tercer elemento: mi amor, que tiene la misma importancia. En efecto, tampoco me engaño respecto a que amo, ya que no me engaño en las cosas que amo: aunque fueran falsas, lo cierto sería que amo cosas falsas. Pues ¿cómo se me podría culpar justamente por amar cosas falsas y prohibírseme hacerlo si fuera falso que las amé? Sin embargo, por cuanto son cosas ciertas y reales, ¿quién podría dudar de que cuando son amadas, ese amor es cierto y real? Es más: así como no existe nadie que no quiera ser feliz, no existe nadie que no quiera existir. ¿Cómo, pues, se podría ser feliz, si no se existe?

27. En cuanto a la existencia, el conocimiento de ella y el amor por ambas cosas.

En verdad, el mero hecho de existir, debido a cierta inclinación natural, resulta tan agradable que ni siquiera los que son desgraciados desean morir y, aun cuando se sienten desgraciados, no desean ponerle fin a su propia existencia, sino a su desgracia. Este es el caso incluso para quienes se consideran terriblemente desgraciados y, efectivamente, lo son; quienes no solo los sabios llaman desgraciados (pues los tienen por necios), sino también los que se creen dichosos (pues los tienen por pobres y desamparados). Si se les concediera la inmortalidad sin que en ella desapareciera su miseria y se les ofreciera, alternativamente, poner fin a su miseria y a su existencia al mismo tiempo, por lo cual no existirían jamás en ninguna forma, sin duda quedarían exultantes de alegría y elegirían existir para siempre, aun en esas condiciones, antes que no existir en absoluto. Prueba de esto son los sentimientos bien conocidos de estas personas. Pues al ver que temen morir y preferirían vivir en la desgracia antes que ponerle fin con la muerte, ¿no resulta claro que la naturaleza rehúye a dejar de existir? Por eso, cuando saben que morirán, anhelan que se les conceda como un gran favor la misericordia de vivir un tiempo más en la misma desgracia y demorar el momento de morir. Así, prueban sin lugar a dudas que aceptarían con mucha gratitud la inmortalidad, aun si implicara que la desgracia no tenga fin. ¿Acaso no demuestran todos los animales, aun los irracionales que no tienen la facultad de pensar, desde los inmensos dragones y hasta los minúsculos gusanos, que anhelan existir? Pues por ello evitan la muerte por todos los medios que les sean posibles. Incluso las mismas plantas y arbustos, incapaces de evitar la muerte por movimientos visibles, ¿no buscan, acaso, de la manera en que les sea posible, seguir existiendo? Pues entierran sus raíces cada vez más profundas para extraer alimento y hacer que sus ramas crezcan hacia el cielo. En fin, aun los cuerpos carentes de vida, que no solo no cuentan con los sentidos sino con la vida vegetal, o tienden a las alturas, o descienden a las profundidades, o se balancean en el medio; todo a fin de conservar su existencia en el lugar donde su naturaleza les permita seguir existiendo.

¡Y cuánto más la naturaleza humana ama el conocimiento de su existencia y evita ser engañada! Un hecho que lo demuestra claramente es que todo ser humano prefiere sufrir con la mente sana antes que ser feliz en la locura. Este instinto grande y maravilloso solo le corresponde al ser humano y a ningún otro animal, pues aunque algunos son capaces de contemplar la luz de este mundo con mucha más agudeza visual que nosotros, no pueden alcanzar la luz espiritual que ilumina, de cierto modo, nuestra mente y que nos permite juzgar correctamente todas las cosas. Pues nuestro poder para juzgar es proporcional a la aceptación de esta luz. Sin embargo, aunque los animales irracionales carecen de conocimiento, ciertamente tienen algo que se le parece. En cambio, cuando llamamos «sensitivo» a los otros seres materiales, no lo hacemos porque tengan sentidos, sino porque son el objeto de nuestros sentidos. Así, las plantas guardan cierta semejanza con los sentidos porque se alimentan y reproducen. Sin embargo, tanto las plantas como todos los demás seres materiales tienen sus causas ocultas en su naturaleza, pero a sus formas exteriores, con las que embellecen la estructura visible de este mundo, podemos percibirlas con nuestros sentidos. Así, pareciera que desean darse a conocer para compensar que ellos no puedan conocer. No obstante, cuando nosotros los percibimos con los sentidos del cuerpo, lo hacemos de modo tal que no los juzgamos mediante esos sentidos. Pues tenemos otro sentido mucho más superior que le pertenece al ser humano interior y que nos permite percibir qué es justo y qué es injusto: lo justo, por su concepto inteligible; lo injusto, por la carencia de él. Para utilizar este sentido no sirve de nada la vista, ni el orificio de la oreja, ni las fosas nasales, ni el gusto del paladar, ni el tacto del cuerpo. Este sentido me asegura tanto que existo como que sé que existo. Ambas son cosas que amo y que, de la misma manera, estoy seguro de amar.

28. Si debemos amar el amor por el que amamos nuestra existencia y el conocimiento de ella para asemejarnos a la imagen de la Trinidad divina.

Ya nos extendimos suficiente, en la medida que lo exigía el plan de esta obra, sobre estas dos cosas: por un lado, nuestra existencia y el conocimiento de ella, y por el otro, el amor que les tenemos a estas cosas y la cierta semejanza a ellas que se halla incluso en las criaturas inferiores, aunque con una diferencia. Aún nos queda hablar del amor con el que son amados para determinar si se ama también a ese amor. Y sin duda es así; aquí está la prueba: cuando los seres humanos son amados rectamente, es más bien el amor en sí lo que se ama, pues hay motivos para que no se le llame «bueno» a quien sabe lo que es bueno, sino a quien lo ama. ¿No es evidente, entonces, que amamos en nosotros mismos el mismo amor con el que amamos cualquier bien amado? En efecto, existe también un amor con el que amamos lo que no deberíamos amar. A ese amor lo odia aquel que ama con lo que se ama lo que debe amarse. Pues es posible hallar ambos en una sola persona. Y esta coexistencia es buena para el ser humano, pues este amor que nos conduce a la vida bien podría crecer, mientras que el otro, que nos conduce al mal, podría decrecer, hasta que toda nuestra vida alcance la perfecta curación y se transforme en bien. Por cuanto si fuéramos bestias, deberíamos amar la vida carnal y sensual; nos conformaríamos con alcanzar ese bien, y una vez que estemos bien con eso, no buscaríamos ninguna otra cosa. De la misma manera, si fuéramos árboles, no podríamos, en el sentido estricto de la palabra, amar nada, aunque pareciera, por decirlo de algún modo, que anhelaríamos aquello que nos hiciera producir frutos de forma más abundante y exuberante.

Si fuéramos piedras, olas, viento, llamas o algo semejante, aunque es cierto que anhelaríamos contar tanto con los sentidos como con la vida, contaríamos ya con cierto tipo de atracción hacia nuestra propia posición y orden natural. Pues sus cuerpos tienen fuerzas de gravedad específicas, como si fueran sus amores, que hacen que tiendan hacia abajo por su peso o hacia arriba por su levedad. En efecto, así como la gravedad se encarga de llevar al cuerpo, el amor lleva al espíritu a donde sea que vaya. En cambio, todas las personas hemos sido creadas a imagen de nuestro Creador: el de la eternidad verdadera, la verdad eterna y el amor eterno y verdadero; el que es la Trinidad eterna, verdadera y digna de adoración, sin confusión ni separación. Por lo tanto, al recorrer las obras que estableció, quizá detectemos sus huellas, por así decirlo. Son más notorias en algunos lugares que en otros y se encuentran incluso en los seres inferiores a nosotros, pues no podrían ni siquiera existir, ni representar alguna forma, ni observar o seguir cierto orden si no hubieran sido hechas por Él: quien existe supremamente, quien es supremamente bueno y supremamente sabio. Entonces, si en nosotros puede contemplarse Su imagen, volvamos a nosotros mismos, al igual que ese hijo menor en el Evangelio; levantémonos y regresemos a aquel de quien nos habíamos apartado por el pecado. Allí nuestro ser no tendrá muerte, ni error nuestro conocimiento, ni tropiezo nuestro amor. Ahora, en cambio, aunque estemos seguros de que poseemos estas tres cosas (no por el testimonio de los demás, sino porque las sabemos presentes y las vemos con nuestra visión interior más veraz), puesto que no podemos saber por nosotros mismos hasta cuándo durarán, o si dejarán de existir, o a dónde las llevará el buen o mal uso de ellas, buscamos otros testimonios que puedan decírnoslo, si es que no los hemos hallado aún. No ahora, sino posteriormente habrá oportunidad para hablar sobre la veracidad de estos testigos. En cambio, en este libro sigamos, con la ayuda de Dios, tratando el tema que ya empezamos a abordar: la ciudad de Dios, que no atraviesa peregrinación ni mortalidad, sino que es siempre inmortal en los cielos. Es decir, hablemos de los ángeles santos que se mantienen aliados a Dios, quienes nunca fueron ni nunca serán apóstatas, y quienes al principio, como ya mencionamos, Dios separó de los que abandonaron la luz eterna y se convirtieron en tinieblas.

29. En cuanto al conocimiento de los ángeles santos, gracias al cual conocieron a Dios en su esencia y vieron las causas de Sus obras en el arte del Creador antes que en las mismas obras.

Los ángeles santos no alcanzaron el conocimiento de Dios por palabras audibles, sino porque en sus almas estaba presente la verdad inmutable, es decir, el Verbo unigénito de Dios. Y conocen al propio Verbo, al Padre y al Espíritu Santo de ambos, que esta Trinidad es indivisible, que las tres personas en ella son una sola sustancia y que no hay tres Dioses sino un Dios. Conocen y entienden estas cosas mejor de lo que nosotros nos entendemos a nosotros mismos. Así, conocen también la criatura, no por sí misma sino de una forma mejor: en la sabiduría de Dios, como en el arte por el que fue creada. En consecuencia, se conocen más a ellos mismos en Dios que en sí mismos, aunque también tienen este conocimiento posterior. Pues fueron creados y son diferentes a su Creador. Entonces, como dijimos antes, en Él se conocen como en una visión diurna, por decirlo de alguna forma, mientras que en sí mismos se conocen como en una visión crepuscular. En efecto, hay una gran diferencia entre conocer algo en el diseño según el cual fue hecho y conocerlo en sí mismo: la rectitud de unas líneas y la precisión de unas figuras, por ejemplo, se conocen de formas distintas al concebirlas mentalmente y al describirlas en papel. Así también la justicia se conoce de cierta forma en la verdad inmutable y de otra en el espíritu del justo. Y lo mismo sucede con todas las otras cosas: con el firmamento entre las aguas de arriba y de abajo, que fue llamado «cielo»; con la reunión de las aguas de abajo; con la extensión de las tierras descubiertas; con la producción de plantas y árboles; con la formación del sol, la luna y las estrellas; con la creación de los animales a partir de las aguas (las aves, los peces y los monstruos marinos); con todo lo que camina o se arrastra en la tierra; con el mismísimo ser humano, que excede todo lo que está sobre la tierra. A todas estas cosas, los ángeles las conocieron de cierta forma más clara en la Palabra de Dios, en la que ven todas las causas y razones eternas por las que fueron hechas, y de otra forma más oscura en sí mismos, más parecida a las obras hechas que al diseño. Sin embargo, cuando estas obras se refieren a la alabanza y adoración del propio Creador, es como si la mañana iluminara las mentes de quienes las contemplan.

30. En cuanto a la perfección del número seis: el primero que es la suma de sus partes alícuotas.

Está registrado que estas obras se crearon en seis días (mediante la repetición del mismo día en seis ocasiones), no porque Dios necesitó cierto plazo de tiempo, sino a causa de la perfección del número seis. Pues aunque Él podría haber creado todas las cosas a la vez y luego marcar el paso del tiempo con movimientos propios a cada cosa, con el número seis se pone de manifiesto la perfección de las obras. En efecto, el número seis es el primero compuesto por la suma de sus partes, es decir, de su sexta parte, su tercera parte y su mitad, que son, respectivamente, uno, dos y tres, y que equivalen a la suma de seis. Según esta forma de observar los números, se entiende por «partes» a los números que pueden dividir a otro de forma exacta, como la mitad, la tercera parte, la cuarta, o el denominador de una fracción. Por ejemplo, aunque el cuatro sea parte del nueve, no es una parte alícuota, a diferencia del uno o del tres, que son la novena y tercera parte, respectivamente. Sin embargo, la suma de esas partes, es decir, la novena y tercera, o los números uno y tres, están lejos de equivaler a nueve. Así sucede también con el diez: el cuatro es una parte de él, pero no puede dividirlo exactamente, como sí pueden hacerlo la décima parte, que es uno, la quinta parte, que es dos, y la mitad, que es cinco. Pero al sumar la décima parte con la quinta parte y la mitad, es decir, uno, dos y cinco, el resultado no es diez, sino ocho. También con el número doce, al sumar sus partes, se obtiene un número que lo excede, pues está compuesto por una parte duodécima, que es uno; una sexta parte, que es dos; una cuarta parte, que es tres; una tercera parte, que es cuatro, y su mitad, que es seis. Y la suma de uno, dos, tres, cuatro y seis no equivale a doce, sino más: dieciséis exactamente. Me pareció adecuado exponer estas cosas a fin de ilustrar la perfección del número seis, que es, como dije, el primero que se compone de la suma de sus partes. Fue en ese número de días que Dios terminó Sus obras. Por ello, no debemos despreciar el estudio de los números, que resultan extremadamente útiles al momento de interpretar cuidadosamente muchos pasajes de las Sagradas Escrituras. No en vano se incluye entre las alabanzas a Dios: «Tú todo lo dispusiste con medida, número, y peso» (Sabiduría 11:20, BJ).

31. En cuanto al séptimo día, en el que se celebra lo completo y el descanso.

En el séptimo día (es decir, el mismo día que se repite siete veces, número que también es perfecto, aunque por otra razón), se describe el descanso de Dios y luego, por primera vez, oímos hablar de su santificación. No quiso Dios santificar este día a través de Sus obras, sino mediante Su descanso, que no tiene tarde, pues no es una criatura que pueda ser conocida de una forma en la Palabra de Dios y de otra en sí misma y que, en consecuencia, proporcione un conocimiento doble: uno diurno y otro vespertino (día y tarde). Mucho más podría decirse sobre la perfección del número siete, pero este libro ya es demasiado extenso, y temo dar la impresión de que estoy aprovechando la oportunidad para jactarme de mis escasos y superficiales conocimientos con más vanidad que provecho. Debo hablar, entonces, de forma moderada y digna, no sea que por extenderme sobre el «número», se me acuse de olvidar la «medida» y el «peso». Bastará con que diga que tres es el primer número entero impar, que cuatro es el primero par, y que la suma de ellos equivale a siete. Es por esto que el siete se usa con frecuencia para referirse a todos los números juntos, como cuando leemos: «Porque siete veces cae el justo, y vuelve a levantarse» (Prov. 24:16). Es decir, caiga las veces que caiga, no perecerá. (Y con ello no nos referimos a los pecados, sino a las aflicciones que conducen a la humildad). También leemos: «Siete veces al día te alabo» (Sal. 119:164), idea que se expresa en otro lugar de esta forma: «Bendeciré a Jehová en todo tiempo» (Sal. 34:1). Y se encuentran muchos casos como estos entre los libros sagrados, en los cuales el número siete, como dije, se usa para expresar lo completo o entero de algo. Nosotros buscamos en las propias Escrituras. En cambio, los ángeles santos, por cuya sociedad y asamblea suspiramos en esta ardua peregrinación, puesto que ya permanecen en su hogar eterno, ya disfrutan de la facilidad de conocimiento y la felicidad de reposo. Nos ayudan sin dificultad, pues sus movimientos espirituales, puros y libres no les suponen ningún esfuerzo.

32. En cuanto a la opinión de que los ángeles fueron creados antes que el mundo.

Sin embargo, alguien podría tener una opinión contraria a la nuestra y afirmar que no se está haciendo referencias a los ángeles santos cuando se narra: «Sea la luz; y fue la luz». Podría también suponer o enseñar que el pasaje se refiere a cierta luz material que se creó al principio y que los ángeles fueron creados no solo antes de que al firmamento que divide las aguas se lo llame «cielos», sino antes del tiempo al que se refieren las palabras: «En el principio creó Dios los cielos y la tierra». Podría afirmar que la frase «En el principio» no indica que antes no había nada hecho (pues existían los ángeles), sino que Dios hizo todas las cosas a través de Su Sabiduría o el Verbo, a quien en la Escritura se lo llama: «el Principio» (puesto que Él mismo, en el Evangelio según Juan, capítulo 8, versículo 25, cuando los judíos le preguntaron quién era, contestó que era el Principio). No refutaré esa opinión, sobre todo porque me complace muy especialmente que tan al principio del libro de Génesis pueda hallarse a la Trinidad. Pues leemos que «en el principio creó Dios los cielos y la tierra», lo que nos da entender que el Padre hizo esas cosas en el Hijo, ya que así lo testifica este salmo: «¡Cuán innumerables son tus obras, oh Jehová! Hiciste todas ellas con sabiduría» (Sal. 104:24). Y un poco después se menciona, muy convenientemente, al Espíritu Santo, luego de que se nos señale qué clase de tierra creó Dios al comienzo, o cuál fue la masa o materia que Dios dispuso para hacer allí al mundo bajo los nombres de «cielos» y «tierra». Pues luego de las palabras: «Y la tierra estaba desordenada y vacía, y las tinieblas estaban sobre la faz del abismo», a fin de terminar de mencionar a la Trinidad, se añade inmediatamente después: «y el Espíritu de Dios se movía sobre la faz de las aguas». (Gén. 1:2). Que cada uno, entonces, lo interprete como le plazca, pues es tanta la profundidad de este pasaje que bien podría generar varias opiniones que harían a los lectores ejercitarse y que no se apartarían de la regla de fe. A la vez, que nadie ponga en duda que aunque los ángeles santos, en sus moradas celestiales, no son coeternos con Dios, sí tienen la seguridad y la certeza de su eterna y verdadera felicidad. El Señor nos enseña que Sus pequeños pertenecen a su compañía, y no solo afirma que ellos «son iguales a los ángeles» (Luc. 20:36), sino que también nos muestra cuál es la contemplación de la que disfrutan los propios ángeles cuando dice: «Mirad que no menospreciéis a uno de estos pequeños; porque os digo que sus ángeles en los cielos ven siempre el rostro de mi Padre que está en los cielos» (Mat. 18:10).

33. En cuanto a las dos comunidades diferentes y disimilares de ángeles, a las que no erróneamente se hace referencia con los nombres de «luz» y «tinieblas».

Sobre el pecado de ciertos ángeles, que fueron arrojados a las partes más bajas de este mundo, donde están hoy, como si hubieran sido encarcelados hasta el día del juicio donde recibirán su condena final, el apóstol Pedro declara explícitamente cuando afirma: «Dios no perdonó a los ángeles que pecaron, sino que arrojándolos al infierno los entregó a prisiones de oscuridad, para ser reservados al juicio» (2 Ped. 2:4). Entonces, ¿quién puede poner en duda que Dios, ya sea por su previsión o por hechos, estableció una división entre ellos y el resto? ¿Quién podría poner objeciones a que al resto se los llame, justamente, «luz»? Pues aun nosotros que todavía vivimos por fe y esperamos disfrutar de la igualdad con ellos, aunque sin haberlo logrado aún, ya recibimos el nombre de «luz» por el apóstol: «Porque en otro tiempo erais tinieblas, mas ahora sois luz en el Señor» (Ef. 5:8). En cambio, quienes entienden o creen que los ángeles desertores son peores que los hombres incrédulos saben que a ellos se los llama «tinieblas». Por lo tanto, aunque se interprete de forma literal a la luz y las tinieblas en los pasajes de Génesis que relatan: «Y dijo Dios: Sea la luz; y fue la luz» y «separó Dios la luz de las tinieblas», nosotros, por nuestra parte, entendemos que hay dos sociedades angelicales: una que disfruta a Dios y otra henchida de orgullo. A la primera se le dice: «Alabadle, vosotros todos sus ángeles» (Sal. 148:2), mientras que el príncipe de la otra dice: «Todo esto te daré, si postrado me adorares» (Mat. 4:9). La primera arde en el amor santo de Dios, mientras que la otra se quema entre el humo del inmundo deseo de su propia exaltación. Y dado que está escrito: «Dios resiste a los soberbios, y da gracia a los humildes» (Sant. 4:6), podemos afirmar que una habita en el cielo de los cielos; la otra, expulsada de allí, brama entre regiones aéreas inferiores. Una vive tranquila en el resplandor de la devoción; la otra vive sin sosiego entre sus sórdidos deseos. Una, al servicio de Dios, ayuda con clemencia y castiga con justicia; la otra, hierve con soberbia en sus deseos de dominar y hace daño. Una, como ministro de la bondad de Dios, hace todo el bien que quiera; a la otra, el poder de Dios la frena para hacer todo el daño que querría. Una se burla de la otra cuando sus persecuciones resultan en un bien contrario a su voluntad; la otra la envidia a la primera cuando reúne a sus peregrinos. Considero, entonces, que estas dos comunidades angelicales a las que otros pasajes de las Sagradas Escrituras se refieren más explícitamente, desiguales y contrarias entre sí, una que es tanto buena por naturaleza como recta por su voluntad, otra que también es buena por naturaleza pero depravada por su voluntad, reciben, en el libro de Génesis, los nombres de «luz» y «tinieblas». Aun si la intención del autor hubiera sido distinta, nuestra discusión sobre la oscuridad del lenguaje no ha sido una pérdida de tiempo. Pues, incluso si no logramos descubrir el significado, hemos acatado la regla de la fe, la cual los fieles conocen bien gracias a otros pasajes de igual autoridad. En efecto, aunque aquí se ha hablado de las obras materiales de Dios, ciertamente estas guardan semejanza con las espirituales, por lo que Pablo puede afirmar: «Porque todos vosotros sois hijos de luz» (1 Tes. 5:5).

34. En cuanto a la idea de que la separación de las aguas por la expansión habla de los ángeles y la otra idea de que las aguas no fueron creadas.

Algunos, no obstante, creyeron que el término «aguas» se usa para designar las huestes angelicales y que el significado de las palabras: «Haya expansión en medio de las aguas» (Gén. 1:6) es el siguiente: que las aguas de arriba se refieren a los ángeles, mientras que las de abajo hablan, o bien de las aguas visibles, o de la multitud de ángeles malos, o de las naciones de seres humanos. De ser así, entonces no se muestra cuándo fueron creados los ángeles, sino cuándo fueron separados. No han faltado, sin embargo, quienes sean tan ridículos y retorcidos como para negar que las aguas fueron hechas por Dios, pues en ningún lado está escrito: «Dijo Dios: Háganse las aguas». Podrían afirmar lo mismo sobre la tierra con igual necedad, pues en ningún lado leemos: «Dios dijo: Sea la tierra». Sin embargo, replican, sí está escrito: «En el principio creó Dios los cielos y la tierra». Sí, y en ese caso se habla también al agua, ya que ambas están incluidas en una palabra. Pues, como se lee en el salmo: «Suyo también el mar, pues él lo hizo; y sus manos formaron la tierra seca» (Sal. 95:5). No obstante, quienes interpretan que las aguas sobre los cielos se refieren a los ángeles se hallan mediatizados por la gravedad específica de los elementos. Temen que las aguas, fluidas y pesadas, no puedan establecerse en los lugares superiores del mundo. Así, si construyeran un ser humano de acuerdo a sus propios principios, no le colocarían en la cabeza humores acuosos ni la «flema», como los griegos la llaman, y que ocupa el lugar de las aguas en los elementos de nuestro cuerpo. En cambio la cabeza es el lugar donde se halla la flema, sin duda de la forma más conveniente según la obra de Dios, pero del modo más absurdo según sus suposiciones. De hecho, si no estuviéramos al tanto de esto y si este mismo libro no nos hubiera informado que Dios situó el humor acuoso y frío y, por lo tanto, el más pesado en la parte más alta del cuerpo humano, estos que sopesan las cosas del mundo se negarían a creerlo. Y si la autoridad de la Escritura los confrontara, sostendrían que el sentido de esas palabras tiene que haber sido otro. No obstante, si investigáramos y descubriéramos todos los detalles escritos en este libro divino en cuanto a la creación del mundo, tendríamos mucho que decir y nos apartaríamos en sobremanera del objetivo propuesto para esta obra. En efecto, ya hemos dicho todo lo que parecía necesario en cuanto a estas dos comunidades angelicales diversas y contrarias entre sí, en las cuales se hallan los orígenes de las dos comunidades humanas (sobre las que pretendo hablar brevemente). Entonces, demos por concluido este libro.

Libro XII

Agustín primero plantea dos preguntas concernientes a los ángeles: ¿por qué motivo algunos tienen voluntad buena y otros, voluntad mala? ¿Y cuál es el motivo de la dicha de los buenos y la miseria de los malos? Luego trata la creación del ser humano y enseña que él no es de la eternidad, sino que fue creado, y por nadie más que Dios.

1. En cuanto a la naturaleza de los ángeles buenos y malos, que es una sola e indistinta.

En el libro anterior, ya se ha mostrado cómo las dos ciudades se originaron entre los ángeles. Antes de hablar sobre la creación del ser humano y mostrar cómo se originaron las ciudades en lo que respecta a los seres racionales y mortales, creo que primero, y en la medida en que me sea posible, debo hacer algunas alegaciones para demostrar que no es algo incoherente o inapropiado hablar de una sociedad compuesta tanto de ángeles como de seres humanos. De este modo, no habría cuatro ciudades o sociedades (es decir, dos de ángeles y otras dos de seres humanos), sino dos en total: una que corresponde a los buenos y otra, a los malos, y ambas compuestas de ángeles y seres humanos indistintamente.

Es imposible poner en duda que las inclinaciones contrarias de los ángeles buenos y malos no proceden de diferencias en sus naturalezas y orígenes, pues Dios, Autor y Creador de todas las esencias, los creó a ambos. En cambio, se deben a una diferencia en sus voluntades y deseos. Mientras que unos se mantuvieron firmes en el que era el bien común para todos, es decir, en Dios mismo y en Su eternidad, verdad y amor, otros, enamorados más bien de su propio poder, actuaron como si ellos mismos pudieran ser su propio bien. Así, se apartaron de ese bien superior y beatífico que era común a todos para perseguir su propio bien privado. Cambiaron la noble dignidad de la eternidad por la inflación del orgullo; la más certera verdad por la astucia de la vanidad y el amor unificador por el partidismo faccioso. Se volvieron orgullosos, falaces y envidiosos. La causa, entonces, de la dicha de los buenos, es su unión a Dios. Y por lo tanto, la causa de la miseria de los otros está en lo contrario: en su lejanía de Dios. Por tanto, si cuando se pregunta por qué los primeros son dichosos, la respuesta correcta es porque están unidos a Dios, y si cuando se pregunta por qué los otros son miserables, la respuesta correcta es porque no están unidos a Dios, entonces no existe otro bien para la criatura racional o intelectual salvo Dios. Así, si bien no toda criatura puede ser dichosa (pues las bestias, los árboles, las piedras y demás seres similares no tienen esta capacidad), la criatura que sí tiene esta capacidad no puede ser dichosa por sí misma, porque nada puede crearla excepto aquel que la creó. Pues es dichosa al poseer aquello cuya pérdida la hace miserable. Él, entonces, quien es dichoso no por otro bien sino por sí mismo, no puede ser miserable, dado que no puede perderse a sí mismo.

Por consiguiente, decimos que no hay otro bien inmutable sino el único, verdadero y dichoso Dios; que las cosas hechas por Él son, en efecto, buenas por venir de Él, aunque son también mutables porque no fueron creadas de Él, sino de la nada. En consecuencia, aunque no son el bien supremo, pues ese es Dios, las cosas mutables que pueden unirse al Dios inmutable y alcanzar, así, la dicha, son muy buenas. Hasta tal punto es Él su bien que sin Él solo pueden ser desgraciadas. Y no por no poder ser desgraciadas son mejores las otras cosas creadas en el universo, pues nadie afirmaría, tampoco, que los otros miembros de nuestro cuerpo sean mejores que los ojos porque no pueden quedarse ciegos. En cambio, así como la naturaleza sensible, aun cuando siente dolor, es superior a la rocosa, que no puede sentir nada, también la naturaleza racional, aun cuando es miserable, es más excelente que la que carece de razón o sentimientos y que, por ello, no puede experimentar la miseria. En consecuencia, puesto que, aunque esta naturaleza que fue creada con tanta excelencia sea mutable, puede garantizar su dicha al unirse al bien inmutable, el Dios supremo, y dado que no puede estar satisfecha hasta que sea perfectamente dichosa, y no puede ser dichosa salvo que esté en Dios, entonces, digo yo, no unirse a Dios es evidentemente un vicio. Ahora bien, todo vicio daña la naturaleza y es, por lo tanto, contrario a ella. En consecuencia, la criatura que se aferra a Dios difiere de las que no lo hacen, no por naturaleza, sino por vicio. Y sin embargo, este mismo vicio demuestra lo noble y admirable de la naturaleza. En efecto, cuando justamente le reprochamos a alguien un vicio, estamos alabando su naturaleza, pues el justo reproche a un vicio se hace porque este estropea la naturaleza digna de alabar. Entonces, cuando decimos que la ceguera es un vicio de los ojos, dejamos claro que la vista es parte de la naturaleza de los ojos. Cuando decimos que la sordera es un vicio de los oídos, se demuestra que la capacidad auditiva está en su naturaleza. Así, cuando decimos que un vicio de la criatura angelical es no aferrarse a Dios, declaramos abiertamente que es propio de su naturaleza aferrarse a Dios. ¿Y quién puede imaginar o expresar con dignidad la gloria tan grande que es aferrarse a Dios, hasta el punto de vivir para Él, obtener de Él la sabiduría, deleitarse en Él y disfrutar de tan inmenso bien sin muerte, ni error, o aflicción alguna? Por lo tanto, puesto que cada vicio hiere a la naturaleza, incluso el vicio de los ángeles malvados, que es su separación de Dios, es prueba suficiente de que Dios hizo su naturaleza tan buena que es hiriente no estar con Dios.

2. Ningún ente es contrario a Dios, ya que lo contrario a Él, quien supremamente y siempre es, es aquello que no es.

Esto podría bastar para que, al hablar de los ángeles apóstatas, nadie considere que podrían tener otra naturaleza, derivada, digamos, de cierto origen diferente a Dios. Con mayor prontitud y facilidad nos veremos libres de la gran impiedad de este error cuanto más claramente comprendamos lo que Dios dijo a través del ángel cuando envió a Moisés a los hijos de Israel: «Yo soy el que soy» (Ex. 3:14). En efecto, como Dios es la existencia suprema, es decir, el que es supremamente, y por lo tanto es inmutable, a las cosas que hizo las empoderó para que sean, pero no con la supremacía de Él. A algunos les concedió una existencia más amplia y a otros, una más limitada, y así ordenó las naturalezas de los seres por grados. Pues así como del verbo *sapere* [saber] viene *sapientia* [sabiduría], de *esse* [ser] viene *essentia* [esencia], ciertamente un vocablo nuevo que los antiguos escritores latinos no utilizaron, pero que ya resulta natural en nuestros tiempos. Así, nuestra lengua no carece de un equivalente para la palabra griega *οὐσία* [esencia], que expresamos de forma literal con el vocablo *essentia* [esencia]. En consecuencia, no existe una naturaleza contraria a aquella que es supremamente y que creó todo lo que existe, salvo aquella que no existe. Pues lo contrario del ser es lo que no es. Y, por ello, no existe un ser contrario a Dios, el Ser Supremo y Autor de todos los seres, sean cuales sean.

3. Los enemigos de Dios lo son no por naturaleza sino por voluntad, la cual, al dañarlos a ellos, daña la naturaleza buena, pues no sería un vicio si no causara daño.

La Escritura llama enemigos de Dios a quienes se oponen a Su dominio, no por naturaleza, sino por vicio, incapaces de causarle daño a Él, sino solo a sí mismos. En efecto, no son sus enemigos porque sean capaces de hacer daño, sino porque sus voluntades se oponen a Él. Pues Dios es inmutable y completamente a prueba de daños. Por lo tanto, el vicio por el que se resisten a Dios quienes se llaman Sus enemigos no es un mal para Dios, sino para ellos mismos, pues corrompe el bien de la naturaleza de ellos. La naturaleza, por tanto, no es contraria a Dios, sino el vicio. Pues el mal es contrario al bien. ¿Y quién negaría que Dios es el bien supremo? El vicio, entonces, es contrario a Dios, así como el mal lo es al bien. Además, la naturaleza que se ve viciada es un bien, por lo que el vicio también le es contrario. Sin embargo, mientras que solamente es contrario a Dios así como el mal lo es al bien, es contrario a la naturaleza que vicia, no solo por ser un mal, sino por ser dañino. En efecto, a Dios ningún mal le hace daño, sino solo a las naturalezas mutables y corruptibles, que a su vez son buenas según lo atestiguan incluso los propios vicios. Si no fueran buenas, los vicios no podrían causarles daño. Pues, ¿cómo podrían damnificarlas, a menos que sea quitándoles la integridad, la belleza, el bienestar, la virtud y, en pocas palabras, todo bien natural que el vicio acostumbra a menoscabar o destruir? Y si no hay ningún bien que pueda quitarles, entonces no se puede causar daño y, en consecuencia, no puede haber un vicio. Efectivamente, es imposible que exista un vicio que no cause daño. Por ese motivo concluimos que aunque el vicio no puede damnificar el bien inmutable, no puede dejar de damnificar al bien, porque no existe sino solo cuando hace daño. Por lo tanto, podríamos afirmar lo siguiente: el vicio no puede hallarse en el bien superior, y no puede hallarse en ningún otro lugar salvo el bien. Las cosas exclusivamente buenas, entonces, pueden existir en ciertas circunstancias; las cosas exclusivamente malas no pueden existir nunca: incluso las naturalezas viciadas por una voluntad malvada son malas por sus vicios, pero son buenas por naturaleza. Y cuando se castiga a una naturaleza viciada hay otro bien, además de la misma naturaleza: el no quedar impune. En efecto, esto es lo justo, y ciertamente todo lo justo es un bien. Pues nadie recibe un castigo por su naturaleza, sino por vicios voluntarios. Aun los vicios que, a fuerza de hábitos y una reiteración extendida, se han convertido en una segunda naturaleza, tuvieron su origen en la voluntad. En efecto, ahora hablamos de los vicios de la naturaleza, que cuentan con una capacidad mental para captar la luz inteligible y discernir entre lo justo y lo injusto.

4. En cuanto a la naturaleza de las criaturas irracionales y carentes de vida, que dentro de su género y categoría no estropean la belleza del universo.

No obstante, resultaría ridículo condenar las faltas de las bestias y los árboles y otros seres similares mortales, mutables y carentes de inteligencia, sentidos o vida, aun si esas faltas destruyen su naturaleza corruptible. Pues a estas criaturas, el Creador, en su voluntad, les concedió una existencia apropiada a ellas para que, desapareciendo unas y dándole lugar a otras, garantizaran la menor forma de belleza: la belleza de las estaciones, que es una parte necesaria de este mundo. En efecto, las cosas terrenales no tenían por qué ser iguales a las celestiales, ni por qué ser omitidas del universo, aunque fueran inferiores. Pues cuando corresponde que sucedan esas cosas, algunas perecen para hacerle lugar a las que nacen allí. Las más débiles sucumben ante las más fuertes y las vencidas se transforman en cualidades de las que vencen. Este es el orden designado para las cosas transitorias. La belleza de este orden no nos asombra porque, insertos como estamos en una parte de ella por nuestra condición mortal, no podemos percibir el conjunto en el que las cosas que nos disgustan armonizan con la mayor precisión y belleza. Por lo tanto, cuando no somos capaces de percibir bien la sabiduría del Creador, se nos manda a creer en ella, no sea que caigamos en la osadía, tan humana y vanidosa, de decir que encontramos algún defecto en la obra de tan gran Artífice. Al mismo tiempo, al considerar atentamente incluso estas faltas de los seres terrenales, las cuales no son voluntarias ni punibles, pareciera que ilustran la excelencia de las naturalezas mismas, creadas y originadas todas por Dios. Pues nos desagrada verlas privadas por su falta de aquello que precisamente nos agrada en su naturaleza, excepto cuando incluso estas naturalezas desagradan a los seres humanos. Ese suele ser el caso cuando se vuelven dañinas para ellos y pasan a estimarlas no según su naturaleza, sino según su utilidad, como ocurrió con las plagas de animales que azotaron la soberbia de los egipcios. Pero al estimar las cosas de esta forma, podrían encontrar faltas en el propio sol, pues a ciertos criminales o deudores, los jueces los condenan a ser expuestos al sol. Por lo tanto, una criatura da gloria a su Artífice, no según nuestra conveniencia o inconveniencia sino según su propia naturaleza. Así, no cabe duda de que incluso la naturaleza del fuego eterno, aunque su destino sea castigar a los pecadores condenados, es digna de alabanza. Pues ¿qué hay más hermoso que el fuego flamante, vigoroso y resplandeciente? ¿Qué hay más útil que el fuego para calentar, restaurar y cocinar? Y sin embargo, nada es más destructivo que el fuego cuando quema y consume. Pues un mismo elemento empleado de cierta forma resulta destructivo, pero utilizado de forma conveniente, resulta de lo más beneficioso. En efecto, ¿quién puede hallar las palabras para contarnos de sus utilidades en el mundo entero? No debemos escuchar, entonces, a quienes alaban la luz del fuego pero critican su calor, porque no lo juzgan según su naturaleza, sino según la conveniencia o inconveniencia de ellos mismos. Pues quieren ver, pero no quieren arder. Olvidan, sin embargo, que esta misma luz que tanto les complace, a los ojos enfermos no les conviene y les hiere, y que este calor que tanto les disgusta, a algunos animales les brinda las más adecuadas condiciones para una vida sana.

5. Que en todas las naturalezas, de todos los géneros y categorías, Dios es glorificado.

Todas las naturalezas, entonces, puesto que existen y, por ello, tienen cierta categoría, sus propias especies y cierta armonía interna, son ciertamente buenas. Y cuando están en los lugares asignados para ellas según el orden de la naturaleza, conservan su ser tal como lo recibieron. Y las que no recibieron un ser perpetuo cambian para mejor o peor, a fin de satisfacer las necesidades y movimientos de las cosas sujetas a la ley del Creador. Por ello buscan, por providencia divina, alcanzar ese fin abarcado en el plan general del gobierno del universo. Así, aunque la corrupción de las cosas transitorias y perecederas las lleve a la destrucción total, no impide que los resultados para los que fueron diseñados se produzcan. De este modo, a Dios, quien existe de forma suprema y quien, por lo tanto, creó todos los seres que no tienen una existencia suprema (pues ninguna cosa que haya sido creada de la nada podría ser igual a Él y, en efecto, no podría ser en absoluto si Él no la hubiera creado), no se lo puede criticar por las faltas de las criaturas. Al contrario, al contemplar las naturalezas que Él hizo, se lo debe alabar.

6. Cuáles son las causas de la dicha de los ángeles buenos y de la miseria de los malvados.

Así, hallamos que la verdadera causa de la dicha de los ángeles buenos está en su adhesión a Aquel que es en lo supremo. Y si preguntamos por la causa de la miseria de los malos, hay motivos para considerar que se debe a que se apartaron de Aquel que es en lo supremo y se volvieron a ellos mismos, que no tienen tal esencia. ¿Y qué otro nombre recibe este vicio sino el de soberbia? Pues la soberbia es el origen del pecado (Prov. 16:18). No estuvieron dispuestos a guardarse su fortaleza para Dios. La adhesión a Él era necesaria para que en su ser disfrutaran de una mayor amplitud, pero ellos prefirieron una mayor disminución en su ser al anteponerse a Él. La soberbia fue el primer defecto, la primera carencia y la primera debilidad de su naturaleza, que no fue creada de modo que su existencia sea suprema, sino de forma tal que halle la dicha al disfrutar del Ser Supremo. Si lo abandona, no es que deje de ser una naturaleza, sino que su existencia pierde amplitud y, por lo tanto, se vuelve desgraciada.

Si fuéramos más lejos y preguntáramos cuál fue la causa eficiente de la mala voluntad, no hallaríamos nada. Pues ¿qué es lo que hace que una voluntad sea mala, si es la misma voluntad la que lleva a cabo una mala acción? Y en consecuencia, la mala voluntad es la causa de la acción mala, pero nada es la causa eficiente de la mala voluntad. Pues si algo es la causa, entonces ese algo tiene o no tiene una voluntad. Y en el caso de que sí tenga una voluntad, esta será o buena, o mala. Si es buena, ¿quién podría decir, en su sano juicio, que una buena voluntad produce otra mala? Pues en ese caso, una voluntad buena sería la causa del pecado, idea que es sumamente absurda. Por el otro lado, si este ser hipotético tuviera una mala voluntad, me gustaría saber qué fue lo que lo creó así. Y para que esta discusión no dure para siempre, pregunto ahora: ¿qué causa hizo mala a la voluntad? Pues a la primera mala voluntad no la puede haber corrompido otra mala voluntad. En cambio, la primera es aquella que no fue hecha mala por ninguna otra. En efecto, si la precede otra voluntad que la hizo mala, la primera es aquella que hizo a la otra mala. Pero si se respondiera: «nada la hizo mala; siempre fue mala», me pregunto si ha existido en alguna naturaleza. Pues si no es así, entonces no existió en absoluto, pero si existió en alguna, entonces la viciaba, corrompía, hería y, consecuentemente, la privaba del bien. Y por ello, una mala voluntad no podía existir en una mala naturaleza, sino en una buena y mutable a la vez, para que este vicio pudiera perjudicarla. Pues si no la perjudicó, no se trató de un vicio y, consecuentemente, tampoco puede decirse que hubo mala voluntad. En cambio, si le causó daño, lo hizo mediante la privación o disminución de un bien. Por consiguiente, una mala voluntad eterna no puede haber existido, como se sugirió, en un ser en el que ha precedido el bien de su naturaleza, al cual la mala voluntad puede corromper y así, disminuir. Entonces, si no era eterna, yo me pregunto: ¿quién lo creó? La única respuesta que puede sugerirse es que alguien carente de voluntad haya hecho a la voluntad mala. En ese caso, me pregunto si ese ser sería uno superior, inferior o igual. Si fuera uno superior, entonces sería mejor. ¿Y cómo, entonces, no va a tener voluntad alguna, o más bien, cómo va a carecer de buena voluntad? El mismo razonamiento aplica si fuera un igual: si dos seres tienen igualmente una buena voluntad, uno no puede producir en el otro una mala voluntad. Resta entonces suponer que fue un ser inferior y carente de voluntad el que corrompió la voluntad de naturaleza angelical, que fue la primera en pecar. Pero ese ser, por más inferior y terrenal que sea, es ciertamente bueno en sí mismo, puesto que es naturaleza y esencia, y tiene su propia forma y categoría en su propio género y especie. ¿Cómo, pues, puede un ser bueno ser la causa eficiente de una mala voluntad? ¿Cómo, digo yo, puede el bien ser la causa del mal? En efecto, cuando la voluntad abandona lo superior y se vuelve a lo inferior, se hace mala, no porque sea malo aquello hacia lo que se vuelve, sino porque volverse es en sí un acto retorcido. Por lo tanto, no fue un ser inferior el que creó la mala voluntad, sino que ella misma se volvió mala al desear, de forma depravada y desordenada, una cosa inferior. Pues si dos hombres de igual disposición física y moral observan la misma belleza de un cuerpo, y a causa de esta visión, a uno le complace el deseo de disfrutar ilícitamente, mientras que el otro persevera con firmeza en su voluntad casta, ¿cuál creemos que es la causa de que en uno haya una mala voluntad y en el otro no? ¿Qué fue lo que provocó esa mala voluntad en quien la tiene? No fue la belleza del cuerpo, pues esa se presentó de igual forma ante ambos, y sin embargo no produjo una mala voluntad en los dos. ¿Será que la carne del que la miró causó el deseo? ¿Pero por qué no también la carne del otro? ¿O tal vez fue el espíritu? ¿Pero por que no el espíritu de ambos? Pues estamos suponiendo que tenían igual temperamento de físico y alma. ¿Acaso debemos decir, entonces, que uno de ellos fue tentado porque el espíritu maligno lo tentó con una sugestión secreta? ¡Como si por su propia voluntad no hubiera consentido a esta sugestión o a cualquier otra incitación! Por tanto, lo que tratamos de encontrar es cuál fue la causa que provocó este consentimiento, esta mala voluntad que le presentó a la influencia malvada y persuasiva. En efecto, para no demorarnos en una cuestión como esta: si ambos son tentados de la misma manera, y uno cede y consiente a la tentación, mientras que el otro se mantiene impasible, ¿qué otra opción queda, sino decir que uno estuvo dispuesto a abandonar la castidad y el otro no? ¿Y de dónde proceden estas cosas sino de la propia voluntad? Pues al menos en casos como este, el temperamento es idéntico. La misma belleza era igual de obvia para los ojos de ambos; la misma tentación secreta asedió con igual violencia a ambos. Por más minucioso que sea nuestro análisis del caso, no podemos saber cuál fue la causa de la mala voluntad en uno de ellos. Pues si decimos que el hombre mismo hizo a su voluntad mala, ¿qué era el hombre antes de que su voluntad sea mala, sino una naturaleza buena, creada por Dios, el bien inmutable? Antes de la tentación, estos dos hombres eran iguales en cuerpo y alma, pero uno cedió ante el tentador que lo persuadió, mientras que al otro no se lo pudo persuadir para que deseara ese cuerpo hermoso, que se presentaba de igual manera ante los ojos de ambos. ¿Diremos, entonces, que aquel que fue tentado corrompió su propia voluntad, puesto que sin duda era bueno antes de volverse malo? De ser así, ¿por qué lo hizo? ¿Fue porque su voluntad era naturaleza, o porque fue creada de la nada? Parece que fue por lo último. Pues si la naturaleza es la causa de una mala voluntad, ¿qué otra cosa podemos concluir, sino que el mal surge del bien o que el bien es la causa del mal? ¿Y cuál podrá ser la causa de que una naturaleza buena, aunque mutable, produzca un mal, es decir, haga que la misma voluntad se vuelva malvada?

7. No debemos esperar encontrar una causa eficiente para la mala voluntad.

Por lo tanto, que nadie busque la causa eficiente de la mala voluntad, pues no es eficiente, sino deficiente, ya que la propia voluntad no es el efecto de algo, sino un defecto. En efecto, es a partir de una defección que se empieza a tener mala voluntad, pues es cuando uno se aparta del que es en grado supremo para volverse a lo que es en un grado menor. Ahora bien, intentar descubrir las causas de esas defecciones (causas que, como dije, no son eficientes, sino deficientes), es como pretender ver la oscuridad o escuchar el silencio. Ambas cosas nos son conocidas: la primera, únicamente a través de los ojos y la segunda, solo a través del oído, aunque no porque se nos revelen, sino porque no lo hacen. Entonces, que nadie busque saber de mí lo que yo sé que ignoro, a menos que quiera aprender a ignorar aquello que sabemos, únicamente, que no se puede saber. Pues a las cosas que no se conocen porque se revelen, sino porque no lo hacen, podemos conocerlas al ignorarlas (si es que podemos hablar y expresarnos así) e ignorarlas al conocerlas. En efecto, al pasar la vista por las formas materiales, no puede observarse la oscuridad, excepto allí donde el ojo deja de ver. Igualmente, solo el oído, y ningún otro sentido, puede percibir el silencio, aunque solo lo percibe cuando no oye. Así también nuestra mente percibe las formas inteligibles al comprenderlas, pero cuando son deficientes, las aprende ignorándolas, pues: «¿Quién podrá entender sus propios errores?» (Sal. 19:12).

8. En cuanto al amor mal dirigido, que llevó a la voluntad a apartarse de lo inmutable hacia el bien mutable.

Una cosa sí sé, y es que la naturaleza de Dios no puede fallar jamás, en ningún lugar y de ninguna manera, mientras que las naturalezas creadas de la nada sí pueden. Estas últimas, sin embargo, cuanto mayor es su grado de existencia y el bien que hacen (pues es entonces que hacen algo), más causas eficientes tienen. En cambio, si fallan en su existencia y, consecuentemente, hacen el mal (¿pues qué hacen entonces, sino vanidades?), tienen causas deficientes. Asimismo sé que la voluntad no habría podido volverse mala si no hubiera estado dispuesta a hacerlo y que, por lo tanto, cuando falla lo hace de forma voluntaria, no necesaria, por lo que el castigo que recibe es justo. Pues no es que se aparte hacia cosas malas, sino que la acción de apartarse es mala en sí misma. Es decir, no se aparta hacia cosas que son malas por naturaleza y en sí mismas: más bien, el hecho de apartarse es malo, ya que es contrario al orden de la naturaleza y consiste en abandonar al que existe en grado supremo para volverse a lo que es en un grado menor. En efecto, la avaricia no es un vicio inherente del oro, sino de la persona que ama en extremo al oro y llega a menospreciar la justicia, a la que se debe tener en una estima incomparablemente superior que al oro. Tampoco es el lujo un vicio de los objetos hermosos y encantadores, sino del corazón de quien ama en extremo los placeres carnales y llega a despreciar la moderación, que nos vincula a objetos de mayor belleza espiritual y más exquisitos por su incorruptibilidad. Así tampoco es la jactancia un vicio de la alabanza humana, sino del alma que disfruta en extremo de los aplausos de la gente y desprecia la voz de la conciencia. La soberbia no es tampoco un vicio del que otorga el poder o del poder en sí mismo, sino del alma que, enamorada en extremo de su propio poder, desprecia el dominio más justo de una autoridad superior. En consecuencia, quien ama en extremo el bien de cualquier naturaleza, aunque lo obtenga, él mismo se vuelve malo en ese bien y se hace desgraciado porque se priva de un bien mayor.

9. Si Dios, además de darles a los ángeles su naturaleza, les dio su buena voluntad, que el Espíritu Santo les infunde con amor.

No existe, entonces, en la mala voluntad, una causa eficiente natural o, si se me permite la expresión, una causa esencial. En ella misma comienza el mal de los espíritus mutables, el cual disminuye y corrompe el bien de la naturaleza. La voluntad se hace mala solamente por abandonar a Dios, y la causa de esta defección es también, ciertamente, deficiente. Sin embargo, si afirmamos que la buena voluntad no tiene una causa eficiente, debemos tener cuidado para no popularizar la opinión de que la buena voluntad de los ángeles no ha sido creada, sino que es coeterna con Dios. Pues si ellos mismos fueron creados, ¿cómo podemos decir que su buena voluntad es eterna? Pero si la voluntad fue creada, ¿fue creada junto con ellos, o ellos existieron durante un tiempo sin ella? Si fue creada junto con ellos, entonces no cabe duda de que su creador es el mismo que el de los ángeles y que, apenas fueron creados, se unieron a su creador con el mismo amor con el que fueron creados. Y están separados de la sociedad de los otros porque permanecieron en la misma buena voluntad. En cambio, los otros la abandonaron para ir a otra voluntad. Y esta voluntad es mala por el simple hecho de estar apartada de la buena, de la cual no se habrían alejado si no hubieran estado dispuestos a hacerlo. Pero si los ángeles buenos hubieran existido durante un tiempo sin una voluntad buena y la hubieran producido ellos mismos sin la intervención de Dios, entonces se habrían hecho mejores de lo que Dios los hizo. ¡Y eso no puede ser de ninguna manera! Pues si no tenían una buena voluntad, ¿qué eran, sino malos? Y si no eran malos porque no albergaban una mala, ni una buena voluntad (y por lo tanto, no se habían apartado de aquella voluntad que aún no habían empezado a disfrutar), entonces, sin duda, no eran igual de buenos que cuando comenzaron a tener una voluntad buena. O si ellos mismos no pudieron hacerse mejores de lo que eran cuando Dios los creó, ya que ninguna de Sus obras puede superarlo a Él, entonces, ciertamente, sin la ayuda efectiva de Dios, tampoco podrían haberse hecho poseedores de una buena voluntad que los hiciera mejores. Su buena voluntad no hizo que volvieran sus miradas a sí mismos, seres de existencia más escasa, sino a Él quien es de forma suprema. Al unirse a Él, engrandecieron su ser y vivieron una vida sabia y dichosa, pues Dios se comunicaba con ellos. Entonces, ¿qué demuestra esto, sino que la voluntad, por más buena que sea, habría deseado siempre a Dios, a menos que Él, quien creó de la nada la naturaleza capaz de disfrutarlo, la hubiera primero estimulado para que lo desearan a Él y, luego, la hubiera hecho mejor llenándola de sí mismo?

Además, es necesario indagar también sobre este punto: si los ángeles buenos crearon su propia voluntad buena, ¿lo hicieron con o sin una voluntad? Si lo hicieron sin ninguna voluntad, entonces no fue obra de ellos. Y si lo hicieron con, ¿era esa voluntad buena o mala? Si era mala, ¿cómo pudo ser una mala voluntad la creadora de una buena voluntad? Si era buena, entonces ya tenían una buena voluntad. ¿Y quién creó esta voluntad que ellos ya tenían, sino aquel que los creó a ellos dotados de una buena voluntad o del casto amor con el que se aferran a Él, creando al mismo tiempo su naturaleza y concediéndoles gracia? Por este motivo, creemos que los ángeles santos nunca existieron sin una buena voluntad o sin el amor de Dios. Sin embargo, los ángeles que aunque fueron creados buenos, hoy son malos, lo son por su propia voluntad. Y esta voluntad no se volvió mala por su propia naturaleza, sino por su propia decisión de alejarse del bien, pues el bien no es la causa del mal: el abandono del bien lo es. Estos ángeles, entonces, o bien recibieron la gracia del amor divino en menor grado que aquellos que permanecieron en ella, o bien, si ambos fueron creados igualmente buenos, entonces mientras que uno se alejó por su mala voluntad, los otros recibieron mayor ayuda y alcanzaron la plenitud de la dicha, y están seguros de que no caerán jamás de allí, tal como lo demostramos en el libro anterior. Por lo tanto, nos es preciso darle al Creador la alabanza que merece, reconociendo que no solo de los seres humanos santos, sino también de los ángeles santos puede decirse: «el amor de Dios ha sido derramado en nuestros corazones por el Espíritu Santo que nos fue dado» (Rom. 5:5). Y no solo es eso cierto para los seres humanos, sino primaria y principalmente para los ángeles, pues está escrito: «Pero en cuanto a mí, el acercarme a Dios es el bien» (Sal. 73:28). Y quienes comparten este bien están en comunión tanto con

Él, a quien se le acercan, como con sus pares. Forman una sola ciudad de Dios: son Su sacrificio vivo y Su templo vivo. Considero que ahora, puesto que ya hablé del surgimiento de esta ciudad entre los ángeles, es momento de tratar el origen de esa parte destinada a reunirse con los ángeles inmortales, integrada hoy por hombres mortales. O bien hoy anda peregrina por la tierra, o bien descansa en los receptáculos secretos y las moradas de las almas de quienes ya pasaron por la muerte y dejaron espíritus sin cuerpo. Pues la raza humana tuvo su origen en un solo hombre a quien Dios creó primero. De eso dan fe las Sagradas Escrituras, cuya autoridad es merecidamente admirada entre todas las naciones del mundo, pues, entre otras verdades proclamadas, predijeron con divina certeza que todas las naciones las reconocerían.

10. Sobre la falsedad de las narraciones que le conceden muchos miles de años al pasado del mundo.

Omitamos, pues, las conjeturas de quienes no saben lo que dicen cuando hablan de la naturaleza y el origen de la raza humana. En efecto, algunos opinan lo mismo de los seres humanos y del mundo en sí mismo: que siempre existieron. Es por eso que Apuleyo, al describir nuestra raza, afirma: «Uno a uno, todos somos mortales. Juntos, somos eternos». Pero si la raza humana hubiera existido siempre, ¿hasta qué punto serían ciertas las historias que narran quiénes fueron los inventores de algunas cosas, qué cosas inventaron, quiénes fueron los primeros en instituir las disciplinas liberales y las otras artes y quiénes fueron los primeros habitantes de tal o cual región y de esta o aquella isla? Ante esa pregunta, responden que, la mayoría de las islas, si es que no la totalidad de ellas, se vieron desoladas por intervalos de incendios e inundaciones, a causa de los cuales la humanidad quedó reducida a un escaso número de habitantes, cuya descendencia volvió a repoblar hasta que se alcanzó el número de habitantes anterior. Y así, hubo nuevos comienzos por intervalos de tiempo, y aunque solo se restituía a las cosas que las enormes devastaciones interrumpieron y extinguieron, parecía que se las creaba por primera vez. Por lo demás, el ser humano no puede venir más que del ser humano. Pero dicen lo que piensan; no lo que saben.

También los inducen al error esos documentos plagados de mentiras, según los cuales la historia tiene ya muchos miles de años, cuando en las Sagradas Escrituras no contamos más de seis mil años que hayan pasado. Y para no extenderme demasiado exponiendo la falta de fundamentos de esos documentos, que le atribuyen muchos miles de años al mundo, o probando que sus autoridades son totalmente incompetentes, solamente citaré una carta que Alejandro Magno le escribió a su madre, Olimpia. Allí narra la historia, extraída de los archivos sagrados, de cierto sacerdote egipcio, la cual da cuenta también de los reinos que mencionan los historiadores griegos. Según esta carta de Alejandro, el reino de Asiria sobrepasa los cinco mil años de historia, mientras que en la historia griega solo tiene mil trescientos años a partir del reinado del propio Belo, a quien tanto los griegos como los egipcios reconocen como el primer rey de Asiria. Luego, este egipcio le atribuye más de ocho mil años a los imperios persa y macedonio contando hasta el tiempo de Alejandro, a quien se dirigía, mientras que los griegos le atribuyen cuatrocientos ochenta y cinco años a los macedonios, contando hasta la muerte de Alejandro, y doscientos treinta y tres a los persas, hasta que caen con la conquista de Alejandro. Por tanto, las cifras de los griegos son mucho más pequeñas que las de los egipcios, y seguirían siendo más pequeñas aunque se las multiplicara por tres. Pues se dice que los egipcios antes creían que los años no tenían más que cuatro meses, por lo cual, el año más completo y verdadero, que hoy rige tanto para ellos como nosotros, habría abarcado tres años en sus tiempos antiguos. Sin embargo, ni aun así coincide cronológicamente la historia griega con la egipcia. Y debe darse más crédito a la griega, pues no excede el número de años expresados en nuestros documentos, que son realmente sagrados y contienen la verdad en cuanto a la duración del mundo. Y además, si esta carta de Alejandro, que se ha vuelto tan famosa, discrepa tanto con la verdad demostrable de los hechos en cuanto a la cronología, ¡cuánto menos credibilidad podemos dar a esos escritos que, aunque estén llenos de fábulas y ficciones antiguas, quisieron oponer a la autoridad de nuestros libros conocidísimos y divinos! Los nuestros predijeron que todo el mundo los creería y, en efecto, todo el mundo ha creído en ellos. También predijeron hechos futuros, los cuales se cumplieron con tanta exactitud que queda demostrada la veracidad sobre los hechos pasados allí descritos.

11. En cuanto a los que no creen en la eternidad de este mundo, sino en la existencia, o bien de innumerables mundos, o bien de un mismo mundo que perpetuamente se separa en sus elementos y se renueva por ciclos fijos que llegan a su fin.

Hay quienes, en cambio, no consideran que este mundo sea eterno, sino que opinan que, o bien este no es el único mundo y existen innumerables mundos, o bien sí es el único, pero muere y nace por intervalos fijos que, esta vez, sí son innumerables. No obstante, deben reconocer que la raza humana comenzó a existir sin la intervención de otros seres humanos como progenitores. Pues no creen que, si el mundo pereciera, quedarían algunas personas con vida, sobrevivientes de las inundaciones y los incendios. En esto se diferencian de quienes son parciales a esa creencia y argumentan que la posteridad de esos sobrevivientes vuelve a poblar la tierra. En cambio, lo que creen es que el mundo resurge de su propia materia, por lo que deben creer que a partir de sus elementos se produce la raza humana, la cual luego se propaga por vía generacional, como el resto de los animales.

12. Lo que debe responderse a quienes critican la creación del ser humano, argumentando que la fecha es muy reciente.

Existen quienes preguntan de forma constante por qué el ser humano no fue creado durante esos incontables tiempos del pasado extendido infinitamente y, en lugar de eso, su creación fue tan tardía que, según las Escrituras, no han pasado seis mil años desde que comenzó a existir. A ellos les respondería, en cuanto a la creación del hombre, lo mismo que contesté sobre la creación del mundo a quienes creen que es eterno: tuvo un comienzo, y el propio Platón lo afirma abiertamente, aunque algunos no creen que esa afirmación sea consistente con su opinión real. Les resulta chocante la brevedad del tiempo transcurrido desde la creación del ser humano, y les parece que sus años son muy escasos según nuestras autoridades. Consideren esto: nada que tenga un límite es duradero y todos los siglos del tiempo son finitos y, si se los compara con la interminable eternidad, son poquísimos, o más bien nada en absoluto. En consecuencia, si desde que Dios creó al ser humano no hubieran pasado seis, sino sesenta o seiscientos miles de años; o sesenta, seiscientas o seiscientas mil veces esa cifra; o si a esa suma se la multiplicara hasta que ya no pudiera ser expresada en números, igualmente se podría plantear la misma pregunta: ¿por qué no lo creó antes? Pues el tiempo durante el que Dios se abstuvo de crear al ser humano se extiende por toda la eternidad pasada e infinita, y es tan inmenso que si se lo compara con cualquier periodo de tiempo vasto e inexpresable que, sin embargo, está limitado por los confines de un espacio de tiempo determinado, aun así no tiene punto de comparación ni siquiera con la más minúscula gota de agua en el océano que fluye alrededor de la tierra. En efecto, en ese caso hay una cosa pequeñísima y otra incomparablemente vasta, pero ambas son finitas. En cambio, el espacio de tiempo que transcurre desde cierto principio y está limitado por un final, por más extenso que sea, al compararlo con el que no tiene principio, no sé si deba decir que es la cosa más minúscula que hay, o que es más bien inexistente. Pues si a un periodo limitado de tiempo se le van sustrayendo, desde su final y uno por uno, los momentos más breves (como si sustrajeras cada uno de los días de la vida de un hombre, empezando por el día que está viviendo hoy hasta llegar al de su nacimiento), a pesar de que el número de momentos vividos sea tan vasto que es imposible expresarlo en palabras, en algún momento la sustracción te llevaría al principio. En cambio, si haces lo mismo pero con un periodo temporal que no tiene principio y ya no sustraes momentos breves, uno a uno, ni tampoco horas, ni días, ni meses, y ni siquiera años de a grandes cantidades, sino más bien periodos tan inmensos que ni el más hábil matemático sería capaz de calcularlos (aunque en realidad estos se agotarían al sustraerles minuto por minuto), y no sustraemos estos periodos una sola vez, ni dos, ni con frecuencia, sino todo el tiempo, ¿qué sucedería? ¿Qué conseguiríamos? No llegaríamos jamás al principio, pues es inexistente. Por lo tanto, este mismo interrogante que hoy nos hacemos, luego de un poco más de cinco mil años, podrían con la misma curiosidad hacérselo nuestros descendientes luego de seiscientos mil años (si es que hasta ese entonces siguen naciendo y pereciendo las generaciones mortales de los humanos, y si es que nuestra posteridad es igual de ignorante que nosotros). Así también podrían haberse preguntado lo mismo los que vivieron antes que nosotros, cuando el ser humano era aun más nuevo en la tierra que ahora. En fin, incluso el primer ser humano, el día siguiente o aun el mismo día de su creación, podría haberse preguntado por qué no fue creado antes. Y no importa en qué periodo más temprano o tardío fue creado: esta controversia sobre el comienzo de la historia de este mundo habría traído las mismas dificultades que trae hoy.

13. En cuanto a la revolución de los tiempos según la cual, tras completarse cierto ciclo fijo, como creen algunos filósofos, todo volverá a existir en el mismo orden y forma que al principio.

Algunos filósofos, al encontrarse con esta controversia, creyeron que la única solución posible era introducir ciclos de tiempo en los que el orden de la naturaleza se renueva y repite.

Aseguran que de este modo, se producirá sin cesar una sucesión de ciclos en la que un ciclo se va y otro viene. Sin embargo, algunos creen que un solo mundo permanente atraviesa todos estos ciclos, mientras que otros piensan que el mundo perece tras ciertos intervalos fijos y luego se renueva, presentando así una reiteración coincidente de los mismos fenómenos que ya existieron antes y que han de existir. El alma no quedaría exenta de esta absurda vicisitud ni aunque hubiera alcanzado la sabiduría, pues se dirigiría sin cesar a una falsa dicha para regresar a la verdadera miseria. ¿Cómo puede, entonces, ser auténticamente dichosa, si no es segura su eternidad? Pues, o bien el alma ignora la verdad y vive ciega a su miseria futura, o bien la conoce y vive en la miseria y el temor. O si no volviera nunca más a sus miserias y alcanzara la dicha, entonces se produciría algo nuevo en el tiempo que no tiene un final temporal. ¿Por qué, entonces, no pasaría lo mismo con el mundo? ¿Y por qué no también con el ser humano? Así, siguiendo el camino recto de la sana doctrina, evitaríamos esos supuestos caminos enrevesados descubiertos por eruditos engañados y engañadores.

También hay quienes, para defender estos ciclos recurrentes que vuelven todas las cosas a la forma que tenían originalmente, citan las palabras dichas por Salomón en el libro de Eclesiastés: «¿Qué es lo que fue? Lo mismo que será. ¿Qué es lo que ha sido hecho? Lo mismo que se hará; y nada hay nuevo debajo del sol. ¿Hay algo de que se puede decir: He aquí esto es nuevo? Ya fue en los siglos que nos han precedido» (Ecl. 1:8-9). Estas palabras se refieren o bien a aquellas cosas de las que estuvo hablando antes (de la sucesión de generaciones, del curso del sol y de los ríos), o bien a todas las especies de criaturas que nacen y mueren. Pues el ser humano existió antes de nosotros, existe hoy y existirá después de nosotros. Y lo mismo sucede con todos los seres vivos y las plantas. Incluso los seres monstruosos e irregulares, aunque sean distintos entre sí y a pesar de que algunos solo aparecieron una vez, en general son parecidos entre sí, pues comparten el carácter milagroso y monstruoso. En este sentido, nunca hubo, ni hay, ni habrá nada nuevo bajo el sol. No obstante, lo que algunos interpretan de estas palabras es que, en la predestinación de Dios, todas las cosas ya existían y, por tanto, no hay nada nuevo bajo el sol.

Sea como sea, lejos estén los creyentes verdaderos de creer que las palabras de Salomón se refieren a ciclos por los cuales, según estos filósofos, se repiten las mismas secuencias y acontecimientos temporales. Por ejemplo, así como en su siglo el filósofo Platón enseñó en una escuela llamada Academia de la ciudad de Atenas, también en innumerables siglos anteriores, separados por intervalos enormes, pero fijos, el mismo Platón debería haber enseñado en la misma escuela y a los mismos discípulos, y esto hubiera de repetirse innumerables veces en los siglos venideros. Lejos, digo, de nosotros, esta creencia. Pues una vez que Cristo murió por nuestros pecados y resucitó, no volvió a morir: «la muerte no se enseñorea más de él» (Rom. 6:9). Y nosotros mismos, luego de la resurrección, «estaremos siempre con el Señor» (1 Tes. 4:17), a quien ahora dirigimos las palabras del salmo sagrado: «Tú, Jehová, los guardarás; de esta generación los preservarás para siempre» (Sal.12:7). Y creo que las palabras anteriores cuadran bien con lo que sigue: «Cercando andan los malos», no porque su vida vaya a repetirse en los ciclos que estos filósofos imaginan, sino porque el camino que sigue su falsa doctrina es laberíntico.

14. En cuanto a la creación en el tiempo de la raza humana, que no fue el resultado de una nueva decisión ni de un cambio en la voluntad de Dios.

¿Qué tiene de asombroso que, enredados como están en esos laberintos, no encuentren ni la entrada ni la salida? Pues no saben cuál es el origen de la raza humana y de nuestra condición mortal, ni cómo habrá de terminar. No pueden penetrar la inescrutable voluntad de Dios. En efecto, aunque Él es eterno y sin principio, hizo que el tiempo tuviera un comienzo. Al ser humano, a quien no había creado antes, lo hizo en el tiempo, no a causa de una decisión nueva y repentina, sino de su plan inmutable y eterno. ¿Quién puede sondear en la insondable profundidad de Su plan? ¿Quién puede escudriñar la sabiduría inescrutable, según la cual Dios, sin cambiar Su voluntad, creó al ser humano, quien nunca antes existió, le dio una existencia temporal y de uno solo hizo surgir a toda la humanidad? Pues el propio salmista, luego de declarar: «Tú, Jehová, los guardarás; de esta generación los preservarás para siempre» y tras haber reprendido a los de doctrina necia e impía que no le conceden al alma ninguna dicha ni liberación eterna, inmediatamente después, añade: «cercando andan los malos». Es como si se le preguntara al salmista: ¿Y tú qué crees? ¿Cuál es tu opinión¿ ¿Qué ideas tienes? ¿Hemos de creer que a Dios, a quien nada nuevo puede sucederle y en quien no hay nada mutable, repentinamente se le ocurrió crear al ser humano, aunque nunca antes lo había creado en la eternidad pasada? Y el salmista da una respuesta, como si se dirigiera al mismo Dios: Según la profundidad de

Tu sabiduría, multiplicaste a los hijos de los hombres. Que los hombres piensen lo que quieran, pareciera decir, y opinen y discutan lo que les plazca, pero Tú multiplicaste a los hijos de los hombres según la profundidad de Tu sabiduría, que ningún ser humano puede conocer. Sin duda, es algo muy profundo que Dios haya existido siempre y que haya hecho en el tiempo al ser humano, a quien nunca había hecho antes, todo sin cambiar Su designio y voluntad.

15. Si debemos creer que, como Dios siempre ha sido soberano, siempre hubo criaturas sobre las cuales pudo ejercer Su soberanía, y en qué sentido decimos que, aunque la criatura siempre ha sido, no es coeterna.

En efecto, por mi parte, así como no me atrevo a decir que hubo alguna vez un tiempo en que el Señor Dios no fue Señor, tampoco debería poner en duda que el ser humano jamás existió antes del tiempo y que fue creado en el tiempo. Sin embargo, cuando me pregunto sobre qué cosas fue Dios el Señor, si no siempre existieron criaturas, no me animo a afirmar nada, pues recuerdo mi propia insignificancia y las palabras del libro de la Sabiduría: «¿Qué hombre, en efecto, podrá conocer la voluntad de Dios? ¿Quién imaginar lo que el Señor quiere? Los pensamientos de los mortales son tímidos e inseguras nuestras ideas, pues un cuerpo corruptible agobia el alma y esta tienda de tierra abruma el espíritu lleno de preocupaciones» (Sabiduría 9:13-15, BJ). Ciertamente, medito sobre muchas cosas en este tabernáculo terrenal, pues no puedo descubrir la única cosa que es verdadera entre tantas, o más allá de las tantas. Uno entre todos estos pensamientos podría ser que siempre han existido criaturas sobre las que Él, quien es y siempre ha sido Señor, ha podido ejercer su señorío, y que estas criaturas no han sido siempre las mismas, sino que se han sucedido una a la otra (para que no digamos que existe alguna coeterna con el Creador, afirmación que tanto la fe como la sana razón condenan). Entonces, tendría que cuidarme de caer en el error absurdo e ignorante de sostener que, gracias a estas sucesiones y cambios, las criaturas mortales pudieron existir desde siempre, mientras que las inmortales comenzaron a existir al mismo tiempo que nuestro propio mundo, con la creación de los ángeles, si es cierto que se alude a ellos, o más bien al cielo, cuando se narra la creación de la luz: «En el principio creó Dios los cielos y la tierra» (Gén. 1:1). Al menos los ángeles no existieron antes de que fueran creados, pues si afirmamos que existieron siempre, los haríamos coeternos con el Creador. De nuevo, si afirmara que los ángeles no fueron creados en el tiempo, sino que existieron antes de todos los tiempos para que Dios, quien siempre ha sido Soberano, ejerciera Su soberanía sobre ellos, entonces se me podría preguntar si es posible que hayan existido siempre quienes fueron creados antes del tiempo. Tal vez podría responderse: ¿y por qué no? ¿Acaso no es correcto decir que aquello que ha existido en todo tiempo existió siempre? Existieron, cierto es, en todo tiempo, y hasta el punto de que fueron creados antes de que existiera el tiempo. Esto es así si el tiempo comenzó con la creación del cielo y si los ángeles existieron antes que los cielos. Supongamos que el tiempo existió antes de los cuerpos celestiales y que no se expresaba en horas, días, meses y años, pues está claro que estas medidas de intervalos temporales, a las que correctamente se suele llamar «tiempos», comenzaron con el movimiento de los cuerpos celestiales, cuando Dios las designó y dijo: «sirvan de señales para las estaciones, para días y años» (Gén. 1:14). Supongamos que el tiempo existió antes que estos cuerpos celestiales gracias a algún movimiento mutable con partes que se suceden una a la otra y no podrían existir en simultaneidad. Si, pues, anteriormente a la existencia del tiempo hubiera existido cierto movimiento entre los ángeles y, por ello, el tiempo, y si los ángeles, desde el momento en que fueron creados, estuvieron sujetos a esos cambios temporales, entonces han existido en todo tiempo, puesto que el tiempo comenzó a existir junto con ellos. ¿Y quién podría decir que aquello que existió en todo tiempo no existió siempre?

Pero si esa es mi respuesta, se me replicará: ¿Cómo pueden los ángeles, entonces, no ser coeternos con el Creador, puesto que tanto Él como ellos han existido siempre? ¿Cómo se puede decir que fueron creados, si hemos de entender que siempre han existido? ¿Qué debemos contestar a esto? ¿Debemos decir que ambas afirmaciones son ciertas? Es decir, que siempre han existido puesto que han estado en todo tiempo, ya que fueron creados junto con el tiempo, o el tiempo fue creado junto con ellos y, a la vez, que fueron creados. Pues, de igual forma, no vamos a negar que el tiempo haya sido creado, aunque nadie ponga en duda que el tiempo ha existido en todo tiempo. De no ser así, entonces hubo un tiempo en que no existió el tiempo. Ni aun el más necio podría afirmar tal cosa. En efecto, podemos decir con sensatez que hubo un tiempo en que no existía Roma; un tiempo en que Jerusalén no existía; un tiempo en que Abraham no existía; un tiempo en que el ser humano no existía, y así. En síntesis, si el mundo no fue creado al comienzo del tiempo, sino después, podemos afirmar que hubo un tiempo en que el mundo no existió. Pero decir que hubo un tiempo en que no existió el tiempo es tan absurdo como decir que hubo un ser humano cuando no existía ningún ser humano, o que este mundo existía cuando no existía este mundo. De hecho, si se hablara de dos objetos distintos, podría usarse este tipo de expresiones. Por ejemplo, podría decirse que existió tal hombre cuando tal otro no existió. De este modo, también podría decirse con sensatez que hubo cierto tiempo cuando no existió este tiempo. En cambio, ni el más ignorante diría que hubo un tiempo cuando no existió el tiempo. Entonces, así como afirmamos que el tiempo fue creado, aunque se diga que existió siempre, pues el tiempo existió en todo tiempo, también decimos que los ángeles existieron siempre, aunque hayan sido creados. En efecto, afirmamos que han existido siempre porque existieron en todo tiempo, ya que el tiempo mismo de ninguna manera podría existir sin ellos. Pues es necesario que exista una criatura cuyos movimientos mutables se sucedan para que pueda existir el tiempo. En consecuencia, aunque hayan existido siempre, no por eso son coeternos con el Creador, por cuanto fueron creados. Él existió siempre en una eternidad inmutable, mientras que ellos fueron creados. Se dice que existieron siempre porque existieron en todo tiempo, ya que es imposible que el tiempo haya existido sin ellos. Sin embargo, el tiempo, puesto que transcurre en la mutabilidad, no puede ser coeterno con la inmutable eternidad. Y por ende, aunque la inmortalidad de los ángeles no transcurre en el tiempo y no es pasada, como si ya no existiera más, ni futura, como si todavía no existiera, sus movimientos, que son la base del tiempo, sí pasan del futuro al pasado. Por ello, no pueden ser coeternos con el Creador, en cuyo movimiento no podemos decir que, o bien ha existido lo que ya no existe más, o bien existirá lo que todavía no existe. Por este motivo, si Dios siempre ha sido Señor, siempre ha habido criaturas bajo su dominio. Estas criaturas, no obstante, no son engendradas de sí mismo, sino creadas por Él de la nada. Tampoco son coeternas con Él, pues Él existió antes que ellas, aunque en ningún tiempo sin ellas: no las precedió por un lapso de tiempo, sino por su eternidad permanente. Empero, si esta es la respuesta que doy a quienes preguntan cómo es posible que Dios haya sido siempre Creador y Señor si no siempre hubo criaturas sometidas a Él, o cómo puede ser que un ser que siempre ha existido no sea coeterno con su Creador, sino creado por Él, entonces temo que se me acuse de afirmar sin cuidado lo que no sé en lugar de enseñar lo que sé. Por ello, vuelvo a lo que nuestro Creador quiso que nosotros supiéramos. Las otras cosas, que a las personas más sabias les permitió conocer en esta vida o que reservó para que los santos perfeccionados las conozcan en la vida próxima, confieso que están más allá de mi capacidad. Sin embargo, me pareció acertado discutir estos asuntos sin hacer afirmaciones. Así, quienes lean estas páginas estarán advertidos: absténgase de andar por cuestiones tan escabrosas y no crean que están listos para todo. Más bien, esfuércense por obedecer estas sanas instrucciones del apóstol: «Digo, pues, por la gracia que me es dada, a cada cual que está entre vosotros, que no tenga más alto concepto de sí que el que debe tener, sino que piense de sí con cordura, conforme a la medida de fe que Dios repartió a cada uno» (Rom. 12:3). Pues si un niño recibe alimentos según su fuerza, a medida que crezca se volverá capaz de recibir más. En cambio, si se excede su fuerza y capacidad, perecerá antes de crecer.

16. Cómo entender la promesa de la vida eterna que Dios hizo antes de los «tiempos eternos»

Confieso que desconozco cuántos siglos transcurrieron antes de la creación del ser humano y, sin embargo, sé sin duda alguna que ninguna cosa creada es coeterna con el Creador. Empero, incluso el apóstol habla de unos tiempos eternos, y estos no son futuros, sino, lo que es más sorprendente, pasados. Estas son sus palabras: «en la esperanza de la vida eterna, la cual Dios, que no miente, prometió desde antes del principio de los siglos, y a su debido tiempo manifestó su palabra» (Tito 1:2-3). Puede verse que habla de un pasado antes del principio de los siglos que, sin embargo, no eran coeternos con Dios. Y puesto que Dios no solo existió durante estos tiempos eternos, sino que «prometió» vida eterna, la cual manifestó en sus tiempos (es decir, a su debido tiempo), ¿qué otra cosa es esto, sino Su Verbo? Pues esta es la vida eterna. Pero entonces, ¿cómo es que prometió esto? Pues sin duda hizo esta promesa a los seres humanos, quienes aún no existían antes de los tiempos eternos. ¿No significa esto que en Su eternidad y en el propio Verbo, coeterno con Él, ya estaba predestinado y fijado lo que habría de suceder en su tiempo?

17. La defensa de la sana fe sobre la inconmutabilidad del designio y la voluntad de Dios, en oposición al razonamiento de quienes sostienen que las obras de Dios se repiten en ciclos rotativos eternos que vuelven todas las cosas al modo en que eran antes.

Tampoco me cabe ninguna duda respecto a esto: antes de que el ser humano fuera creado, no había existido jamás ningún ser humano: ni este ni ningún otro de naturaleza similar ha estado retornando en no sé qué ciclos ni cuántas veces. No temo los argumentos filosóficos en contra de esta creencia, entre los cuales el más sutil parece ser el siguiente: no hay conocimiento capaz de comprender lo infinito. En consecuencia, sostienen que todos los motivos que tiene Dios en sí para la creación de las cosas finitas son finitos. Ahora bien, no debe creerse que Su bondad haya estado alguna vez ociosa, pues eso implicaría que haya tenido un despertar activo en el tiempo, como si, tras una eternidad pasada de inactividad, se hubiera arrepentido de su desocupación sin principio y, por ello, hubiera emprendido su obra. Y en ese caso, prosiguen, entonces siempre se repiten las mismas cosas, que transcurren con el fin de retornar siempre. Dicen que esto es así ya sea que entre todos estos cambios, el mundo (que siempre ha sido y que, sin embargo, fue creado) permanezca igual, o ya sea que el mundo esté pereciendo y renovándose perpetuamente en estos ciclos. De otro modo, si se les atribuyera un comienzo temporal a las obras de Dios, habría que creer que Él consideró que Su descanso eterno pasado fue inerte y perezoso y que, al sentirse por ello insatisfecho consigo mismo, lo condenó o modificó.

Ahora bien, si se supone que Dios siempre estuvo haciendo cosas temporales , aunque distintas entre sí y siempre una después de la otra, hasta que al fin llegó a crear al ser humano, a quien no había creado antes, entonces parecería que no usó el conocimiento para hacer al ser humano (pues ellos piensan que ningún conocimiento puede comprender la infinita sucesión de criaturas), sino que lo hizo de improviso, según le pareció en el momento, por un cambio de voluntad repentino y accidental. Por otro lado, afirman, si admitimos esos ciclos y creemos que, o bien se repiten las mismas cosas temporales mientras que el mundo permanece igual, ajeno a estas rotaciones, o bien perece y es renovado, entonces no se le atribuye a Dios ni la comodidad ociosa de la eternidad pasada, ni una creación impulsiva e imprevista. Si no se repiten en ciclos las mismas cosas, entonces variarían en una diversidad sin fin y no habría en Dios conocimiento ni presciencia capaz de comprenderlas. A estos argumentos, con los que los impíos intentan apartar nuestra sencilla piedad del camino correcto para que andemos con ellos «dando vueltas», aunque no pueda refutarlos la razón, la fe se les reiría. Sin embargo, con la ayuda del Señor nuestro Dios, aun la razón desbarata con bastante facilidad estos círculos giratorios, productos de conjeturas. Pues lo que principalmente hace que esta gente se extravíe y prefiera ir por sus propios círculos antes que por el camino recto de la verdad es que utilizan su intelecto humano, mutable y angosto para medir a la mente divina, que es absolutamente inmutable e infinitamente abarcadora y calcula todo lo incontable sin que cambien sus pensamientos. Así, les sucede a ellos lo que dice el apóstol: «… midiéndose a sí mismos por sí mismos, y comparándose consigo mismos, no son juiciosos» (2 Cor. 10:12). Pues como ellos, cuando tienen un nuevo propósito, llevan adelante cualquier cosa que se les ocurra (ya que sus mentes son mutables), concluyen que con Dios ocurre lo mismo. Por tanto, cuando piensan en Dios, a quien no pueden concebir, no lo tienen a Él en el pensamiento, sino a uno como ellos mismos. No comparan a Dios, sino a sí mismos, y no con Él, sino consigo mismos. Por nuestra parte, no nos atrevemos a creer que a Dios le afectan de una manera Sus obras y de otra Su descanso. Ciertamente, decir que algo le afecta es abusar del lenguaje, pues implica que sucede algo en Su naturaleza que no estaba sucediendo antes. Pues cuando a un ser le afecta algo, actúa por ello, y todo lo que actúa por algo que le afecta es mutable. En Su descanso, por lo tanto, no existe la pereza, la indolencia o la inactividad, como tampoco en Su labor existe el trabajo, el esfuerzo o la diligencia. Él puede actuar en el descanso y descansar en la actividad. Puede comenzar una obra nueva con un diseño que no es nuevo, sino eterno. Lo que no había hecho antes, puede comenzar a hacer sin que se haya arrepentido de su inactividad anterior. Sin embargo, cuando uno habla de Su reposo anterior y Su subsecuente empresa (y no sé cómo podría un ser humano comprender estas cosas), los términos «anterior» y «subsecuente» se aplican solo a las cosas creadas, que anteriormente no existían y subsecuentemente comenzaron a existir. En Dios, en cambio, el propósito anterior no se ve alterado ni eliminado por un propósito diferente y subsecuente. Más bien, con una sola e idéntica voluntad eterna e inmutable hizo que las cosas que creó anteriormente no existieran durante el tiempo en que no existieron, y que las cosas que creó subsecuentemente existieran cuando comenzaron a existir. Así, a los que tienen ojos para ver estas cosas, les muestra, tal vez, y de una forma impresionante, cuán independiente es Él de las cosas que crea, a las que hace por su innecesaria bondad, pues permaneció sin esas cosas toda una eternidad sin que su dicha sea por ello menos perfecta.

18. Réplica a los que afirman que al infinito no puede abarcarlo el conocimiento de Dios.

A los que sostienen que el conocimiento de Dios no puede abarcar lo infinito solo les queda afirmar que tampoco conoce

Dios todos los números. Con eso, podrán sumergirse en las profundidades de su impiedad. Pues es absolutamente cierto que los números son infinitos: a cualquiera sea la cifra con la que creas haber llegado al fin, igual podrás, no digo sumarle una unidad más, sino duplicarla y multiplicarla en virtud de la propia teoría y ciencia de los números. No importa qué tan grande sea ni cuán vasta sea la cantidad que exprese. Además, cada número está definido por sus propiedades de forma tal que no hay dos números iguales, pues son desiguales y distintos entre sí. Aunque sean finitos por su cuenta, en su conjunto son infinitos. Entonces, puesto que son infinitos, ¿acaso Dios no los conoce todos? ¿Acaso su conocimiento solo le alcanza para abarcar cierta cantidad de números limitada, mientras que ignora el resto? ¿Quién es tan insensato para afirmar algo semejante? Sin embargo, difícilmente podrían dejar a los números de lado en esta cuestión o sostener que nada tienen que ver con el conocimiento de Dios. Pues Platón, gran autoridad entre ellos, presenta a Dios como creando el mundo mediante principios numéricos. También en nuestros libros leemos: «Tú todo lo dispusiste con medida, número, y peso» (Sabiduría 11:20, BJ). Asimismo, el profeta declara: «él saca y cuenta su ejército» (Isa. 40:26) y el Salvador afirma en el Evangelio: «aun vuestros cabellos están todos contados» (Mat. 10:30). Lejos esté de nosotros, entonces, poner en duda que todos los números son conocidos por Él, cuyo «entendimiento», según el salmista, «es infinito» (Sal. 147:5). La infinidad del número, aunque no exista ningún número que exprese una cantidad infinita, no es incomprensible para Él, cuyo entendimiento es infinito. Y por lo tanto, si todo lo que se puede abarcar se define o se hace finito cuando el sabio lo comprende, entonces toda la infinidad se hace, de alguna manera inefable, finita para Dios cuando Su conocimiento la abarca. Entonces, si la infinidad de los números no puede ser infinita para el conocimiento de Dios que la abarca, ¿quiénes somos nosotros, pobres criaturas, que nos atrevemos a ponerle límites a Su conocimiento y decimos que, a no ser que se repitan las mismas cosas temporales por los mismos ciclos periódicos, Dios no puede ni prever las criaturas que hará, ni conocerlas una vez que las ha hecho? Su sabiduría, diversa en su simpleza y uniforme en su variedad, abarca todo lo inabarcable con incomprensible comprensión. Tanto es así que, aunque Él quisiera que Sus obras más recientes sean siempre nuevas y distintas de las precedentes, no podría crearlas sin haberlas previsto y ordenado, ni concebirlas repentinamente. En cambio, formarían parte de su eterna presciencia.

19. En cuanto a los mundos sin fin o los siglos de los siglos.

En cuanto a la expresión «siglos de los siglos», no me atrevo a ser determinante: no sé lo que Dios determina con esa frase, ni tampoco sé si estos «siglos de los siglos» están unidos entre sí en una serie continua, sucediéndose uno al otro con una diversidad regulada de forma tal que los que son librados de su miseria permanecen en su eterna y dichosa inmortalidad, libres de sus vicisitudes. Tampoco sé si los denominados «siglos de los siglos» se refieren a los siglos que permanecen inmutables en la inquebrantable sabiduría de Dios y que son las causas eficientes, por así decirlo, de los siglos que transcurren en el tiempo. Es posible que el término «siglos» se refiera a «siglo» de forma tal que la expresión «siglos de los siglos» no se refiera a nada más que a un «siglo de siglo», así como la expresión «cielos de los cielos» se refiere, únicamente, al «cielo del cielo». Pues Dios llamó «Cielos» al firmamento sobre el cual se hallan las aguas y, sin embargo, en el salmo leemos: «Alabadle, cielos de los cielos, y las aguas que están sobre los cielos» (Sal. 148:4). Es una cuestión muy profunda discernir cuál de estos dos significados debemos asignarles a los «siglos de los siglos», o si puede haber otro significado distinto aun mejor. Y no hay obstáculo alguno para que aplacemos la discusión del tema que estamos tratando ahora, ya sea que eso nos permita determinar alguna cosa o que simplemente nos haga volvernos más prudentes a medida que profundicemos en él, a fin de que no osemos afirmar cosas a la ligera sobre una materia de tanta oscuridad. Pues de momento, discutimos contra la opinión según la cual existen ciclos periódicos por los que las mismas cosas se repiten permanentemente por intervalos de tiempo. Ahora bien, sea cual sea el verdadero significado de la expresión «los siglos de los siglos», a estos ciclos no les servirá de nada. Pues, aunque los siglos de los siglos no sean los mismos mundos repetidos, sino diferentes mundos que se suceden el uno al otro en una ordenada conexión por la que almas rescatadas permanecen en una felicidad garantizada y sin posibilidad de retorno a la miseria, o aunque los siglos de los siglos sean las causas eternas que gobiernan lo que ha de ser y es en su tiempo, aun así se llega a la misma conclusión: esos ciclos según los cuales retornan las mismas cosas no existen, pues quedan refutados plenamente por la vida eterna de los santos.

20. En cuanto a la impiedad de quienes afirman que las almas que disfrutan de una dicha verdadera y perfecta han de retornar una y otra vez al trabajo y la miseria por estos ciclos periódicos.

¿Qué oídos piadosos soportarían escuchar lo siguiente? Que luego de una vida transcurrida entre tantas y tan severas aflicciones (si es que, en efecto, debería llamarse «vida» a lo que es más bien una muerte, al punto tan extremo de que el amor por esta muerte nos haga temer la muerte que nos libera de la primera), después de que males tan desastrosos y miserias de toda clase al fin sean expiadas y concluidas por la ayuda de la verdadera religión y sabiduría, alcancemos por fin la visión de Dios. Que entremos a la felicidad gracias a la contemplación de la luz espiritual y la participación de su inmutable inmortalidad, por la que morimos por conseguir: todo esto para que en un momento tengamos que perderlo y para que, quienes sean expulsados de esa eternidad, verdad y felicidad pasen a vivir en la mortalidad infernal, en la bochornosa necedad y en la desgracia maldita; lugares en los que se pierde a Dios, se odia la verdad y se busca la felicidad en perversas impurezas. Y así, una y otra vez, sin fin, por intervalos y periodos fijos, recurrentes y regulares. Y la razón de estas eternas y constantes repeticiones de ciclos, que restauran por turnos la verdadera miseria y la falsa felicidad es que Dios conozca sus propias obras, pues por un lado, no puede descansar de crear y por el otro, no puede conocer el número infinito de Sus criaturas ya que siempre está creándolas. ¿Quién, digo yo, prestará oído a tales afirmaciones? ¿Quién podría aceptarlas o soportarlas? Si fueran ciertas, no solo sería más prudente guardar silencio, sino que (intento expresarme lo mejor que puedo) sería más sabio ignorarlas. Pues si en el mundo futuro no recordáramos estas cosas y fuéramos por ello dichosos, ¿por qué hemos de agravar ahora nuestra miseria, que ya bastante pesada es, al conocer estas cosas? Si, por otro lado, en el futuro fuéramos a conocer estas cosas forzosamente, entonces ahora, al menos, permanezcamos ignorantes. Así, las expectativas presentes nos permitirán disfrutar de una dicha que la realidad futura no nos otorgará: en esta vida esperamos obtener la vida eterna, pero en el mundo venidero descubrimos que esa vida es dichosa, pero no eterna.

Y si sostienen que nadie puede alcanzar la dicha del mundo venidero, a menos que en esta vida hayan conocido esta doctrina de los ciclos según la cual la dicha y la miseria se suceden una a la otra, ¿cómo pueden afirmar que mientras más uno ame a Dios, más preparado estará para alcanzar la felicidad, si con sus enseñanzas paralizan el propio amor? Pues ¿quién no sería más negligente y tibio para amar a quien sabe que tendrá que abandonar? ¿Quién no llegaría a detestar Su verdad y sabiduría tras alcanzar el conocimiento más pleno y dichoso de Dios que una persona puede alcanzar? ¿Puede alguien amar fielmente aun a su amigo humano si sabe que está destinado a convertirse en su enemigo? No quiera Dios que exista algo verdadero en esta idea, que nos amenaza con una verdadera miseria que nunca ha de tener fin, pero que habrá de ser interrumpida frecuentemente y para siempre por intervalos de falsa felicidad. Pues ¿qué felicidad puede ser más falsa y falaz que esta en la que ignoramos que seremos miserables, sumidos en la luz de la verdad, o aquella en la que lo sabemos pero lo tememos, aun desde la más segura fortaleza de felicidad? En efecto, por un lado, si ignoramos la calamidad venidera, entonces nuestro actual periodo de miserias no tiene tan poca visión a futuro, pues sabe que ha de llegar la felicidad. Por el otro, si no se nos oculta el desastre que nos amenaza en el mundo que vendrá, entonces el alma atravesará con más felicidad el tiempo de miseria, tras el cual vendrá un estado de dicha, que el tiempo de felicidad, tras el cual retornará la miseria. Así, tendremos expectativas felices para la infelicidad e infelices para la felicidad. Por lo tanto, debido al sufrimiento de los males presentes y al temor de los inminentes, es más cierto decir que siempre seremos miserables antes que alguna vez felices.

Sin embargo, la religión y la verdad declaran con su claro testimonio que esto es falso, pues la religión ciertamente promete una auténtica dicha, de la cual estaremos eternamente seguros, y que no puede ser interrumpida por ningún desastre. Entonces, sigamos el camino recto que es Cristo. Con Él como Guía y Salvador, apartémonos, tanto con el corazón como con la mente, de los inexistentes e inútiles ciclos de los impíos. Porfirio, discípulo de Platón, no quiso seguir la opinión de su escuela sobre estos ciclos con almas que van y vienen sin cesar, tal vez porque esta idea le pareció muy extravagante o porque su conocimiento del cristianismo lo espabiló. Como mencioné en el décimo libro, Porfirio prefirió afirmar que el alma fue enviada al mundo para que conozca el mal y así, una vez liberada y purificada, cuando retorne al Padre, jamás tenga que verse expuesta a una experiencia semejante. Si aún él decidió no seguir los principios de su escuela, ¡cuánto más nosotros, como cristianos, debemos abominar y evitar una opinión tan insostenible y tan enemiga de nuestra fe! Sin embargo, desechados y refutados estos ciclos, no queda nada que nos obligue a creer que la raza humana no tuvo ningún principio en el tiempo debido a no sé qué ciclos, a causa de los cuales no hay nada nuevo en la naturaleza que no haya existido en algún periodo anterior y que no vaya a existir otra vez. Pues si el alma es liberada como nunca antes lo fue y ya no regresa jamás a su miseria, entonces sucede algo que nunca antes sucedió, algo sin duda de grandes consecuencias, como es su entrada segura en la eterna felicidad. Y si en la naturaleza inmortal puede ocurrir tal novedad, sin que haya ocurrido antes por algún ciclo y sin que vaya a ocurrir de nuevo jamás, ¿por qué se pone en tela de juicio que esto mismo pueda ocurrir con las naturalezas mortales? Quizá respondan que la dicha no es una experiencia nueva para el alma, sino solo un retorno al estado en el que siempre se halló. En ese caso, por lo menos la liberación de las almas de la miseria sí sería algo nuevo, pues, según lo que ellos muestran, la miseria en sí es, también, una experiencia nueva. Y si esta experiencia nueva hubiera ocurrido por accidente y no estuviera incluida en el orden de las cosas regidas por la Divina Providencia, entonces, ¿dónde están esos ciclos determinados y medidos en los que no pasan cosas nuevas, sino que todas las cosas suceden de la misma manera que antes? No obstante, si esta nueva experiencia sí estuviera incluida en el orden providencial de las cosas (ya sea porque el alma hubiera sido expuesta a la maldad de este mundo para obtener disciplina o porque hubiera caído allí al pecar), entonces sería posible que pasen cosas nuevas que nunca pasaron antes y que, sin embargo, no son ajenas al orden de las cosas. Y si el alma pudo por su propia imprudencia crear una nueva miseria para sí misma, la cual no fue imprevista para la Divina Providencia, sino que fue incluida en el orden de las cosas, entonces, una vez liberada: ¿cómo podremos nosotros, por más impetuosa que sea la vanidad humana, atrevernos a negar que Dios puede crear cosas nuevas (nuevas no para sí mismo, sino para el mundo), cosas que jamás creó y que, sin embargo, previó en la eternidad? Y si afirmaran que las almas liberadas no retornan más a la miseria, sino que cuando eso sucede, no ocurre nada nuevo en realidad, pues siempre ha habido, hay y habrá una sucesión de almas rescatadas, entonces tendrán que admitir que al menos en este caso hay almas nuevas para las que es nueva la miseria y nueva la liberación. Pues si sostuvieran que no son nuevas esas almas de las que cada día surgen nuevos seres humanos (cuyos cuerpos, si hubieran vivido sabiamente, habrían sido liberados para que nunca retornaran a la miseria), sino que han existido desde la eternidad, entonces tendrían que admitir, por lógica, que son infinitas. En efecto, por más grande que sea el número finito de almas, no alcanzaría a los siglos de la eternidad para que de él fueran creadas perpetuamente personas nuevas, personas cuyas almas hubieran de ser liberadas eternamente de esta mortalidad, sin que tengan que retornar jamás. Y nuestros filósofos tendrán dificultades para explicar cómo puede ser infinito el número de almas en un orden de cosas que, para que Dios las conozca, deben ser finitas.

Y ahora que hemos desechado estos ciclos según los cuales el alma ha de retornar a las mismas miserias por periodos fijos, ¿qué creencia podría acercarse más a la razón divina sino esta según la cual Dios podría crear cosas nuevas que nunca antes fueron creadas y, al hacerlo, mantener Su voluntad imperturbable? No obstante, que los propios filósofos, quienes discuten tan sutilmente sobre los límites que puede tener la infinitud, decidan si el número de almas redimidas eternamente puede aumentar sin cesar o no. Por nuestra parte, tenemos argumentos válidos para cualquier caso. Pues, si el número de almas pudiera aumentar indefinidamente, ¿cuál es el motivo para negar que podría crearse lo que nunca antes fue creado? En efecto, el número de almas rescatadas, que nunca antes había existido, no solo fue creado una vez, sino que vuelve a crearse a medida que aumenta y se hace nuevo. Por otro lado, si conviniera que el número de almas eternamente redimidas esté fijo y que nunca aumente, entonces sin duda, cualquiera sea este número, no existió nunca antes. No podría crecer y alcanzar su límite si no hubiera tenido un comienzo, comienzo que tampoco existió nunca antes. Por lo tanto, este comienzo podría ser el primer ser humano creado.

21. Que al principio solo fue creado un individuo, a partir del cual se originó la raza humana.

Hemos explicado lo mejor que pudimos esta cuestión tan compleja sobre la eternidad de un Dios que crea nuevas cosas, sin que haya novedad alguna en Su voluntad. Ahora nos resultará fácil ver cuán mejor es que a Dios le haya complacido hacer la raza humana a partir de un solo individuo al que Él creó, antes que crearla a partir de muchos. En efecto, en lo que respecta a los animales, a algunos los creó solitarios, como a las águilas, los milanos, los leones, los lobos y otros similares, que prefieren estar solos. A otros los hizo sociales, como a las palomas, los estorninos, los ciervos, los gamos y otros parecidos, que prefieren vivir acompañados y se agrupan. En ningún caso hizo que la especie se propagara a partir de un individuo, sino que ordenó que surgieran varios a la vez. En cambio, al ser humano lo dotó de una naturaleza intermedia entre los seres angelicales y los bestiales, de manera que, si permanecía sometido a su Creador, su legítimo Señor, y guardaba Sus preceptos con piedad, llegaría a habitar entre los ángeles y obtendría, sin que la muerte deba intervenir, una inmortalidad dichosa y sin fin. En cambio, si ofendía al Señor su Dios haciendo uso soberbio y desobediente de su libre albedrío, se volvería súbdito de la muerte y viviría como las bestias viven: esclavo del apetito y condenado a un castigo eterno luego de la muerte. Por lo tanto, Dios lo creó solo, ciertamente, no para dejarlo solitario y privarlo de la sociedad, sino para hacer valer en él con mayor eficacia la unidad de la propia sociedad y el vínculo de la armonía, pues a los seres humanos no solo los une la similitud de sus naturalezas, sino los vínculos afectivos de parentesco. Y en efecto, ni siquiera creó a la mujer, que le fue dada a él como esposa, de la misma manera en que creó al hombre: la hizo a partir de él, para que toda la raza humana derivara de un solo hombre.

22. Que Dios supo de antemano que el primer ser humano pecaría y, al mismo tiempo, previó cuán numerosa multitud de justos pasaría a tener comunión con los ángeles por Su gracia.

Y Dios no ignoraba que el ser humano pecaría y que, ya sometido a la muerte, propagaría seres destinados a morir, seres mortales que llegarían tan lejos con el pecado que, aun las bestias carentes de voluntad racional, creadas ya en cantidad a partir de las aguas y la tierra, vivirían de forma más segura y pacífica entre sí que los seres humanos entre ellos, y eso que ellos se propagaron a partir de un solo individuo a fin de hacer valer la armonía. Pues ni siquiera los leones o los dragones entablaron guerras entre sí como lo hicieron los seres humanos entre ellos. Sin embargo, Dios también previó que por Su gracia, Su pueblo sería llamado a la adopción y que, justificados por el perdón de sus pecados, el Espíritu Santo los uniría a los ángeles santos en una paz eterna donde el último enemigo, la muerte, ha sido derrotado. Sabía Dios que Su pueblo obtendría provecho al considerar que Él hizo que todos los seres humanos derivaran de uno solo, a fin de mostrar cuánto le agrada la unidad en la multitud.

23. En cuanto a la naturaleza del alma humana, creada a imagen de Dios.

Así pues, creó Dios al ser humano a Su propia imagen. El alma que creó para él está dotada de razón e inteligencia, a fin de que sea superior a las criaturas terrestres, aéreas y acuáticas, desprovistas de esas cualidades. Y tras formar al ser humano con el polvo de la tierra, hizo que su alma fuera como la describí. Puede que la haya creado ya y que se la haya infundido con Su soplo, o que la haya creado al soplar. En ese caso, ese soplo que Dios creó al soplar (pues, ¿qué otra cosa es soplar sino crear un soplo?) sería el alma. También hizo una esposa para el hombre, a fin de que lo ayudara a propagar la especie. Y para formarla obró de forma divina, creándola a partir de un hueso del costado del hombre. A estas obras no debemos entenderlas en sentido físico, como si Dios nos hubiera forjado del modo en que vemos obrar a los artesanos: con sus manos y materias provistas para ellos, usando sus habilidades artísticas para fabricar un objeto material. La mano de Dios es Su poder y Él actúa de forma invisible para obtener resultados visibles. Sin embargo, a los seres humanos esto les parece más una fábula que una realidad, pues miden el poder y la sabiduría de Dios según sus obras habituales y cotidianas, mientras que Dios conoce y crea incluso las propias semillas sin que existan las semillas. Como esta gente no puede conocer las cosas que fueron creadas al principio, se mantienen escépticos al respecto. ¡Como si las cosas que sí conocen sobre la concepción, el nacimiento y la propagación del ser humano fueran menos increíbles para quienes no las experimentaron! No obstante, muchos atribuyen esas mismas cosas a causas físicas y naturales en lugar de a las obras de la mente divina.

24. Si a los ángeles puede llamárseles «creadores», aunque sea de las menores criaturas.

Este libro, sin embargo, no va dirigido a quienes no creen que la mente divina haya creado y se preocupe por este mundo. Hay quienes creen, siguiendo el ejemplo de Platón, que todos los animales mortales (entre los cuales el ser humano ocupa el lugar más preeminente, cerca de los mismos dioses) no fueron creados por el Dios altísimo que hizo el mundo, sino por otros dioses menores creados por el Supremo, a quienes Él les delegó el poder que utilizaron. Si tan solo esta gente estuviera libre de la superstición que los lleva a buscar formas plausibles de justificar los honores divinos y los sacrificios que ofrecen a estos dioses, como si fueran sus creadores, entonces fácilmente se verían libres de su error. Pues blasfema quien cree o declara (incluso antes de que pueda comprenderse) que existe algún creador de alguna naturaleza, por más mínima y mortal que sea, fuera de Dios. Y en lo que respecta a los ángeles, a quienes los platonistas prefieren llamar «dioses», por más de que se les permita y ordene colaborar con la producción de las cosas a nuestro alrededor, no por eso vamos a llamarlos «creadores», tal como tampoco decimos que los agricultores son los creadores de los frutos y de los árboles.

25. Solo Dios es el creador de toda clase de criaturas, cualquiera sea su naturaleza y forma.

En efecto, existe una forma que se le da a cada sustancia corporal desde fuera, como la que trabajan los alfareros, los forjadores y esa clase de artistas que pintan y fabrican formas semejantes a las de los cuerpos de los animales. Sin embargo, también hay otra forma que es interna y no fue creada, sino que nace de la íntima y oculta voluntad de una naturaleza inteligente y viviente. Esta es causa eficiente que no solo crea las formas naturales de los cuerpos, sino también la vida misma de los seres vivos. La primera forma mencionada se le atribuye a todo artífice; la última, en cambio, a uno solo: Dios, quien creó y originó el propio mundo y los ángeles sin la ayuda del mundo o de los ángeles. Pues es esa la energía divina y creativa, por decirlo de algún modo, que no puede ser creada pero que crea, y que le dio a la tierra y al cielo su redondez. Esta misma energía divina, efectiva y creativa le dio su redondez al ojo y a la manzana y le dio forma a todos los otros objetos naturales que vemos, no desde fuera, sino del poder secreto y profundo del Creador, quien pregunta: «¿No lleno yo […] el cielo y la tierra?» (Jer. 23:24), y cuya sabiduría es tal que «se despliega vigorosamente de un confín al otro del mundo y gobierna de excelente manera el universo» (Sabiduría 8:1, BJ). Por tanto, ignoro qué clase de ayuda le brindaron los ángeles, quienes fueron creados primero, al Creador mientras Él formaba las otras cosas. No puedo atribuirles aquello de lo que quizás no son capaces y tampoco debo negarles las facultades con las que sí cuentan. No obstante, con su permiso, a la creación y formación de todas las obras que dieron origen a las naturalezas se las atribuyo a Dios, a quien ellas mismas agradecen su existencia. No decimos que los agricultores sean los creadores de sus frutos, pues leemos: «Así que ni el que planta es algo, ni el que riega, sino Dios, que da el crecimiento» (1 Cor. 3:7). No, ni siquiera decimos que la tierra sea creadora, aunque parezca ser la prolífera madre de todas las cosas; la que ayuda a las semillas para que germinen y broten y la que en su seno mantiene arraigadas las raíces, pues asimismo leemos: «... pero Dios le da el cuerpo como él quiso, y a cada semilla su propio cuerpo» (1 Cor. 15:38). Ni siquiera de la mujer podemos decir que sea la creadora de su propia descendencia, pues el creador es Él, quien le dijo a uno de sus siervos: «Antes que te formase en el vientre te conocí» (Jer. 1:5). Y a pesar de que los distintos estados de ánimo de la mujer encinta produzcan cualidades similares en el fruto de su vientre (pues Jacob consiguió que se engendraran corderos moteados gracias a las varas rayadas), sin embargo, una madre es tan creadora de su descendencia como de sí misma. Por ello, sean cuales sean las causas físicas o seminales por las que se producen las cosas, bien por la participación de los ángeles, los seres humanos o los animales inferiores, bien por copulación; sea cual sea el poder que tienen los deseos y las emociones de una madre para imprimir rasgos y colores en el feto, tierno y maleable; más allá de estas cosas, a las naturalezas mismas, que pueden ser influenciadas de varias maneras, no las crea nadie en absoluto excepto el supremo Dios. Su poder oculto lo penetra todo y Su presencia está en todo sin que sea contaminada, lo que hace que todo sea como es y lo que modifica y limita la existencia de las cosas. Así, sin Él, nada sería de tal o cual modo y nada existiría en absoluto. Respecto a la forma externa que las manos artesanas les dan a sus obras, no decimos que a Roma y Alejandría las construyeron albañiles y arquitectos, sino reyes, quienes construyeron la ciudad con su voluntad, planificación y recursos: en este caso, los fundadores son Rómulo, para la primera, y Alejandro, para la segunda. ¡Con cuánta más razón debemos decir que solo Dios es el Autor de todas las naturalezas! Pues solo obra con materiales hechos por Él y con obreros creados por Él. Y si, por decirlo de algún modo, Él retirase su poder creativo de las cosas creadas, estas pasarían directamente a ser la nada misma, cosa que eran antes de que fueran creadas. Y no digo «antes» refiriéndome al tiempo, sino a la eternidad. Pues ¿quién más podría haber creado el tiempo, sino aquel que creó las cosas por cuyos movimientos existe el tiempo?

26. En cuanto a la opinión de los platonistas, según la cual Dios creó a los ángeles, pero luego ellos crearon el cuerpo del ser humano.

Es evidente que cuando Platón atribuyó la creación de los otros animales a esos dioses inferiores, hechos por el Supremo, quiso que se entendiera lo siguiente: que la parte inmortal venía de Dios mismo, mientras que estas criaturas menores añadían la parte mortal. Es decir, quería que se los considerara los creadores de nuestros cuerpos, pero no de nuestras almas. Ahora bien, Porfirio sostiene que para que el alma sea purificada, debe huir de toda atadura con el cuerpo. A la vez, comparte la opinión de Platón y los platonistas, según la cual quienes no llevaron adelante una vida moderada y honrada vuelven, como castigo por sus faltas, a habitar cuerpos mortales (para Platón, incluso los de las bestias; para Porfirio, solo cuerpos humanos). En consecuencia, esos a los que llaman «dioses», a quienes ellos quieren que adoremos como lo haríamos con nuestros padres y autores, no son más que los artífices de nuestros grilletes y cadenas. Lejos de ser nuestros creadores, son nuestros carceleros que nos aprisionan en las celdas más duras y tristes. Por tanto, que los platonistas dejen de amenazar con que nuestros cuerpos serán el castigo para nuestras almas, o de predicar que debemos adorar, como si fueran dioses, a esos seres cuya actuación en nosotros se nos exhorta a evitar y huir por todos los medios que nos sean posibles. Sin embargo, ambas opiniones son bastante falsas. No es cierto que las almas regresen a esta vida para recibir un castigo y tampoco es cierto que exista otro creador de algo, ni en el cielo ni en la tierra, fuera de Él, quien hizo los cielos y la tierra. Pues, si viviéramos en un cuerpo solamente para expiar nuestros pecados, ¿cómo es que Platón afirma en otro lado que el mundo no podría haber sido el más hermoso y bueno si no lo llenaran las criaturas, tanto mortales como inmortales? Y si nuestra creación, por más mortales que seamos, es un don divino, ¿cómo podría ser un castigo regresar al cuerpo, es decir, al don divino? Y si Dios, como Platón sostiene frecuentemente, contenía en Su inteligencia eterna las ideas tanto del universo como de los animales, ¿cómo podría no ser quien las creó con sus propias manos? ¿Es posible que no haya querido ser el creador de las obras, a pesar de que para idearlas y planificarlas se necesitaba de su inteligencia inefable e inefablemente digna de ser adorada?

27. En el primer hombre tuvo su origen toda la plenitud del género humano. Allí vio Dios qué parte había de ser premiada y honrada, y cuál condenada y castigada.

Por tanto, la religión verdadera tiene buenas razones para reconocer y proclamar que el mismo Dios quien creó el cosmos también creó los animales, las almas y también los cuerpos. Entre los animales terrestres hizo al ser humano a Su propia imagen y, por la razón que mencioné aquí, hizo a uno solo, aunque no lo dejó solitario. En efecto, no hay nada tan social por naturaleza, ni tan asocial por su corrupción, que la raza humana. Y la naturaleza humana no tiene argumentos más apropiados contra el vicio de la discordia, ya sea para prevenirla, o ya sea para remediarla, que el recuerdo de nuestro primer padre, a quien Dios quiso crear como un solo individuo, para que todos los seres humanos derivaran de uno solo y para que se nos exhortara a conservar la unidad aun en la multitud. El hecho de que se le haya dado una mujer hecha con su propio costado muestra de forma sencilla cuán claro debe ser el vínculo entre un hombre y su esposa. Sin duda, estas obras de Dios se ven extraordinarias porque son las primeras. Quienes no creen en ellas no deben creer en ningún hecho prodigioso, pues tampoco a estas obras se las llamaría «prodigios» si hubieran tenido lugar en el transcurso normal de la naturaleza. Sin embargo, ¿es posible que algo suceda en vano bajo tan gran gobierno de la Divina Providencia, aun si su causa permanece oculta? Leemos en uno de los salmos sagrados: «Venid, ved las obras de Jehová, que ha puesto asolamientos en la tierra» (Sal. 46:8). En otro lugar expondré, con la ayuda de Dios, por qué Dios hizo a la mujer del costado del hombre y qué es lo que presagia este prodigio. Ahora, como este libro debe llegar a su fin, simplemente digamos que el primer hombre, quien fue creado en el principio, sentó las bases para estas ciudades o sociedades de la raza humana. Esto no ocurrió de forma visible, sino en la presciencia de Dios. Pues de este hombre surgirían todos los demás: algunos acompañarían a los ángeles buenos en su recompensa, mientras que otros se unirían a los malos en el castigo. Y todo esto ocurriría según el juicio de Dios, que aunque es secreto, es también justo. Pues está escrito: «Todas las sendas de Jehová son misericordia y verdad» (Sal. 25:10). Por tanto, ni su gracia puede ser injusta, ni su justicia puede ser cruel.

Libro XIII

En este libro se enseña que la muerte es penal y que tuvo su origen en el pecado de Adán.

1. En cuanto a la caída del primer ser humano que dio origen a la mortalidad.

Resueltas ya las tan complejas cuestiones sobre el origen de nuestro mundo y el principio de la raza humana, el orden natural nos exige discutir sobre la caída del primer ser humano (o mejor dicho, de los primeros) y el origen y la propagación de la muerte humana. Pues Dios no los hizo como a los ángeles, de modo tal que aunque pecaran, no podrían morir. Los hizo de tal manera que si cumplían con las obligaciones de la obediencia, recibirían la inmortalidad angelical y una eternidad dichosa sin que deban pasar por la muerte. En cambio, si desobedecían, serían castigados justamente con la muerte, de lo cual ya se habló en el libro anterior.

2. En cuanto a la muerte que el alma inmortal puede experimentar y la que puede sufrir el cuerpo.

No obstante, veo que debo examinar más detenidamente la naturaleza de la muerte. Pues aunque es correcto afirmar que el alma humana es inmortal, también es cierto que tiene su propia clase de muerte. En efecto, se dice que es inmortal porque, en cierto sentido, no deja de vivir y sentir, mientras que al cuerpo se le llama «mortal» porque puede quedar desprovisto de toda vida y por sí mismo, no es capaz de vivir en absoluto. La muerte del alma, entonces, se produce cuando Dios la abandona, así como la del cuerpo tiene lugar cuando el alma la abandona. Por lo tanto, la muerte de ambos (es decir, del ser humano en su totalidad) ocurre cuando el alma, abandonada por Dios, abandona el cuerpo. En ese caso, ni Dios es la vida del alma, ni el alma es la vida del cuerpo. Y a esta muerte de todo el ser humano le sigue otra a la que la autoridad de la palabra divina llama «segunda muerte». A esta se refiere el Salvador cuando dice: «… temed más bien a aquel que puede destruir el alma y el cuerpo en el infierno» (Mat. 10:28). Esto no sucede antes de que el alma se haya unido al cuerpo de forma tal que nada pueda separarlos, por lo que puede parecer extraño que se afirme que el cuerpo perece con una muerte en la que el alma no abandona al cuerpo, sino que, dotado de vida y capaz de sentir, sufre tormento. En efecto, en ese castigo penal y sin fin, del que hablaremos más rigurosamente en su momento, se dice justamente que el alma muere, pues ya no vive conectada a Dios. Sin embargo, ¿cómo puede hablarse de la muerte del cuerpo, si este vive por el alma? Pues de otra manera, no podría sentir los tormentos corporales que le siguen a la resurrección. ¿Acaso porque cualquier clase de vida es un bien y porque el dolor es un mal, hemos de decir que no vive el cuerpo cuya alma no es causa de vida, sino de dolor? El alma, entonces, vive de Dios cuando vive bien, ya que no puede vivir bien a menos que Dios esté obrando en lo que es bueno. El cuerpo, por otro lado, vive del alma cuando el alma vive en el cuerpo, viva ella de Dios o no. Pues la vida del cuerpo del impío no es vida del alma, sino del cuerpo, y esa vida pueden dársela incluso las almas muertas (es decir, las que fueron abandonadas por Dios) aunque no cese en ellas su propia vida, que las hace inmortales. No obstante, en la última condenación, por más de que el ser humano no deje de sentir, ya que no siente cosas agradables con placer ni saludables con quietud, sino cosas dolorosamente penales, hay motivos para que se le llame «muerte» en lugar de «vida». Y se dice que es una segunda muerte porque le sigue a la primera, en la que se produce una ruptura entre dos esencias unidas: entre Dios y el alma o entre el alma y el cuerpo. Entonces, podríamos decir que la primera muerte, la corporal, es algo bueno para los buenos y algo malo para los malos. Empero, no cabe duda de que la segunda, como no sucede a los buenos, no es algo bueno para nadie.

3. Si la muerte, que por el pecado de nuestros primeros padres se propagó a toda la humanidad, es el castigo por los pecados aun de los buenos.

Sin embargo, surge una pregunta que no debe eludirse: ¿es realmente la muerte, que separa el alma del cuerpo, algo bueno para los buenos? Pues si es así, ¿cómo puede ser también el castigo por el pecado? Pues si los primeros seres humanos no hubieran pecado, no habrían sufrido la muerte. ¿Cómo es que, entonces, algo que solo pudo suceder a los malos puede ser bueno para los buenos? Pero, a la vez, si no pudiera sucederles sino a los malos, para los buenos no debería ser algo bueno, sino algo inexistente. Pues, ¿por qué debería haber un castigo donde no hay nada que castigar? Por lo tanto, debemos reconocer que los primeros seres humanos fueron creados de manera tal que si no hubieran pecado, no habrían experimentado ningún tipo de muerte, pero ya que pecaron, ese fue el castigo que recibieron, de tal forma que todo lo que surgiera de su estirpe recibiría el mismo castigo de muerte. En efecto, de ellos no podía nacer nada distinto a lo que ellos fueron. La magnitud de la condena por el pecado de ellos hizo que su naturaleza se deteriorara: así, lo que fue un castigo para los que pecaron primero pasó a ser una consecuencia natural para sus hijos. Pues no nació el hombre del hombre como nació del polvo. El polvo es el material con el que fue hecho el hombre, mientras que el hombre es el padre que engendra al hombre. En consecuencia, la tierra y la carne no son la misma cosa, aunque la carne haya sido hecha con la tierra. En cambio, así como el hombre es el padre, el hombre es la descendencia. Entonces, toda la naturaleza humana que sería propagada a través de la mujer existió en el primer hombre cuando Dios le dio a esa pareja de cónyuges la sentencia de su condenación. Así, en lo que respecta al origen del pecado y la muerte, el hombre propagó aquello en lo que se convirtió tras pecar y ser castigado, y no lo que era cuando fue creado. Pues ni por el pecado ni por su castigo quedó el hombre reducido a ese estado de irremediable debilidad infantil que vemos en el cuerpo y la mente de los niños. Efectivamente, Dios quiso que los comienzos de los infantes fueran como los de los animales jóvenes, ya que sus padres se rebajaron al nivel de los animales con su vida y muerte, pues está escrito: «Mas el hombre no permanecerá en honra; es semejante a las bestias que perecen» (Sal. 49:12). Lo que es más, vemos que los infantes son más torpes en el uso y movimiento de sus extremidades y más débiles para elegir cosas o negarse a ellas que las más tiernas crías de otros animales. Es como si la fuerza que habita en la naturaleza humana estuviera destinada a elevarse por sobre los otros seres vivientes con una superioridad mayor mientras más tiempo se hubiera contenido su energía y demorado su ejercicio. Se asemeja, así, a una flecha que vuela más alto mientras más se ha tirado de ella. El primer hombre no cayó a esta imbecilidad infantil por su arrogancia ilícita y por justa sentencia, sino que la naturaleza humana fue viciada y alterada en él al punto de que sufrió en sus miembros el enfrentamiento de los deseos desobedientes y quedó sujeto a la necesidad de morir. Así, engendró aquello en lo que él se convirtió por el pecado y el castigo, es decir, seres sujetos al pecado y a la muerte. Y si por la gracia del Redentor, los niños quedan libres de esta esclavitud al pecado, solo pueden sufrir esta muerte que separa al alma del cuerpo y, liberados de la obligación del pecado, no pasan a la segunda muerte, eterna y penal.

4. Por qué los que fueron absueltos del pecado por la gracia regenerativa no quedan libres de la muerte, que es el castigo por el pecado.

Tal vez a alguien le preocupe este punto, es decir, por qué sufren la primera muerte, que es castigo por el pecado, aquellos cuyas culpas fueron abolidas por medio de la gracia. Esta cuestión ya fue tratada y resuelta en otra obra en la que escribimos sobre el bautismo de los niños. Allí se dijo que, aun eliminado el vínculo con el pecado, resta que el alma se separe del cuerpo, pues si la inmortalidad del cuerpo viniera inmediatamente después del sacramento de la regeneración, se enervaría la fe misma. En efecto, la fe solo es fe cuando aguarda en la esperanza de lo que todavía no se ve en la realidad. Y era por el vigor y el combate por la fe que, al menos en los tiempos pasados, se superaba el temor a la muerte. Esto se ve especialmente en los santos mártires, quienes no podían obtener victoria ni gloria al no existir en absoluto este combate si, tras el baño de la regeneración, ya no pudieran sufrir la muerte corporal. ¿Quién, entonces, no correría a la gracia de Cristo junto a los infantes que van a recibir el bautismo, a fin de que no deba ser separado del cuerpo? Y así, la fe no sería puesta a prueba con una recompensa invisible. Quien buscara y recibiera una recompensa inmediata por sus obras ya no tendría fe. Sin embargo, por la gracia más grande y admirable del Salvador, el castigo por el pecado se ha tornado en un instrumento de justicia. Pues entonces se le dijo al hombre: «si pecas, morirás» mientras que ahora se le dice al mártir: «muere para no pecar». Antes se dijo: «si desobedeces los mandamientos, morirás» y ahora se dice: «si rechazas la muerte, desobedeces el mandamiento». Lo que antes se había de temer para no pecar, ahora debe aceptarse por miedo a pecar. Así, por la inefable misericordia de Dios, aun el castigo de la maldad se convirtió en un arma de virtud, y la pena del pecador se transformó en recompensa para el justo. Pues antes se adquirió la muerte pecando, y ahora se alcanza la justicia muriendo. Ese es el caso de los santos mártires, a quienes el perseguidor propone dos alternativas: la apostasía o la muerte. Pues los justos prefieren sufrir creyendo lo que los primeros transgresores sufrieron por no creer. Pues si no hubieran pecado, no habrían muerto. En cambio, los mártires pecan si no mueren. Los primeros murieron porque pecaron; los otros no pecan porque mueren. Por la culpa de los primeros, se llegó al castigo; por el castigo de los otros, se evita la culpa. No es que la muerte, que antes era un mal, se haya convertido en un bien, sino que Dios le otorgó esta gracia a la fe: que la muerte, de la que se sabe, es contraria a la vida, se volviera un instrumento a través del cual se alcance la vida.

5. Así como los malvados hacen un mal uso de la ley, que es buena, los buenos hacen un buen uso de la muerte, que es un mal.

El apóstol, con el deseo de mostrarnos qué cosa tan dolorosa es el pecado cuando la gracia no nos auxilia, no dudó en afirmar que la fuerza del pecado radica en la ley que lo prohíbe. Pues leemos: «ya que el aguijón de la muerte es el pecado, y el poder del pecado, la ley» (1 Cor. 15:56). Y es absolutamente cierto, pues la prohibición aumenta el deseo de hacer algo ilícito cuando el amor por la justicia no alcanza para vencer el deseo de pecar. Sin embargo, a menos que la gracia divina nos auxilie, no podemos ni amar ni deleitarnos en la verdadera justicia. Empero, para que la ley no sea considerada un mal, ya que se la llama «poder del pecado», el apóstol, cuando trata una cuestión semejante en otro lugar, afirma: «De manera que la ley a la verdad es santa, y el mandamiento santo, justo y bueno. ¿Luego lo que es bueno, vino a ser muerte para mí? En ninguna manera; sino que el pecado, para mostrarse pecado, produjo en mí la muerte por medio de lo que es bueno, a fin de que por el mandamiento el pecado llegase a ser sobremanera pecaminoso» (Rom. 7:12-13). «Sobremanera», dijo, porque la transgresión es más atroz cuando, aumentado el deseo de pecar, se desprecia también la ley misma. ¿Para qué trajimos este punto a colación? Para mostrar que así como la ley no es algo malo cuando aumenta el deseo de los que pecan, tampoco la muerte es algo bueno cuando aumenta la gloria de los que la sufren. Pues cuando la ley se abandona con maldad, hace transgresores, y cuando la muerte es aceptada por la verdad, hace mártires. Y entonces, la ley es algo bueno porque es la prohibición del pecado, mientras que la muerte es algo malo porque es el precio por el pecado (Rom. 6:23). Pero así como el perverso hace un mal uso no solo de las cosas malas, sino también de las buenas, el justo hace buen uso no solo de las cosas buenas, sino también de las malas. Por ende, el perverso hace un mal uso de la ley, aunque la ley sea buena, y el bueno muere bien, aunque la muerte sea algo malo.

6. En cuanto al mal general de la muerte, en la que se separan el alma y el cuerpo.

Por tanto, la muerte corporal, es decir, la separación del alma y el cuerpo, no es algo bueno para nadie cuando la sufren aquellos a quienes se les llama «moribundos». Pues la violencia con la que se tortura por separado al cuerpo y el alma, que antes de morir habían vivido unidos y entrelazados, trae consigo una sensación dura, desagradable y opuesta a la naturaleza. Esta sensación se prolonga hasta que se pierde totalmente la capacidad de sentir, que era inherente a la interpenetración del espíritu y la carne. A veces, un solo golpe en el cuerpo o un repentino revoloteo en el alma hacen desaparecer toda esta angustia, y la brevedad de estas cosas hace que no se pueda sentir. No obstante, cualquiera sea la causa que le impide al moribundo sentir, si la soporta piadosa y fielmente, aunque aumenta el mérito de la paciencia, no suprime el castigo. La muerte, que la descendencia del primer hombre propagó, es el castigo por haber nacido de él. Sin embargo, si se sufre la muerte por la justicia, pasa a ser la gloria de los que nacieron de nuevo. Y aunque la muerte sea el precio por el pecado, a veces hace posible que no se tenga que pagar nada por el pecado.

7. En cuanto a la muerte que sufren las personas no bautizadas por haber confesado a Cristo.

Pues para quienes mueren confesando a Cristo, aunque no hayan sido bautizados, esta confesión tiene la misma eficacia para la redención de sus pecados que el baño en las sagradas aguas del bautismo. En efecto, aquel que dijo: «el que no naciere de agua y del Espíritu, no puede entrar en el reino de Dios» (Juan 3:5), también hizo una excepción para ellos en otro pasaje, en el que habla de forma igualmente absoluta: «A cualquiera, pues, que me confiese delante de los hombres, yo también le confesaré delante de mi Padre que está en los cielos» (Mat. 10:32). Y en otro lugar, afirmó: «todo el que pierda su vida por causa de mí, la hallará» (Mat. 16:25). Esto explica el versículo en el que leemos: «Estimada es a los ojos de Jehová la muerte de sus santos» (Sal. 116:15). Pues, ¿qué hay más hermoso que la muerte a través de la cual quedan perdonados los pecados y enaltecidos cien veces los méritos de una persona? En efecto, quienes recibieron el bautismo cuando ya no podían huir de la muerte y partieron de esta vida con todos sus pecados borrados no tienen igual mérito que quienes no atrasaron su muerte, aun pudiendo hacerlo, sino que prefirieron terminar su vida confesando a Cristo en lugar de llegar a su bautismo negándolo. Y si lo hubieran negado al estar bajo la presión de la muerte, incluso eso se les habría perdonado en ese bautismo, en el que fueron perdonadas aun las perversidades más grandes de los que mataron a Cristo. Sin embargo, ¡cuán abundante debe haber sido para ellos la gracia del Espíritu, la cual sopla donde quiere! Pues, ¿cómo podrían amar tanto a Cristo al punto tal de no poder negarlo ni aun en tan gran emergencia y bajo tan segura esperanza de perdón? Por tanto, es preciosa la muerte de los santos, a quienes la gracia de Cristo los impactó de tal manera que no dudan en dar su propia vida a fin de encontrarse con Él. Y es preciosa, también, porque muestra que lo que originalmente fue hecho para castigar a los pecadores pasó a ser un medio para producir más abundante fruto de justicia. No obstante, no por ello debemos considerar que la muerte es algo bueno, pues fue encaminada a estos útiles propósitos, no por sus propios méritos, sino por interferencia divina. La muerte era, originalmente, algo para temer a fin de que no se pecara. Ahora, en cambio, se muestra como algo que debe ser aceptado para evitar pecar, para borrar el pecado ya cometido y para otorgar la debida recompensa de justicia a quienes fueron victoriosos.

8. Que los santos, al sufrir la primera muerte en defensa de la verdad, quedan libres de la segunda.

Pues si consideramos este asunto con más rigurosidad, veremos que incluso cuando alguien muere fiel y laudablemente en defensa de la verdad, igual está evitando la muerte. En efecto, acepta soportar cierta parte de la muerte con el objetivo de que no tenga que sufrirla en su totalidad y no deba atravesar la segunda muerte, que es eterna. Acepta que se separen el cuerpo y el alma para que el alma no sea separada, además, de Dios. Así, completada en su totalidad la primera muerte, se ve libre de la segunda, que no tiene fin. Por tanto, como dije antes, cuando la muerte es causa real de sufrimiento y cuando somete a los moribundos a su poder, no es buena para nadie, pero resulta loable tolerarla a fin de conservar o adquirir lo bueno. Y en cuanto a lo que sucede después de la muerte, no es absurdo afirmar que la muerte es buena para los buenos y mala para los malos. En efecto, las almas de los justos que han sido separadas de sus cuerpos alcanzan el descanso, pero las de los impíos sufren el castigo hasta que sus cuerpos resuciten: unos para vida eterna y otros para la muerte eterna, que es la que llamamos «segunda».

9. Si deberíamos afirmar que el momento de la muerte, en que se pierde la sensación, ocurre mientras uno está muriendo o cuando ya murió.

¿Qué hemos de decir en cuanto al momento en que el alma, tanto del bueno como del malo, se separan del cuerpo?

¿Ocurre después de la muerte o más bien durante la muerte? Si ocurre después, entonces no es que la muerte sea algo bueno o malo, sino algo que sucede y ya. Más bien, lo bueno o malo será la vida que el alma pase a tener. La muerte era algo malo cuando se estaba produciendo, es decir, cuando el moribundo la sufría, pues se trata de una experiencia dura y dolorosa. De este mal hacen buen uso los buenos. Sin embargo, una vez que la muerte ha sucedido, ¿cómo puede ser buena o mala, si ya no existe? Es más: si examinamos este asunto más detalladamente, veremos que ese dolor tan severo y molesto que experimentan los moribundos no es, en realidad, la muerte misma. En efecto, mientras sientan, sin duda estarán vivos y si están vivos, entonces estarán más bien ante la muerte, y no en la muerte. Pues cuando la muerte está alcanzándonos, sentimos dolor, pero una vez que nos alcanza, nos quita toda sensación corporal. En consecuencia, es difícil explicar por qué llamamos «moribundos» a quienes aún no están muertos, sino sufriendo su última y mortal agonía. Pues, ¿qué otro nombre podríamos darles? Cuando la muerte, que es inminente para ellos, al fin los alcance, no los llamaremos «moribundos», sino «muertos». Por tanto, no hay ningún moribundo que no esté vivo, pues aun aquel que se halla en el extremo final de su vida, entregando su alma, está vivo. La misma persona, entonces, está muriendo y viviendo a la vez, aunque esté acercándose a la muerte y dejando atrás la vida, pues su alma aún habita en su cuerpo (y no en la muerte, ya que su alma aún no abandonó el cuerpo). No obstante, una vez que el alma de alguien abandona su cuerpo, esa persona ya no está muriendo: ya murió. Entonces, ¿cuándo se está muriendo en realidad? Por un lado, a nadie se le puede llamar «moribundo», pues nadie puede morir y vivir a la vez, y no podemos negar que, mientras el alma de alguien permanezca en su cuerpo, estará vivo. Por el otro lado, si a la persona que se acerca a la muerte se le debe llamar, más bien, «moribundo», entonces no sé quién está viviendo.

10. En cuanto a la vida de los mortales, a la que se debería llamar, más bien, «muerte».

Pues desde el momento en que empezamos a vivir en este cuerpo que algún día morirá, empezamos también a acercarnos, sin cesar, a la muerte. En efecto, como esta vida (si es que debemos llamarla «vida») es mutable, tiende a la muerte. Sin duda, no hay nadie que este año no esté más cerca de la muerte que el año pasado, o que no vaya a estar mañana más cerca que hoy, ni hoy más que ayer, ni dentro de un tiempo más que hace un tiempo. Pues cada tiempo que vivimos se sustrae de la totalidad del tiempo de nuestra vida, y el tiempo que nos queda es cada día menos. Así, nuestra vida entera no es sino una carrera hacia la muerte, en la que nadie puede detenerse ni un poco, ni avanzar más despacio: a todos se nos empuja con iguales movimientos y con igual velocidad. Pues los días del que tiene una vida corta no pasan más rápido que los del que tiene una vida más larga. Más bien, aunque a ambos se les arrancan momentos iguales de la misma manera, uno corre hacia una meta más cercana que el otro, quien corre con igual velocidad pero a una meta más lejana. Una cosa es recorrer un camino más largo y otra, caminar más despacio. Por lo tanto, aquel que pasa más tiempo en el camino hacia la muerte no avanza con más lentitud, sino que recorre un camino más largo. Además, si cada persona comienza a morir, es decir, a ser moribundo, tan pronto como la muerte comienza a revelársele mediante la supresión de la vida (de hecho, una vez que le quitó toda la vida, no es más un moribundo, sino un muerto), entonces comienza a morir tan pronto como empieza a vivir. Pues, ¿qué otra cosa sucede durante cada día, hora y momento, hasta que acaba por completo este lento proceso de morir? Y luego llega el tiempo después de la muerte y se deja atrás ese tiempo en que la vida se iba consumiendo, a lo que llamábamos «ser moribundo». Por tanto, no está nunca el ser humano en la vida desde que habita en este cuerpo, más bien muriente que viviente, si no puede estar al mismo tiempo en la vida y la muerte. ¿O acaso deberíamos decir que está en ambas cosas, es decir, en la vida, la cual vive hasta que la consume toda, y también en la muerte, que atraviesa hasta que la vida queda consumida? En efecto, si no está en la vida, ¿qué es lo que se consume hasta que ya no queda más nada? Y si no está en la muerte, ¿qué es esa consumición de la vida misma? Pues cuando toda la vida haya sido consumida, la expresión «después de la muerte» no tendrá sentido alguno si esa consumición no fue la muerte. Y si, cuando todo haya sido consumido, el ser humano no está en la muerte sino después de ella, ¿cuánto estará en la muerte, sino cuando la vida está consumiéndose?

11. Si uno puede estar vivo y muerto al mismo tiempo.

Sin embargo, es absurdo afirmar que alguien está en la muerte antes de que la alcance (pues, ¿cómo puede acercarse a ella mientras vive, si ya está en ella?). Y hablar de un hombre que está, a la vez, vivo y muerto resulta tan insólito como decir que alguien está dormido y despierto. Entonces, resta preguntar: ¿cuándo se está muriendo? Pues antes de que llegue la muerte, no está muriendo sino viviendo, y una vez que la muerte llega, tampoco está muriendo, sino muerto ya. Una cosa ocurre antes de la muerte y la otra, después. ¿Cuándo, entonces, está en la muerte, de forma tal que podamos decir que está muriendo? Pues así como existen tres tiempos (antes, durante y después de la muerte), también existen tres estadios correspondientes: viviendo, muriendo y muerto ya. Y es muy difícil definir cuándo está uno muriéndose o en la muerte: no se está viviendo, cosa que sucede antes de la muerte, y tampoco se está muerto ya, cosa que sucede después de la muerte, sino que se está muriendo, cosa que ocurre en la muerte. Y mientras el alma esté en el cuerpo, especialmente si aún se conserva la sensibilidad, sin duda, el ser humano vive, pues es el cuerpo y el alma lo que hacen al ser humano. Por tanto, no puede decirse que, antes de la muerte, haya estado en la muerte. Sin embargo, una vez que el alma se haya retirado y no queden ya sensaciones en el cuerpo, la muerte habrá pasado y el ser humano estará muerto. No queda lugar para la condición de morir entre esos dos estadios: si se está viviendo, es porque la muerte no llegó aún, y si se dejó de vivir, es porque la muerte ya pasó. Nunca, entonces, se está muriendo, es decir, en el estado de la muerte. Así también en el paso del tiempo intentas encontrar el presente, y no lo logras, porque el presente no ocupa ningún espacio: solo es la transición del tiempo desde el futuro hacia el pasado. ¿Hemos de concluir, entonces, que no existe en absoluto la muerte para el cuerpo? Pues si existe, ¿dónde está? No está en nadie y nadie puede estar en ella. En efecto, si aún hay vida, la muerte no ha ocurrido todavía, ya que la vida es el estadio anterior a la muerte, no el contemporáneo a ella. Y si ya no hay vida, la muerte no está presente, pues ese es el estadio posterior a la muerte, no el contemporáneo a ella. Por otro lado, si no hay muerte alguna ni antes ni después, ¿a qué nos referimos cuando decimos «antes de la muerte» o «después de la muerte»? Esas expresiones no tienen ningún sentido si no existe la muerte. ¡Y si hubiéramos vivido bien en el paraíso, ahora realmente no existiría la muerte! Pero ahora, no solo existe: es algo tan doloroso que no alcanzan los argumentos para explicarla o para huir de ella.

Hablemos, entonces, como estamos acostumbrados a hacerlo; que nadie hable de otra forma. Digamos «antes de la muerte» para referirnos al tiempo anterior a la llegada de la muerte, pues está escrito: «Antes del fin no llames feliz a nadie» (Eclesiástico 11:28, BJ).[1] Y cuando haya sucedido, digamos que esto o aquello ocurrió «después de la muerte». Hablemos como mejor podamos del tiempo presente, como cuando decimos que alguien, cuando estaba muriendo, hizo su testamento y legó tal o cual cosa a unos o a otros. Por supuesto, no podría haberlo hecho si no hubiera estado vivo y más bien lo hizo antes de la muerte, no en la muerte. Usemos las expresiones que usan las Escrituras, que no dudan en llamar «muertos» a quienes están en la muerte (y no después de la muerte). De ahí las palabras: «Porque en la muerte no hay memoria de ti» (Sal. 6:5). Pues hasta que resuciten, se dice, y con razón, que están en la muerte, de la misma manera en que se dice que uno está en el sueño hasta que despierta. Sin embargo, aunque

[1] N. de la T.: en otras traducciones, como en La Santa Biblia, se utiliza el término «muerte» en lugar de «fin».

decimos de quienes están en el sueño que están durmiendo, no podemos decir lo mismo de los muertos, diciendo que están muriendo. Pues, en lo que respecta a la muerte del cuerpo, de la que ahora estamos hablando, no podemos decir que quienes ya están separados de sus cuerpos siguen muriendo. Pero esto, como pueden ver, es justamente lo que estaba diciendo: no hay palabras para explicar cómo los moribundos están vivos, o cómo se dice que los muertos están en la muerte, incluso después de morir. Pues, ¿cómo pueden estar después de la muerte si están en la muerte? Especialmente si no podemos llamarlos «moribundos» así como decimos que los que duermen son durmientes; los que languidecen son languidecientes; los que están en el dolor son dolientes y los que están en la vida son vivientes. En cambio, los muertos, antes de resucitar, se dice que están en la muerte, pero no podemos llamarlos «moribundos».

Por lo tanto, creo yo que no es ni inapropiado ni inadecuado que (aunque no sea por la intención humana, sino tal vez por voluntad divina) a la palabra latina *moritur* (muere) ni los gramáticos la puedan conjugar según las reglas que siguen las otras palabras similares. Pues *oritur* (nace) forma el pretérito perfecto *ortus est* (nació) y así, todos los verbos similares se conjugan a partir de los participios perfectos. En cambio, si preguntamos por el pretérito perfecto de *moritur* (muere), obtendremos *mortuus est* (murió), con la letra «u» repetida. En efecto, *mortuus* (muerto) se pronuncia de la misma manera que *fatuus* (fatuo), *arduus* (arduo), *conspicuus* (conspicuo) y otras palabras similares, que no son pretéritos perfectos sino adjetivos y se conjugan sin que se indique el tiempo. En cambio, *mortuus* (muerto), aunque tenga la forma de un adjetivo, se usa como participio perfecto, como si se conjugara lo que no se puede conjugar. Por tanto, es apropiado que no pueda conjugarse en verdad el verbo, así como tampoco puede hacerlo la acción de lo que significa. Sin embargo, con la ayuda de la gracia de nuestro Redentor, quizá podamos conjugar, al menos, la segunda muerte. Pues es esa la más dolorosa y, en efecto, el peor de todos los males, ya que no consiste en la separación del cuerpo y el alma, sino en la unión de ambos en la muerte eterna. Allí, en un fuerte contraste con nuestra condición actual, el ser humano no estará antes o después de la muerte, sino siempre en la muerte y, en consecuencia, nunca estará viviendo y nunca estará muerto, sino siempre muriendo. Y no hay nada más desastroso en la muerte para el ser humano que una muerte que no muere jamás.

12. Cuál era la muerte a la que se refería Dios cuando amenazó a nuestros primeros padres con la muerte si no obedecían Su mandamiento.

Por tanto, cuando se pregunta cuál era la muerte con la que Dios amenazó a nuestros primeros padres si transgredían el mandamiento que recibieron de Él y no se mantenían obedientes (si con la muerte del alma, del cuerpo, de todo el ser humano o esa a la que llamamos «segunda»), la respuesta es: con todas. Pues la primera comprende dos y la segunda, que es la muerte completa, comprende todas. En efecto, así como la tierra entera comprende muchas tierras y la iglesia universal, muchas iglesias, también la muerte universal comprende todas las muertes. La primera consta de dos: una del cuerpo y otra del alma. Así, la primera muerte es de todo el ser humano, pues se produce cuando el alma, privada de Dios y del cuerpo, sufre el castigo por un tiempo. La segunda, en cambio, se produce cuando el alma, sin Dios pero unida al cuerpo, sufre el castigo eterno. Por tanto, cuando al primer hombre, puesto por Él en el paraíso, Dios le dijo: «el día que de [el fruto prohibido] comieres, ciertamente morirás» (Gén. 2:17), esa amenaza abarcaba no solo la primera parte de la primera muerte, en la que el alma queda privada de Dios; ni solo la parte segunda de esa primera muerte, en la que el cuerpo queda privado del alma; ni solamente la primera muerte entera, en la que el alma, separada de Dios y del cuerpo, recibe su castigo. Más bien, esa amenaza abarca todo tipo de muerte, incluso la final a la que llamamos «segunda» y tras la cual no hay ninguna.

13. ¿Cuál fue el primer castigo por la transgresión de nuestros primeros padres?

Pues, tan pronto como nuestros padres transgredieron el mandamiento, la gracia divina los abandonó y se sintieron avergonzados por su propia impiedad. Por lo tanto, cubrieron su vergüenza con hojas de higuera, que posiblemente fueron lo primero que lograron agarrar en medio de su turbación. Aunque sus miembros quedaron igual que antes, ahora pasaron a ser causa de vergüenza, cosa que antes no eran. Experimentaron un nuevo movimiento en su carne, que se volvió desobediente hacia ellos, en castigo por haber desobedecido ellos a Dios. Pues el alma, deleitándose en su propia libertad y despreciando servir a Dios, había perdido su anterior dominio sobre el cuerpo. Como decidió abandonar a su Señor superior, dejó de tener su propio servidor inferior, cosa que nunca habría perdido si hubiera permanecido sometida a Dios. Así, la carne comenzó a tener deseos contrarios al Espíritu (Gál. 5:17), confrontación en la que nacimos nosotros, arrastrando el origen de la muerte desde la primera transgresión y cargando en nuestros miembros y en nuestra naturaleza viciada la lucha, o incluso la victoria, de la carne.

14. En qué estado fue creado el ser humano y hasta qué estado cayó por el arbitrio de su voluntad.

En efecto, Dios, el autor de las naturalezas, no de los vicios, creó al ser humano recto. Empero, el ser humano, corrompido por su propia voluntad y con justa razón condenado, engendró hijos corrompidos y condenados. Pues todos estuvimos en ese solo hombre, ya que todos fuimos ese solo hombre, arrastrado al pecado por la mujer, hecha a partir de él antes del pecado. Aunque todavía no se nos había creado ni repartido a cada uno la forma en la que habríamos de vivir como seres individuales, existía ya la naturaleza seminal a partir de la cual nos multiplicaríamos. Y como esa naturaleza estaba viciada por el pecado, encadenada por la muerte y con justa razón condenada, no podría nacer ningún ser humano de otro ser humano en estado distinto. Y por consiguiente, el mal uso del libre albedrío dio origen a todo un tren de maldad que, en una concatenación de miserias, conduce a la raza humana desde su origen depravado, como si de una raíz corrupta se tratara, hasta la destrucción de la muerte segunda, que no tiene fin y de la que solo se salvan aquellos a los que la gracia de Dios libera.

15. Que Adán, al pecar, abandonó a Dios antes de que Dios lo abandonara a él, y que la primera muerte del alma consistió en haberse apartado de Dios.

Puesto que Dios afirmó: «ciertamente morirás» (Gén. 2:17) y no habló de las «muertes», tal vez deberíamos entender solo a la muerte que ocurre cuando el alma es abandonada por Dios, que es para ella su vida. Pues no fue abandonada por Dios para luego abandonarlo ella, sino que ella lo abandonó para que luego la abandone Él. En efecto, fue su propia voluntad la que dio origen a su mal, así como fue Dios quien dio origen a sus movimientos hacia el bien, tanto al crearla cuando no existía como al volver a crearla luego de que cayó y pereció. Sin embargo, entendemos que Dios se refería solamente a esta muerte y que cuando dijo: «el día que de él comieres, ciertamente morirás» es como si hubiera dicho: «el día que me abandonen por desobedecerme, haré justicia y los abandonaré a ustedes». No obstante, seguramente en esta muerte estaban incluidas también las otras, que son su inevitable consecuencia. Pues en ese primer movimiento desobediente, que se sintió en la carne del alma desobediente, y que hizo que nuestros primeros padres cubrieran sus vergüenzas, se experimentó una muerte: la que ocurre cuando Dios abandona al alma. Eso es lo que dan a entender Sus palabras, cuando el hombre, atónito por el temor, se esconde y Dios le pregunta: «¿Dónde estás tú?» (Gén, 3:9). Dios no preguntó eso porque no lo supiera o porque necesitaba investigar, sino para advertirle a Adán, y que considerase este, que estaba donde Dios no estaba. No obstante, cuando el alma misma abandonó el cuerpo, corrompido y consumido por la edad, se experimentó otra muerte, de la que Dios había hablado al pronunciar la sentencia contra el hombre: «polvo eres, y al polvo volverás» (Gén. 3:19). Y la primera muerte del ser humano entero está compuesta por estas dos. Y a esta primera muerte le sigue, finalmente, la segunda, a menos que el ser humano quede liberado por gracia. Pues el cuerpo no volverá al polvo del que fue hecho, salvo con su propia muerte, que ocurre cuando el alma, que es su vida, lo abandona. Por tanto, todos los cristianos que profesan sinceramente la fe católica están de acuerdo en esto: la misma muerte del cuerpo no se nos ha impuesto por la ley de la naturaleza, según la cual Dios no dispuso muerte alguna para el ser humano, sino por justo castigo del pecado. Pues Dios, al tomar venganza del pecado, le dijo al hombre, en el que todos estábamos: «polvo eres, y al polvo volverás».

16. Sobre los filósofos que piensan que la separación del alma y el cuerpo no es castigo, aunque Platón nos presenta a la Deidad suprema como alguien que promete a los dioses menores que jamás quedarán despojados de sus cuerpos.

Sin embargo, los filósofos contra cuyos argumentos defendemos la ciudad de Dios, es decir, Su iglesia, se creen sabios cuando se burlan de nosotros porque afirmamos que la separación del alma y el cuerpo debe ser considerada como parte del castigo al ser humano. Pues creen que el alma solo alcanza la dicha completa cuando, despojada del cuerpo, vuelve a Dios como un alma pura, simple y, por así decirlo, desnuda. En este punto, a menos que encuentre argumentos entre sus propios libros para refutar esa opinión, me veré obligado a demostrar, con mucho esfuerzo, que no es el cuerpo, sino la corruptibilidad de este, lo que es una carga para el alma. De ahí que en la Escritura leamos lo que ya citamos en un libro anterior: «pues un cuerpo corruptible agobia el alma» (Sabiduría 9:15, BJ). Al añadir el término «corruptible», muestra que lo que carga al alma no es un cuerpo cualquiera, sino ese cuerpo afectado por el pecado como consecuencia del castigo. Y aun si no se hubiera añadido ese término, no deberíamos interpretarlo de ninguna otra manera. Sin embargo, Platón afirma de forma muy clara que los dioses hechos por el Supremo tienen cuerpos inmortales, y presenta al Creador mismo con la promesa que les hace a ellos, como un gran beneficio, según la cual permanecerían eternamente en sus cuerpos y ninguna muerte los separaría jamás de ellos. Entonces, ¿por qué estos adversarios, a fin de atacar la fe cristiana, fingen ignorar lo que saben bien y prefieren incluso contradecirse a sí mismos antes de perderse la oportunidad de contradecirnos a nosotros? Estas son las palabras de Platón, traducidas por Cicerón, en las que presenta al Supremo dirigiéndose a los dioses que Él creó y diciéndoles: «Ustedes, que nacieron de un linaje divino, consideren de qué obras soy yo el padre y autor. Estas (sus cuerpos) son indestructibles si yo así lo quiero, aunque todo lo que está compuesto puede disolverse. Sin embargo, es perverso disolver lo que compuso la razón. No obstante, como ustedes han nacido, no pueden ser inmortales e indestructibles. Empero, no serán destruidos de ninguna manera y ningún destino hará que mueran, pues no podría estar por encima de mi voluntad, la cual garantiza su perpetuidad mucho más que los cuerpos con los que fueron unidos al nacer». Platón, como pueden ver, afirma que los dioses son mortales por estar unidos al cuerpo y al alma, como así también inmortales por voluntad y decreto de su Hacedor. Por tanto, si es un castigo para el alma estar unida a un cuerpo, cualquiera que sea, ¿por qué Dios les habla como si temieran la muerte, es decir, la separación del alma y el cuerpo? ¿Por qué busca tranquilizarlos mediante la promesa de la inmortalidad, que no se debe a la naturaleza de ellos, compuesta y no simple, sino a Su voluntad invencible, por la cual puede hacer que ni las cosas nacidas mueran, si las compuestas se disuelvan, sino que perseveren eternamente?

Otra cuestión es si la opinión de Platón sobre las estrellas es verdadera o no. Pues no podemos concederle, así sin más, que estos cuerpos o globos luminosos, que brillan sobre la tierra de día y de noche con la luz de su sustancia corporal, también tengan almas intelectuales y dichosas que les dan vida cada una a su propio cuerpo. Eso es, en efecto, lo que afirma Platón sobre el universo mismo, como si fuera un enorme animal que contiene todo el resto de los animales. Sin embargo, como dije antes, ese es otro tema que no vamos a discutir ahora. Solo me pareció correcto sacarlo a colación frente a quienes se enorgullecen por ser o llamarse «platónicos» y se avergüenzan de ser cristianos; quienes no pueden soportar que se los llame de la misma manera que a la gente común, no sea que se vuelva vulgar el grupillo de filósofos, tanto más orgulloso cuanto más exclusivo. Esta gente, en busca de un punto débil en la doctrina cristiana, eligen atacar la eternidad del cuerpo, como si fuera contradictorio buscar la dicha del alma y, al mismo tiempo, desear que esta permanezca siempre en el cuerpo, como encadenada por tristes grilletes. En tanto, Platón, su fundador y maestro, afirma que el Supremo les concedió a los dioses que Él creó el no morir, es decir, no ser separados de los cuerpos con los que Él los unió.

17. Contra lo que afirman que los cuerpos terrenales no pueden ser hechos incorruptibles y eternos.

Estos mismos filósofos sostienen, además, que los cuerpos terrenales no pueden ser eternos, aunque no tienen ninguna duda de que la tierra toda, que es en sí el miembro central de su dios (no de su dios supremo, pero sí de un dios grande: el universo entero), es eterna. Pues el Supremo les hizo otro dios, que es este mundo, superior a los otros dioses inferiores a Él. Ellos creen que este dios es un ser animando y que tiene, según afirman, un alma racional o intelectual encerrada en esa masa inmensa de su cuerpo. Piensan también que en su cuerpo están situados y dispuestos adecuadamente, como miembros, los cuatro elementos, cuya unión pretenden que sea indisoluble y eterna, quizá por miedo a que ese gran dios de ellos pueda, algún día, morir. Entonces, ¿qué motivo hay para que la tierra, un miembro central en el cuerpo de una criatura mayor, sea eterna, y para que los cuerpos de otras criaturas terrestres no puedan ser eternos, si Dios quiere que así sea? Sin embargo, la tierra, afirman, debe volver a la tierra, de donde fueron tomados los cuerpos terrenales de los seres animados. Pues sostienen que por ese motivo es necesario que se disuelvan, mueran y, así, vuelvan a la tierra estable y eterna de la que vinieron. No obstante, si alguien dijera lo mismo sobre el fuego y afirmara que los cuerpos que del fuego vinieron deben devolverse al fuego universal a fin de convertirse en seres celestiales, ¿acaso no se desvanecería, en el ardor de esta disputa, la inmortalidad que Platón, como si hablara en nombre del Supremo, prometió a los dioses? ¿O es que eso no sucede con esos seres celestiales porque no lo quiere Dios, cuya voluntad, según Platón, supera todos los demás poderes? Entonces, ¿qué le impide a Dios hacer lo mismo con los cuerpos terrenales? Pues, en efecto, Platón reconoce que Dios puede hacer que no mueran las cosas que nacieron, que no se separen las cosas unidas, que no se disuelvan las cosas compuestas y que las almas, asentadas en sus cuerpos, nunca los abandonen, sino que disfruten junto a ellos la inmortalidad y la dicha sin fin. Por lo tanto, ¿por qué no podría impedir que mueran los cuerpos terrenales? ¿Es acaso Dios poderoso para hacer todo lo que los platónicos desean, pero carece de poder para hacer lo que es especial para los cristianos? ¡Ahora resulta que los filósofos han podido conocer los propósitos y el poder de Dios que no se les permitió conocer a los profetas! Lo cierto es que el Espíritu de Dios les enseñó a Sus profetas tanto sobre Su voluntad como le pareció bien revelarles, mientras que los filósofos, al esforzarse por descubrirlo, fueron engañados por las conjeturas humanas.

Sin embargo, no deberían haberse dejado engañar así, hasta el punto de contradecirse tanto a sí mismos, más por obstinados que por ignorantes, digo yo. Pues sostienen, con todo su alarde de argumentaciones, que para que el alma sea dichosa, no solo debe abandonar su cuerpo terrenal, sino todo tipo de cuerpos. Y aun así mantienen que los dioses, que tienen las almas más dichosas, están ligados a cuerpos eternos: los celestiales, a cuerpos ígneos, y el alma del propio Júpiter (o de este mundo, como quieren que creamos), a todos los elementos físicos que componen esta mole entera, desde la tierra hasta el cielo. En efecto, Platón cree que esta alma se extiende y desparrama como las partes de un número musical, desde el medio del interior de la tierra, a lo que los geométricos llaman «el centro», hacia fuera, por todas sus partes y hasta los más altos confines de los cielos. Así, este mundo es un ser animado inmenso, dichoso e inmortal, cuya alma contiene la dicha perfecta de la sabiduría, que nunca abandona su propio cuerpo, y cuyo cuerpo tiene la vida eterna del alma, a la que jamás obstruye ni estorba, a pesar de que no sea un cuerpo simple en sí mismo, sino muchos materiales enormes compactados. Entonces, si ellos se permiten conjeturar de tal manera, ¿por qué se rehúsan a creer que la voluntad y el poder divinos pueden hacer inmortales a los cuerpos terrenales, de modo tal que a las almas no las oprima el peso de sus cuerpos y puedan vivir junto a ellos eterna y felizmente, sin que deban ser separados jamás por la muerte? ¿Acaso no afirman ellos que sus propios dioses viven en cuerpos ígneos, y que el propio Júpiter, su rey, vive en los elementos físicos? Pues, si para que el alma sea dichosa debe huir de todo tipo de cuerpo, que entonces huyan también sus dioses de las esferas luminosas y que huya Júpiter de la tierra y del cielo. Y si no pudieran hacerlo, que entonces se los declare «miserables». Sin embargo, esta gente no quiere ni una cosa ni la otra. Pues por un lado, no se atreven a atribuir a sus dioses la separación de sus cuerpos; no sea que parezca que adoran a mortales. Por el otro lado, no se atreven a negar la dicha de ellos; no sea que tengan dioses desgraciados. Por tanto, para alcanzar la dicha, no es necesario huir de todo tipo de cuerpos, sino solo de los corruptibles, torpes, dolorosos, mortales; no como los que la bondad de Dios creó para los primeros seres humanos, sino como los que el castigo del pecado transformó.

18. En cuanto a los cuerpos terrenales, que según los filósofos, no pueden estar en lugares celestiales, porque lo terrenal, por su peso natural, es atraído a la tierra.

Empero, afirman que es necesario que el peso natural mantenga a los cuerpos terrenales en la tierra o los atraiga hacia ella y, por lo tanto, no pueden estar en el cielo. Nuestros primeros padres ciertamente estuvieron en una tierra donde abundaban los árboles y los frutos, a la que se conoce como «Paraíso». No obstante, que nuestros adversarios consideren más rigurosamente este asunto del peso corporal, pues tiene algunas implicaciones importantes, tanto sobre la ascensión del cuerpo de Cristo como sobre la resurrección del cuerpo de los santos. Si aun el ser humano, con su habilidad, puede fabricar vasos que flotan a partir de metales que se hunden tan pronto como son puestos sobre el agua, ¡cuánto más creíble es que Dios, mediante formas de actuar que no conocemos, impida, con aun más eficacia, que estas masas terrenales queden libres de la presión que empuja su peso hacia abajo! Esto no puede ser imposible para ese Dios de voluntad omnipotente que, según Platón, hace que las cosas nacidas no perezcan y que las compuestas no se disuelvan, especialmente siendo que es mucho más admirable la unión de naturalezas espirituales y corporales, que la de cuerpos y sustancias materiales distintas. ¿Acaso no podemos creer con esa misma facilidad que las almas, hechas perfectamente dichosas, pueden tener el don de situar sus cuerpos incorruptibles, aunque terrenales, donde les plazca, con movimientos casi espontáneos, y de conducirlos a donde quieran sin problema? Si los ángeles pueden trasladar a cualquier criatura terrestre de donde les plazca y situarlas donde les parezca, ¿debe creerse que no lo pueden hacer sin trabajo o que sienten el peso? ¿Por qué, entonces, no vamos a creer que los espíritus de los santos, hechos perfectos y felices por la gracia divina, puedan llevar sus cuerpos a donde quieran y situarlos donde les plazca? Pues, aunque estemos acostumbrados a notar, al cargar pesos, que los cuerpos terrenales pesan más cuanto mayor es su tamaño y que son más oprimentes cuanto mayor es su peso, el alma, no obstante, carga con los miembros de su propia carne con menos dificultad cuando están robustos por su buena salud, que cuando están enflaquecidos por la enfermedad. Y aunque la persona que carga a otra siente que la robusta y fuerte es más pesada que la flaca y enfermiza, aún así, uno mismo se mueve y carga con su propio peso con más agilidad cuanto más voluminoso se es por buena salud, que cuanto más extenuado se está por el hambre o la enfermedad. Tal es la importancia, al estimar el peso de los cuerpos terrenales, por más corruptibles y mortales que sean, de considerar el equilibrio de su constitución y no tanto el peso muerto. ¿Y quién puede explicar con palabras la diferencia entre lo que ahora llamamos «salud» y la inmortalidad futura? Que los filósofos, entonces, ni piensen en atacar nuestra fe con argumentos sobre el peso de los cuerpos, pues no me importa investigar por qué no pueden creer que un cuerpo terrenal pueda estar en el cielo, cuando la tierra entera está suspendida en la nada. Pues quizás el mundo mantiene su lugar central gracias a la misma ley que atrae a todos los objetos pesados hacia su centro. Sin embargo, digo yo: si los dioses menores, a quienes Platón les adjudicó la creación del ser humano y de las otras criaturas terrestres, pudieron, según afirma, quitarle al fuego la capacidad de quemar y dejarle la de iluminar, a fin de que brillara por los ojos, y si Platón le atribuye al Dios supremo el poder para evitar que mueran los que nacieron y que se disuelvan las cosas compuestas de partes tan distintas como cuerpo y espíritu, entonces, ¿hemos de dudar en atribuirle a este mismo Dios el poder para actuar en la carne de aquel a quien le concedió la inmortalidad, a fin de eliminar su corrupción pero dejar su naturaleza, y de quitarle el peso que lo carga pero conservarle la armonía de su forma y de sus miembros? Sin embargo, sobre lo que creemos de la resurrección de los muertos y sobre sus cuerpos inmortales hablaremos con más detenimiento, Dios mediante, al final de esta obra.

19. Contra la opinión de quienes no creen que los primeros seres humanos habrían sido inmortales si no hubieran pecado.

Ahora, nuestra explicación versará, como ya lo venía haciendo, sobre los cuerpos de nuestros primeros padres. Pues, digo yo, si no hubiera sido la consecuencia justa por su pecado, no estarían hoy sometidos a esta muerte, que es algo bueno para los buenos y que no es conocida y aceptada solo por unos cuantos, pues todos la conocen. Esta es la muerte que hace que el cuerpo y el alma se separen y que el cuerpo de un ser animado, que antes estaba visiblemente vivo, pase a estar visiblemente muerto. Pues aunque no podría ponerse en duda que las almas de los difuntos justos y santos viven en un tranquilo reposo, sería mucho mejor para ellos vivir en cuerpos saludables y adecuados. Esto lo opinan aun quienes consideran que la mayor dicha la tiene quien carece de todo tipo de cuerpo, contradiciéndose así a sí mismos. En efecto, nadie se atrevería a anteponer a aquellos sabios, estén ya muertos o a punto de morir o, en otras palabras, desprovistos ya de sus cuerpos o a punto de estarlo, a los dioses inmortales, a quienes el Supremo, según Platón, promete el generoso bien de la vida indisoluble, es decir, la eterna unión con sus cuerpos. Sin embargo, el mismo Platón piensa que lo mejor que les puede pasar a los seres humanos es atravesar la vida de forma justa y piadosa y, luego de ser separados de sus cuerpos, ser admitidos en el seno de los dioses, quienes nunca abandonaron sus propios cuerpos. Así, «privados de sus recuerdos, podrán visitar de nuevo la bóveda celeste y comenzar a desear el retorno a sus cuerpos». Se alaba a Virgilio por haber expresado esta idea siguiendo la teoría platónica. Ciertamente, Platón cree que las almas de los mortales no pueden permanecer siempre en sus cuerpos, sino que la muerte debe separarlas necesariamente. Y, por otro lado, piensa que no pueden existir para siempre sin los cuerpos, por lo que pasan alternativamente de la vida a la muerte y de la muerte a la vida. Sin embargo, marca esta diferencia entre los sabios y el resto de la gente: tras la muerte, los sabios son llevados a las estrellas para que puedan descansar durante un tiempo en la estrella apropiada para cada uno y, una vez que hayan olvidado sus antiguas miserias y los arrastre el deseo de habitar un cuerpo, regresen a los trabajos y miserias de los mortales. En cambio, los que llevaron una vida insensata, transmigran a cuerpos adecuados para ellos, sean de humanos o de bestias. Por tanto, sometió aun a las almas buenas y sabias a esta condición tan dura, pues no reciben cuerpos que puedan habitar siempre y de forma inmortal, sino cuerpos en los que no pueden permanecer eternamente y sin los cuales no pueden disfrutar de la pureza eterna. Porfirio, como dijimos en un libro anterior, se avergonzaba de esta noción platónica en época ya cristiana. No solo excluyó a los cuerpos de las bestias del destino para las almas humanas, sino que también abogó por la liberación de las almas de los sabios para que, libres de las ataduras corporales y desprovistas de toda carne, puedan habitar junto al Padre en un tiempo sin fin como almas descubiertas y dichosas. Y para no parecer superado por la promesa de la vida eterna que Cristo hace a Sus santos, también él coloca en una eterna felicidad a las almas purificadas, sin retorno a sus antiguas desgracias. No obstante, para contradecir a Cristo, niega la resurrección de los cuerpos incorruptibles y sostiene que esas almas vivirán eternamente, no solo sin cuerpos terrenales, sino sin cuerpos en absoluto. Y sin embargo, independientemente de lo que quiso decir con esa opinión, no enseñó siquiera que estas almas no deberían rendir culto religioso a los dioses que habitan en cuerpos. ¿Por qué no lo hizo, sino porque no creía que las almas, a pesar de estar separadas del cuerpo, fueran superiores a estos dioses? Por tanto, si estos filósofos no se atreverán (como no creo que vayan a atreverse) a anteponer las almas humanas a los dioses que, aunque son los más dichosos, están eternamente ligados a sus cuerpos, ¿por qué les parece absurdo lo que la fe cristiana predica? Es decir, que nuestros primeros padres fueron creados de manera tal que, si no hubieran pecado, no habrían sido separados de sus cuerpos por muerte alguna y, más bien, su obediencia habría sido recompensada con la inmortalidad y habrían vivido eternamente con sus cuerpos. Y, además, que los santos, al resucitar, habitarán esos mismos cuerpos en los que aquí padecieron, pero de tal forma que ni su carne pueda sufrir corrupción o dificultad alguna, ni su felicidad pueda sufrir dolor o desventura alguna.

20. La carne que ahora descansa en paz habrá de disfrutar un nivel de perfección que no pudo conocer la carne de nuestros primeros padres.

Por tanto, a las almas de los santos difuntos no les afecta la muerte que los separó de sus cuerpos ya que su carne descansa en la esperanza, sin importar las afrentas que recibieron tras perder los sentidos. Pues no desean que sus cuerpos sean olvidados, como creyó Platón, sino más bien, ya que recuerdan la promesa de aquel que no engaña a nadie y quien les aseguró resguardar aun los cabellos de su cabeza, esperan con paciencia y anhelo la resurrección de sus cuerpos. En ellos soportaron muchas adversidades que no volverán a sufrir jamás. En efecto, si no «odiaban su propia carne» cuando la reprimían impulsados por el espíritu al ver que esta se oponía, a causa de su debilidad, a la mente, ¡cuánto más habrán de amarla cuando se haya tornado espiritual por sí misma! Pues así como al espíritu que sirve a la carne se le llama adecuadamente «carnal», cuando la carne sirva al espíritu, será justo llamarla «espiritual». Esto no es porque vaya a convertirse en espíritu, como piensan algunos cuando leen: «Se siembra en corrupción, resucitará en incorrupción» (1 Cor. 15:42). Más bien, es porque la carne se somete al espíritu con una perfecta y maravillosa disposición a obedecerlo y porque le responde por sobre todas las cosas a la voluntad inmortal, eliminada toda reticencia, corruptibilidad y torpeza. Pues el cuerpo no solo será mejor que cuando más saludable se hallaba aquí, sino que superará los cuerpos de nuestros primeros padres antes de pecar. En efecto, aunque no habrían estado destinados a morir si no hubieran pecado, tomaron los alimentos de la misma manera en que los toman los humanos hoy, pues aún no tenían cuerpos espirituales, sino animales. Es cierto que los años no los hicieron decaer ni acercarse a la muerte, pues la maravillosa gracia de Dios les proporcionaba ese estado por medio del árbol de la vida, que crecía junto al árbol prohibido en medio del Paraíso. Sin embargo, tomaban otros alimentos, con excepción de ese árbol que se les había prohibido, no porque fuera malo en sí mismo, sino para hacer valer la pura y simple obediencia, que es la gran virtud de la criatura racional sujeta al Creador, su Señor. Pues aunque no se tocaba nada que en sí fuera malo, sí podía tocarse algo prohibido, por lo que se pecaba por desobediencia. Así, pues, se alimentaban gracias a otros frutos, que tomaban para que sus cuerpos animales no sufrieran las molestias del hambre o la sed. En cambio, al árbol de la vida lo probaban para que la muerte no los sorprendiera desde ningún lugar y para que no decayeran con el paso de los años. Otros frutos eran, por así decirlo, los que los alimentaban, mientras que este era su sacramento. Así, pareciera que el árbol de la vida era al Paraíso terrenal lo que la sabiduría de Dios es al espiritual. Sobre ella está escrito: «ella es árbol de vida a los que de ella echan mano» (Prov. 3:18).

21. En cuanto al Paraíso, que puede interpretarse en un sentido espiritual sin sacrificar la verdad histórica de la narración sobre el espacio real.

En consecuencia, para algunos, es una alegoría todo lo que respecta al Paraíso, donde estuvieron, según registra la verdad de las Sagradas Escrituras, los primeros seres humanos, los padres de la raza humana. Ven sus árboles y plantas fructíferas como virtudes y hábitos de la vida, como si no existieran en el mundo externo y solo se los hubiera descrito para significar realidades espirituales. ¡Como si no hubiera podido existir un Paraíso real y terrenal! Afirmar eso es como decir que esas dos mujeres, Sara y Agar, no existieron jamás, ni tampoco los dos hijos que nacieron de Abraham: uno de una esclava, otro de una mujer libre, pues el apóstol dice que en ellos están representados los dos pactos. Es como decir, también, que nunca manó agua de la roca que Moisés golpeó, ya que allí puede verse a Cristo figurado, pues ese mismo apóstol dice: «la roca era Cristo» (1 Cor. 10:4). Nadie, entonces, niega que pueda interpretarse al Paraíso como la vida de los dichosos, y que sus cuatro ríos representen las cuatro virtudes: prudencia, fortaleza, templanza y justicia; sus árboles, todas las ciencias útiles; sus frutos, las costumbres de los piadosos; el árbol de la vida, la sabiduría misma, la madre de todo bien, y el árbol del conocimiento del bien y del mal, la experiencia de quebrantar un mandato. El castigo que Dios estableció era algo justo en sí mismo y, por ende, bueno. Sin embargo, la manera en que el ser humano lo experimentó no es buena.

Estas cosas pueden entenderse también y de mejor manera en relación a la iglesia, de forma que sean indicios proféticos de las cosas por venir. Así, el Paraíso es la iglesia, como se lee en el Cantar de los Cantares; los cuatro ríos del Paraíso son los cuatro evangelios; los árboles frutales son los santos; los frutos son sus obras; el árbol de la vida es el santo de los santos, Cristo, y el árbol del conocimiento del bien y del mal es el libre albedrío. Pues si el hombre desprecia la voluntad de Dios, solo se destruye a sí mismo y aprende, así, la diferencia entre consagrarse al bien común y deleitarse en el propio. En efecto, aquel que se ama a sí mismo se entrega a sí mismo, de forma que, lleno de temor y tristeza, si es que se da cuenta de sus males, canta las palabras del salmista: «mi alma está abatida en mí» (Sal. 42:6) y, tras ser disciplinado, exclama: «A causa del poder del enemigo esperaré en ti» (Sal. 59:9). No hay nada que impida que se hagan estas y otras interpretaciones similares sobre el Paraíso, siempre y cuando, sin embargo, creamos la fidelísima verdad histórica de los hechos confirmados en la detallada narración.

22. Que los cuerpos de los santos, luego de resucitar, serán espirituales, sin que la carne se convierta en espíritu.

Los cuerpos de los justos, entonces, después de la resurrección, no necesitarán de fruto alguno para no morir de alguna enfermedad o por el decaimiento de la vejez, así como tampoco requerirán otro alimento físico para saciar la sed y el hambre. Pues estarán revestidos de una segura y completamente inviolable inmortalidad, de tal manera que solo tomarán alimento cuando lo deseen y, aunque no tendrán necesidad de comer, disfrutarán de poder hacerlo. En efecto, ese era el caso de los ángeles cuando se les aparecían de forma visible y palpable a los seres humanos: no es que tomaran alimento porque lo necesitaran, sino porque podían y querían, a fin de adaptarse a las personas a través de cierto ministerio de humanidad. Pues no debemos creer que, cuando los ángeles visitaron a los humanos, solo comieron de forma ficticia, aunque para quien ignoraba que fueran ángeles, pareciera que se alimentaban por necesidad, igual que nosotros. De ahí que en el Libro de Tobías, leamos: «Os ha parecido que yo comía, pero solo era apariencia» (Tobías 12:18, BJ), es decir, creyeron que se alimentó como lo hacen los humanos, a fin de reparar el cuerpo. No obstante, hay otra opinión relativa al caso de los ángeles que parece más verosímil: sin duda, nuestra fe no pone en tela de juicio a nuestro propio Señor, que aun después de resucitar, ya en carne espiritual pero a la vez, real, comió y bebió junto a Sus discípulos. Pues lo que se les quitará a esos cuerpos no es el poder de alimentarse, sino la necesidad de hacerlo. Por tanto, no serán espirituales porque dejarán de tener cuerpos, sino porque el espíritu vivificante les bastará para subsistir.

23. Sobre lo que debemos entender por cuerpo animal y espiritual, por los que mueren en Adán y por los que son revividos en Cristo.

En efecto, así como nuestros cuerpos, que tienen un alma viva pero todavía no poseen un espíritu vivificante, son llamados «cuerpos animales» y, sin embargo, no son almas sino cuerpos, del mismo modo, aquellos se llaman «cuerpos espirituales». Sin embargo, no permita Dios que los creamos espíritus en lugar de cuerpos que, vivificados por el Espíritu, tienen la sustancia carnal, pero no su torpeza ni corrupción. Entonces, el ser humano no será terrenal, sino celestial, no porque su cuerpo no vaya a ser el mismo que fue hecho de la tierra, sino porque, gracias a un don celestial, será un digno habitante del cielo. Esto será así no por una pérdida de naturaleza, sino por un cambio cualitativo. El primer ser humano, terrenal por proceder de la tierra, fue creado como un alma viviente y no como un espíritu vivificante, pues eso le estaba reservado como premio por su obediencia. Por tanto, no cabe duda de que su cuerpo no era espiritual, sino animal, pues necesitaba comer y beber para saciar el hambre y la sed y no tenía una inmortalidad absoluta e indestructible. Más bien, era apartado de la necesidad de morir gracias al árbol de la vida, y así lograba mantenerse en la flor de la juventud. Y sin embargo, no habría muerto si no hubiera ofendido a Dios y, por ende, provocada la venganza con la que Él amenazaba. Y aunque ni siquiera fuera del Paraíso se le negaban los alimentos, se le prohibía comer del árbol de la vida, por lo que fue entregado al paso del tiempo, al menos en lo que respecta a esa vida que, de no haber pecado, habría retenido perpetuamente en el Paraíso, aunque solo en un cuerpo animal, hasta que, como premio a su obediencia, llegara a ser espiritual.

En consecuencia, aunque comprendemos que esta muerte manifiesta, que consiste en la separación del alma y el cuerpo, es referenciada cuando Dios dice: «el día que de él comieres, ciertamente morirás» (Gén. 2:17), no por ello debe parecernos absurdo que el día que comieron del fruto prohibido, no hayan sido separados del cuerpo. Pues, ciertamente, ese día su naturaleza cambió para peor y quedó viciada, y de la justísima separación del árbol de vida se originó la necesidad de la muerte corporal, con la que hemos nacido. Es por este motivo que el apóstol no dice: «el cuerpo está condenado a morir debido al pecado» sino «el cuerpo en verdad está muerto a causa del pecado». Luego añade: «Y si el Espíritu de aquel que levantó de los muertos a Jesús mora en vosotros, el que levantó de los muertos a Cristo Jesús vivificará también vuestros cuerpos mortales por su Espíritu que mora en vosotros» (Rom. 8:10-11). Entonces pues, el cuerpo, que ahora es un alma viviente, se convertirá en espíritu vivificante y, sin embargo, el apóstol lo llama «muerto» porque se halla bajo la necesidad de la muerte. En el Paraíso era tal su cualidad de alma viviente que, aunque no era un espíritu vivificante, no se lo podía llamar «muerto», pues, salvo que pecara, no podía estar bajo el poder de la muerte. Ahora bien, cuando Dios le pregunta a Adán: «¿Dónde estás tú?» (Gén. 3:9) se refirió a la muerte del alma, que se produjo cuando Él la abandonó, mientras que con las palabras: «polvo eres, y al polvo volverás» (Gén. 3:19) se refirió a la muerte del cuerpo, que ocurre cuando el alma lo abandona. Esto nos lleva a creer, por lo tanto, que no dijo nada sobre la segunda muerte, pues quiso que permaneciera oculta y la reservó para el Nuevo Testamento, donde la revela con absoluta claridad. Y esto lo hizo para que, primero que nada, fuera evidente que la primera muerte, que nos es común a todos, fue el resultado del pecado que, de una sola persona, pasó a ser común a todos. En cambio, la segunda muerte no les es común a todos, pues quedan exceptuados los que «conforme a su propósito son llamados. Porque a los que antes conoció, también los predestinó para que fuesen hechos conformes a la imagen de su Hijo, para que él sea el primogénito entre muchos hermanos» (Rom. 8:28-29). Estos son los que la gracia de Dios liberó, a través de un Mediador, de la segunda muerte.

Es por ello que el apóstol afirma que el primer hombre fue hecho en cuerpo animal. Pues, para distinguir el cuerpo animal, que ahora tenemos, del espiritual, que tendremos en la resurrección, declara: «Se siembra en corrupción, resucitará en incorrupción. Se siembra en deshonra, resucitará en gloria; se siembra en debilidad, resucitará en poder. Se siembra cuerpo animal, resucitará cuerpo espiritual». Luego, para probar su punto, continúa diciendo: «Hay cuerpo animal, y hay cuerpo espiritual». Y para mostrar qué es el cuerpo animal, afirma: «Así también está escrito: Fue hecho el primer hombre Adán alma viviente; el postrer Adán, espíritu vivificante» (1 Cor. 15:42-45). De esta manera quiso mostrar qué es el cuerpo animal, aunque las Escrituras no digan que cuando fue creada el alma del primer hombre, Adán, por el soplo de Dios, «el hombre fue hecho en cuerpo animal», sino que «fue el hombre un ser viviente» (Gén. 2:7). Por consiguiente, con esas palabras, «Fue hecho el primer hombre Adán alma viviente», el apóstol quiso dar a entender que el cuerpo humano es animal. En cambio, busca hacer referencia al cuerpo espiritual cuando añade: «el postrer Adán, espíritu vivificante», refiriéndose claramente a Cristo quien, resucitado de entre los muertos, no puede morir nunca más. Luego continúa diciendo: «Mas lo espiritual no es primero, sino lo animal; luego lo espiritual» (1 Cor. 15:45-46). Y aquí queda mucho más claro a quién se refiere: habla del cuerpo animal cuando afirma que el primer hombre fue hecho un alma viviente, y al espiritual cuando afirma que fue hecho un espíritu vivificante. El primero es el cuerpo animal, que tuvo Adán y el cual no habría muerto si él no hubiera pecado. A este cuerpo también lo tenemos nosotros ahora, cambiada y viciada su naturaleza hasta el punto de estar sometido a la necesidad de morir. Y también a este cuerpo lo tuvo Cristo, quien lo asumió por nosotros, no porque necesitara tenerlo sino porque lo eligió. Y luego del cuerpo animal, viene el espiritual, el cual usa en anticipación Cristo, nuestra cabeza, y el cual usarán Sus miembros en la resurrección de los muertos.

Luego el apóstol expone una diferencia clarísima entre estos dos hombres al decir: «El primer hombre es de la tierra, terrenal; el segundo hombre, que es el Señor, es del cielo. Cual el terrenal, tales también los terrenales; y cual el celestial, tales también los celestiales. Y así como hemos traído la imagen del terrenal, traeremos también la imagen del celestial» (1 Cor. 15:47-49). Y en otro lado, el apóstol afirma: «porque todos los que habéis sido bautizados en Cristo, de Cristo estáis revestidos» (Gál. 3:27), cosa que ciertamente habrá de cumplirse cuando lo que es animal en nosotros por nacimiento se convierta en espiritual al resucitar. Pues, para emplear sus palabras de nuevo, «en esperanza fuimos salvos» (Rom. 8:24). Ahora bien, nos hemos revestido de la imagen del hombre terrenal por la propagación del pecado y la muerte, que heredamos de nuestros antepasados, mientras que nos revestimos de la imagen del hombre celestial por la gracia del perdón y de la vida eterna, que recibimos de la regeneración a través del Mediador entre Dios y los humanos: el hombre Cristo Jesús. Y Él es el hombre celestial del que Pablo escribe, pues vino desde el cielo para revestirse con el cuerpo de la mortalidad terrenal, que luego habría de revestir con inmortalidad celestial. Y llama «celestiales» a otros porque, por gracia, se convierten en sus miembros, de forma tal que juntamente con ellos, haya un solo Cristo, como la cabeza y el cuerpo. En la misma epístola expone esto con más claridad: «Porque por cuanto la muerte entró por un hombre, también por un hombre la resurrección de los muertos. Porque así como en Adán todos mueren, también en Cristo todos serán vivificados» (1 Cor. 15:21-22). Claro está, en un cuerpo espiritual que será hecho un espíritu vivificante. Aunque esto no significa que todos los que mueran en Adán vayan a ser miembros de Cristo, pues la gran mayoría recibirá el castigo eterno, el apóstol usa el término «todos» dos veces porque, como nadie muere en un cuerpo animal sino solo en Adán, nadie es vivificado en el cuerpo espiritual sino solo en Cristo. Entonces, de ninguna manera hemos de creer que nosotros, en la resurrección, tendremos un cuerpo como los que los primeros seres humanos tuvieron antes de pecar, ni tampoco que estas palabras: «Cual el terrenal, tales también los terrenales» (1 Cor. 15:48) deben interpretarse a la luz del resultado de haber pecado. Pues no debemos creer que Adán, antes de caer, tuvo un cuerpo espiritual que, como castigo por el pecado, se tornó en animal. Si se piensa así, poca atención se presta a las palabras de tan gran maestro, quien dice: «Hay cuerpo animal, y hay cuerpo espiritual. Así también está escrito: Fue hecho el primer hombre Adán alma viviente» (1 Cor. 15:44-45). ¿Acaso esto sucedió después del pecado? ¿O acaso no es esta la primera condición del hombre a la que apela el bendito apóstol para mostrar, con el testimonio de la ley, qué es el cuerpo animal?

24. ¿Cómo debemos interpretar ese soplo de Dios por el que «fue hecho el primer hombre Adán alma viviente», y aquel otro por el que el Señor infundió Su Espíritu a Sus discípulos cuando dijo: «Recibid el Espíritu Santo»?

Algunos se apresuran en interpretar el pasaje donde leemos: «[Dios] sopló en su nariz aliento de vida, y fue el hombre un ser viviente» (Gén. 2:7) y piensan que el alma no le fue dada entonces al hombre por primera vez, sino que esta ya se hallaba en él y que el Espíritu Santo la vivificó.

Los impulsa a creer eso el hecho de que el Señor Jesús, luego de resucitar, haya soplado sobre Sus discípulos y dicho: «Recibid el Espíritu Santo» (Juan 20:22) porque creen que la misma cosa ocurrió en ambos casos, como si el evangelista hubiera continuado diciendo: «y se volvieron almas vivientes». Sin embargo, si hubiera añadido eso, tendríamos que entender que el Espíritu es, de algún modo, la vida de las almas y que sin él, las almas racionales deberían tenerse por muertas, aunque ante nuestros ojos, sus cuerpos parezcan estar vivos. Sin embargo, esto no es lo que sucedió cuando fue creado el ser humano, como bien lo muestran las propias palabras del libro: «Dios formó al hombre del polvo de la tierra» (Gén. 2:7). Algunos interpretaron esas palabras de la forma que les pareció más clara y dijeron: «Dios formó al hombre del barro de la tierra», ya que antes de ello, leemos: «subía de la tierra un vapor, el cual regaba toda la faz de la tierra» (Gén. 2:6) y el barro está hecho, en efecto, de agua y tierra. Pues, en el versículo siguiente, se anuncia: «Dios formó al hombre del polvo de la tierra». Así lo dicen los manuscritos griegos que se tradujeron al latín. No importa mucho si uno prefiere traducir el griego ἔπλασεν como «creó» o como «modeló», aunque resulta más correcto decir «formó». Sin embargo, quienes prefirieron el término «creó», lo hicieron pensando que de esa manera, evitaban la ambigüedad, pues en latín se dice que alguien forma algo cuando compone una trama mediante la mentira y la falsedad. Por tanto, este hombre, creado del polvo de la tierra, o del polvo humedecido, o del barro, este hombre de «polvo de la tierra» (para usar las mismas palabras de las

Escrituras) fue hecho cuerpo animal cuando recibió el alma, tal como enseña el apóstol, quien dice: «Fue hecho el primer hombre Adán alma viviente» (1 Cor. 15:45). Es decir, este polvo modelado fue hecho alma viviente.

Dicen que ya tenía un alma, ya que de lo contrario, no se lo llamaría «hombre», puesto que el hombre no es solo un cuerpo o solo un alma, sino un ser compuesto de ambos. Y efectivamente, es cierto que el alma sola no hace al ser humano, sino a la mejor parte de él. Tampoco el cuerpo hace a todo el hombre, sino a su parte inferior. A la unión de ambas partes se la llama «ser humano», nombre que, de todas formas, no pierden cuando se habla de cada una de ellas. Pues, ¿a quién se le prohíbe decir, en una conversación informal, que «un hombre que murió ahora descansa o sufre el castigo», aunque solo se pueda decir eso sobre el alma? ¿O que «tal persona está enterrada en tal o cual lugar», aunque eso solo se refiera al cuerpo? ¿Acaso dirán que las Escrituras no se expresan de esa manera? Por el contrario, también ellas nos dan testimonio de esto, pues aun cuando el hombre está vivo y su alma y cuerpo están unidos, las Escrituras llaman «hombre» a cada parte, refiriéndose al alma como «hombre interior» y al cuerpo como «hombre exterior» (2 Cor. 4:16), como si se tratara de dos personas que, sin embargo, juntas hacen una sola. Debemos entender, no obstante, en qué sentido se afirma que el ser humano está hecho a imagen de Dios y, a la vez, polvo es y al polvo volverá. Lo primero se dice sobre el alma racional, la cual se le dio al ser humano, es decir, al cuerpo del ser humano, a través del soplo de Dios o, para decirlo con mayor propiedad, por Su inspiración. Lo segundo, en cambio, hace referencia al cuerpo, que Dios formó a partir del polvo y al que le dio un alma, a fin de que se convierta en un cuerpo viviente, es decir, un ser humano con alma viva.

Por tanto, cuando el Señor sopló sobre Sus discípulos y dijo: «Recibid el Espíritu Santo», ciertamente deseaba que se entendiera que el Espíritu Santo no es solo el Espíritu del Padre, sino también el del propio Hijo unigénito. Pues es el mismo Espíritu el del Padre y el del Hijo. Juntos, hacen a la Trinidad de Padre, Hijo y Espíritu Santo, que no es criatura, sino Creador. En efecto, aquel soplo corporal que salió de la boca de Su carne no era la sustancia y naturaleza del Espíritu Santo, sino más bien su significación, para que entendiéramos, como dije antes, que el Espíritu Santo es común al Padre y al Hijo, quienes no tienen un Espíritu distinto cada uno, sino uno solo y el mismo. Ahora, en las Sagradas Escrituras siempre se hace referencia a este Espíritu con la palabra griega πνεῦμα, que es como el Señor lo llamó cuando se lo dio a Sus discípulos, significando el regalo con el soplo de Sus labios. Y no se me ocurre ningún lugar de las Escrituras en que se lo llame de otra manera. Sin embargo, en ese pasaje en que leemos: «Entonces Jehová Dios formó al hombre del polvo de la tierra, y sopló en su nariz aliento de vida, y fue el hombre un ser viviente» (Gén. 2:7), no se utiliza el término griego πνεῦμα, que es el que suele usarse para designar al Espíritu Santo, sino πνοή, palabra que se refiere con más frecuencia a la criatura que al Creador. Por este motivo, algunos intérpretes latinos prefirieron traducirlo como «soplo» antes que «espíritu». Y esto sucede también en el texto griego de Isaías, donde Dios menciona: «las almas que yo he creado» (Isa. 57:16). En algunas traducciones, la palabra «almas» aparece como «soplos», aunque se refieran, sin duda, a las almas. En el mismo sentido, la palabra πνοή a veces se traduce como «soplo», otras, como «espíritu», otras veces, como «inspiración» o «aspiración» y a veces, como «alma», aun cuando se dice de Dios. Por otro lado, Πνεῦμα se traduce siempre como «espíritu». Esto es así cuando se refiere tanto al del ser humano, de quien el apóstol dice: «Porque ¿quién de los hombres sabe las cosas del hombre, sino el espíritu del hombre que está en él?» (1 Cor. 2:11), como también al espíritu de los animales, como leemos en las palabras de Salomón: «¿Quién sabe que el espíritu de los hijos de los hombres sube arriba, y que el espíritu del animal desciende abajo a la tierra?» (Ecl. 3:21). También es así cuando se refiere al espíritu físico llamado «viento», pues ese es el nombre que usa el salmista: «El fuego y el granizo, la nieve y el vapor, el viento de tempestad que ejecuta su palabra» (Sal. 148:8), y cuando se refiere al Espíritu Creador, que no ha sido creado, y del que el Señor dice en el evangelio: «Recibid el Espíritu Santo», significando el don del soplo de su boca. Esto también ocurre cuando dice: «Por tanto, id, y haced discípulos a todas las naciones, bautizándolos en el nombre del Padre, y del Hijo, y del Espíritu Santo» (Mat. 28:19), de manera tal que resalta con toda claridad y excelencia la Trinidad; cuando se declara: «Dios es Espíritu» (Juan 4:24) y, de la misma forma, en muchos otros lugares de las Sagradas Escrituras. Lo cierto es que en ninguna de estas citas de la Escritura encontramos la palabra griega πνοή sino πνεῦμα. Y en el texto latino, no hallamos *flatus* [soplo], sino *spiritus* [espíritu]. Por lo tanto, donde está escrito: «inspiró» o, para decirlo con mayor propiedad, «sopló en su nariz aliento de vida» (Gén. 2:7), aun si no se usara el vocablo griego πνοή (tal como se lee) sino πνεῦμα, no por ello necesariamente concluiríamos que se refiere al Espíritu Creador, al que en la Trinidad se distingue con el nombre de «Espíritu Santo», pues, como ya se ha dicho, es claro que el término πνεῦμα no habla únicamente del creador, sino también de la criatura.

No obstante, replican, al decir «espíritu», las Escrituras no añadirían «de vida» si no se estuvieran refiriendo al Espíritu Santo. Así tampoco, cuando leemos que fue hecho el hombre un alma viviente, no se habría añadido el término «viviente» a menos que se refiriera a aquella vida del alma que nos es dada desde arriba por don de Dios. Pues, dado que el alma tiene, dicen ellos, una vida propia, ¿qué necesidad había de añadir el término «viviente», salvo que sea para hacer referencia a esa vida que da el Espíritu Santo? ¿Qué es esto sino defender celosamente sus propias conjeturas, negando, al mismo tiempo, las enseñanzas de la Escritura? No era necesario esforzarse demasiado: ya en el mismo libro, en la página anterior, leemos: «Produzca la tierra seres vivientes» (Gén. 1:24). Y un poco después, pero aún en el mismo libro, leemos un versículo que no puede ser tan difícil de encontrar: «Todo lo que tenía aliento de espíritu de vida en sus narices, todo lo que había en la tierra, murió» (Gén. 7:22). Entonces, tanto cuando se relata la creación de los animales terrestres como cuando se hace alusión a la muerte que todos ellos sufrieron bajo el diluvio, vemos que las Escrituras hablan de los «seres vivientes» y del «espíritu de vida», incluso cuando se refiere a las bestias. Y, puesto que también en este pasaje donde se lee: «Todo lo que tenía aliento de espíritu de vida», el texto griego no dice πνοή sino πνεῦμα, ¿por qué no preguntamos qué necesidad había de añadir «viviente», cuando el alma no puede existir si no está viva? ¿O qué necesidad había de añadir «de vida» luego de «espíritu»? Sin embargo, entendemos que las Escrituras se expresan de esta manera que es común en ellas siempre y cuando hablen de los animales, es decir, de los cuerpos animados, dotados, a través del alma, de la capacidad de sentir. No obstante, cuando se hace referencia a los seres humanos, olvidamos que las Escrituras suelen emplear este estilo, por el que dan a entender que el ser humano recibió un alma racional, que no fue el producto de las aguas y la tierra, como era el caso de las otras criaturas vivientes, sino que fue el resultado del soplo de Dios. Sin embargo, bajo las órdenes creativas de Dios, el alma humana fue hecha para habitar un cuerpo animal, como el de los otros animales, de los que la Escritura dice: «Produzca la tierra seres vivientes», y de los que también dice que albergaban el aliento de vida. En este pasaje tampoco se usa la palabra griega πνεῦμα sino πνοή, y ciertamente no se hace referencia al Espíritu Santo, sino al espíritu de ellos.

Sin embargo, de nuevo, replican ellos, se entiende que el soplo de Dios salió de Su boca. Y si creemos que ese soplo es el alma, entonces debemos admitir que es de la misma sustancia e igual a aquella sabiduría que afirma: «Yo salí de la boca del Altísimo» (Eclesiástico 24:5, BJ). La sabiduría, en efecto, no dice que haya sido exhalada de la boca de Dios, sino que salió de ella. No obstante, así como cuando soplamos podemos emitir un soplo, no de nuestra propia naturaleza humana, sino inhalando y exhalando el aire que nos rodea mientras respiramos una y otra vez, también el Dios omnipotente pudo emitir un soplo, no de su propia naturaleza o de la criatura inferior a Él, sino incluso de la nada. Y se dice, con toda propiedad, que al transmitirle este soplo al cuerpo del ser humano, el Incorpóreo insufló o inspiró algo incorpóreo, pero a la vez el Inmutable algo mutable, pues el que no fue creado infundió lo creado. No obstante, que quienes quieren citar la Escritura y, sin embargo, no conocen las expresiones que esta suele usar, sepan que no solo se dice que lo que es igual y consustancial con Dios sale de su propia boca. Que esas personas escuchen o lean lo que Dios dice: «Pero por cuanto eres tibio, y no frío ni caliente, te vomitaré de mi boca» (Apoc. 3:16).

Por tanto, no hay razón alguna para que nos opongamos al apóstol, quien con tanta claridad marca la distinción entre el cuerpo animal y el espiritual, es decir, el cuerpo que tenemos ahora y el que habremos de tener. Pues él afirma: «Se siembra cuerpo animal, resucitará cuerpo espiritual. Hay cuerpo animal, y hay cuerpo espiritual. Así también está escrito: Fue hecho el primer hombre Adán alma viviente; el postrer Adán, espíritu vivificante. Mas lo espiritual no es primero, sino lo animal; luego lo espiritual. El primer hombre es de la tierra, terrenal; el segundo hombre, que es el Señor, es del cielo. Cual el terrenal, tales también los terrenales; y cual el celestial, tales también los celestiales. Y así como hemos traído la imagen del terrenal, traeremos también la imagen del celestial» (1 Cor. 15:44-49). Sobre todas estas palabras ya hemos hablado anteriormente. Así pues, el cuerpo animal, que según el apóstol es el que tenía el primer hombre cuando fue creado, no fue hecho de forma que no pudiera morir jamás, sino de modo que no muriera salvo que pecara. En efecto, ese cuerpo, que será hecho espiritual e inmortal gracias al Espíritu vivificante, no podrá morir jamás, pues el alma fue creada inmortal. Y por ese motivo, aunque muera por el pecado y pierda cierta vida suya (es decir, el Espíritu de Dios, que le permitía vivir de forma sabia y dichosa), aún así no deja de vivir de cierta manera. Vive, en efecto, de forma miserable, pues fue creada inmortal. Ese es también el caso de los ángeles rebeldes que, en cierto modo, murieron al pecar y abandonar a Dios, que es la fuente de vida de la que bebían cuando podían vivir bien y de forma sabia. Aunque murieron por el pecado, no pudieron morir en el sentido de dejar de vivir y sentir, pues son seres creados inmortales. Y en consecuencia, luego del juicio final, serán arrojados a una muerte segunda, en la que tampoco dejarán de vivir y sentir, sino que sufrirán el tormento. En cambio, aquellas personas a las que la gracia de Dios abrazó, conciudadanos de los ángeles santos que permanecen en la dicha, nunca jamás pecarán ni morirán, pues están revestidos de cuerpos espirituales. Sin embargo, aunque una inmortalidad similar a la que disfrutan los ángeles les revista, y aunque ni siquiera el pecado pueda arrebatárselas, conservarán la naturaleza de la carne, pero sin la torpeza y corrupción carnal.

Aún resta discutir cierta cuestión que, con la ayuda del Señor Dios de la verdad, resolveremos: ¿fue por el pecado de nuestros primeros padres, luego de que la gracia divina los abandonó, que se originaron los movimientos concupiscentes de sus miembros rebeldes? ¿Fue en ese momento que sus ojos se abrieron y pudieron ver o, más bien, notar su desnudez? ¿Cubrieron su vergüenza porque esos impúdicos movimientos se oponían al arbitrio de su voluntad? Pues de ser así, ¿cómo habrían engendrado a sus hijos si hubieran permanecido libres de pecado, como cuando fueron creados? No obstante, como debemos ya poner fin a este libro, y una cuestión tan extensa no puede tratarse tan resumidamente, pospondremos esta cuestión para el libro siguiente, en el que la trataremos de forma adecuada.